해커스 감정평가사

여기훈
감정평가실무

2차 **문제집** [초급]

해커스

PREFACE

감정평가사의 길을 걷고 있는 모든 분들의 합격을 진심으로 기원합니다.

감정평가실무과목에서 좋은 득점을 받기 위해서는 세 가지 능력이 필요합니다. 첫째로 논점을 파악하는 능력, 둘째로 주어진 자료를 적소에 배치하는 능력, 셋째로 풀이과정을 답안지에 정확하고 빠르게 서술하는 능력입니다. 이러한 능력들을 갖추기 위해서는 정말 많은 노력을 해야 하며, 무엇보다도 '연습문제풀이'에 가장 많은 피와 땀을 쏟아야 하겠습니다.

부단히 문제풀이를 통하여 연습, 또 연습하는 수험생 분들의 노고가 합격의 열매로 빠르게 맺어질 수 있도록, 이번에 새로이 해커스 감정평가실무 문제집을 출간하게 되었습니다. 이 책은 근 20년간 감정평가사시험에서 스테디셀러로서 활약을 해온 PASS 감정평가실무의 후신으로서, 이번 개정판 역시 수험생 분들에게 도움이 될 수 있도록 심혈을 기울였습니다.

[해커스 감정평가사 여지훈 감정평가실무 문제집 초급]의 특징은 다음과 같습니다.

1. 문제집과 답안을 분리하여 수험공부의 편의성을 대폭 상승시키고, 실제 답안지 형식 위에 실전형 모범답안을 제공하여 고득점 답안 작성의 노하우를 쉽게 익을 수 있도록 하였습니다.

   우리 감정평가사 2차 실무시험은 크게 문제분석과 답안작성에 골고루 시간을 배분해야 하는 논술형 시험으로서, 평소의 공부와 실제 시험간의 크나큰 간극을 최대한 좁히기 위해서는 실전 형태와 가장 유사하게 문제풀이 연습을 많이 하는 것이 매우 중요합니다. 본 문제집은 효율적인 수험공부를 위한 최적의 형태를 지향하도록 구성하였습니다.

2. 단계별 실력 상승을 유도하도록 본서를 수준에 따라 초급, 중급, 기출 세 권으로 나누었습니다. "초급"은 전 범위의 실무이론을 습득하기 위한 기본문제로 구성하였고, "중급"은 복잡하고 배점이 큰 문제에 대한 적응력을 키우는 응용문제로 구성하였으며, "기출"은 실제 기출된 문제를 통하여 기존의 출제 수준을 따라잡고, 앞으로 출제될 문제의 경향을 예상할 수 있도록 내용을 구성하였습니다.

   본인의 실력에 맞추어 각 권을 수준별로 독파해 나가다보면, 어느 순간 실제 시험을 칠 수 있도록 준비되어 있는 자신을 발견하게 될 것입니다.

2026 대비 최신판

1위
해커스
한경비즈니스 선정 2019 한국 브랜드선호도
교육(교육그룹) 부문 1위

해커스 감정평가사

감정평가사 2차 시험 대비

여지훈
감정평가실무

2차 문제집 [초급]

문제풀이 훈련으로
실전 감각 UP!

해커스 감정평가사 | ca.Hackers.com

· 본 교재 인강(할인쿠폰 수록)
· 감정평가사 무료 특강

탄탄한 기반을 다지다!
감정평가실무의 전설

해커스 감정평가사

감정평가실무
여지훈 교수님

감정평가실무 여지훈 교수님의 **필승 합격전략**

전략 1
무작정 단순암기가 아닌
이해중심의 논리적인 강의

전략 2
탄탄한 기초 다지기로
신유형&고난도 문제 완벽 대비

전략 3
수년간의 경험과 실무를 반영한
생동감 있는 강의

여지훈 교수님 감정평가실무 단과강의 20% 할인권

K2F9BA03K69A4000

이용방법

해커스 감정평가사(ca.Hackers.com) 접속 후 로그인 ▶ 사이트 우측 하단의 [쿠폰&수강권 등록]에서 쿠폰 등록 후 이용

* 쿠폰 유효기간: 2026년 12월 31일까지 (등록 후 7일간 사용 가능)
* 본 쿠폰은 ID당 1회에 한해 등록이 가능하며, 본 교재를 사용하는 단과(인강)에 한해 적용이 가능합니다.
* 쿠폰에 대한 추가 문의사항은 해커스 고객센터(1588-2332)로 연락주시기 바랍니다.

▲
해커스 감정평가사
인강 수강신청 바로가기

한 번에 합격! 해커스 감정평가사 ca.Hackers.com

한 번에 합격!
해커스 감정평가사
합격 시스템

강사력
업계 최고수준
교수진

교재
해커스=교재
절대공식

관리시스템
해커스만의
1:1 관리

취약 부분 즉시 해결!
교수님 질문게시판

언제 어디서나 공부!
PC&모바일 수강 서비스

해커스만의
단기합격 커리큘럼

초밀착 학습관리
& 1:1 성적관리

합격생들이 소개하는 생생한 합격 후기!

해커스 선생님들 다 너무 좋으시네요.
꼼꼼하고 친절하게 잘 설명해 주셔서
수업이 즐거워요.
암기코드 감사히 보고 있습니다.

- 권*빈 합격생 -

문제풀이 하면서 고득점 팁까지
알려주셔서 듣길 잘했다는 생각이 들어요.
수업 분위기도 밝고 재미있어서 시간이
금방 가네요!

- 오*은 합격생 -

3. 최근 출제 트렌드에 맞추어 신경향·신논점의 문제를 다수 추가하였습니다. 무형자산, 유가증권, 가치하락분 등 감정평가의 고도화와 영역확장에 따라 우리 시험에서 중요해진 논점을 담았습니다. 또한 기존의 문제와 다른 시각으로 대상물건과 감정평가방법 바라보는 문제들도 수록하여 항상 새로운 문제가 출제되는 우리 시험에 대비할 수 있도록 하였습니다.

특히, 24회 시험부터 35회 시험까지 매년 출제에 적중한 저자의 스터디문제도 수록하여 최근의 경향을 직접 느낄 수 있도록 내용을 구성하였습니다.

이 책이 열심히 공부에 매진하는 모든 분들에게 도움이 되길 바라며, 책이 발간될 수 있도록 정말 힘써주신 해커스 교육그룹 임직원 여러분, 책의 내용이 제대로 구성될 수 있도록 많은 도움을 주신 최기성 감정평가사님 및 선후배 감정평가사님들, 새로운 도전에 큰 도움과 응원을 주신 리북스 진재형 대표님, 그리고 항상 저에게 용기와 희망을 주는 사랑하는 나의 아내와 가족에게 진심으로 감사의 말씀을 드립니다.

2025. 3.
여지훈

목차

답안편 [책 속의 책]

해커스 감정평가사
ca.Hackers.com

해커스 감정평가사
여지훈 감정평가실무
2차 문제집 초급

문제편

01 다음 각 물음에 답하시오. 단, 연 이율은 12%로 한다. (10)

(1) 2026년부터 8년간 10,000원을 매년 말에 저금하면 2033년 말에는 얼마가 되는가?

(2) 2026년부터 8년간 10,000원을 매년 초에 저금하면 2033년 말에는 얼마가 되는가?

(3) 지금부터 8년 후 10,000원이 되기 위한 매년 말 적립액은?

(4) 지금부터 8년 후 10,000원이 되기 위한 매년 초 적립액은?

(5) 2026년부터 매년 말에 10,000원씩 5년간 저금하면 2026년 1월 1일 금액의 현재가치는 얼마인가?

(6) 2026년부터 매년 초에 10,000원씩 5년간 저금하면 2026년 1월 1일 금액의 현재가치는 얼마인가?

(7) 현재 10,000원을 대출받고 지금부터 매년 말에 5년간 갚기로 했다. 매년 얼마를 갚아야 하는가?

(8) 현재 10,000원을 대출받고 지금부터 매년 초에 5년간 갚기로 했다. 매년 얼마를 갚아야 하는가?

02 다음 물음에 답하시오. (5)

(물음 1) 5년 전에 만기 25년 대출이자율 8% 원리금균등상환조건으로 1억원을 빌린 경우 현재 시점에서 앞으로 갚아야 할 원금은 얼마인가?

(물음 2) 자금이 필요하여 은행에서 대출기간 5년, 연 10% 대출이자율의 원리금균등상환조건으로 300,000,000원을 빌린 경우 매달 갚아야 하는 금액은 얼마인가?

03 A씨는 어떤 오피스빌딩에 대한 투자기회를 분석하고 있다. 다음 물음에 답하시오. (10)

(물음 1) 임대기간 중 상환비율은?

(물음 2) 완전상환 시까지의 기간은?

자료

1. 임대차 기간: 12년
2. 저당조건
   (1) 대부비율은 80%, 이자율 13.6%, 저당상수 0.144, 분기 1회 지급
   (2) 임대기간 중에는 저당대부가 존속됨.

04   A씨는 자기 소유의 부동산을 400,000,000원을 받고 매도하기로 하였다. 계약 시에 이 금액의 20%를, 3달 후에 중도금으로 이 금액의 30%를, 5개월 후에 잔금으로 이 금액의 50%를 받기로 하였다. 현금등가액은 얼마인가? 단, 현재 시장이자율은 연 12%이다. (5)

05   다음 물음에 답하시오. (5)

(물음 1) 30,000,000원을 저당이자율 12%, 기간 20년 원리금균등상환조건으로 차입하여 매달 갚아나갈 경우 5년이 지났을 때 그때까지 갚은 원금은 얼마인가?

(물음 2) 30,000,000원을 저당이자율 12%, 기간 20년 원리금균등상환조건으로 차입하여 매달 갚아나갈 경우 5년이 지났을 때 그때까지 갚은 금액의 현금등가액은 얼마인가? 단, 시장이자율은 10%이다.

06 매수자 A씨는 승계가능한 저당대부 50,000,000원을 안고 현금 280,000,000원을 지급하였다. 승계가능한 저당대부의 저당이자율은 12%이며 잔존저당기간은 8년, 원리금균등상환조건이다. 현재의 시장이자율이 10%이고 전형적인 보유기간이 3년인 경우 현금등가액은 얼마인가? 단, 계산은 월 단위로 한다. (5)

07 A씨는 저당대부를 물려받는 조건으로 부동산을 현금 200,000,000원에 매수하였다. 매수 당시 대상부동산에는 50,000,000원의 저당잔금이 남아 있었다. 따라서 명목상의 매수가격은 250,000,000원이 되는 셈이다. 저당이자율은 8%, 잔존 저당기간은 6년이며 저당대부에 대한 원리금은 매월을 단위로 불입된다. 현재 시장의 전형적인 이자율은 10% 수준이고 저당대부를 중간에 상환하지 않는다고 가정한다면, 대상부동산의 현금등가는 얼마가 되는가? (5)

Chapter

02 토지의 감정평가

01 감정평가사 A씨는 A시 B구 C동에 소재하는 토지의 감정평가를 의뢰받았다. 주어진 자료를 이용하여 2026년 7월 7일을 기준시점으로 하는 대상부동산의 감정평가액을 결정하시오. (20)

자료 1 ▏대상부동산

1. 소재지: A시 B구 C동 97번지
2. 토지: 대, 200㎡
3. 용도지역: 제1종전용주거지역
4. 도로조건 등: 소로한면에 접하며 장방형 평지로 동향임.
5. 감정평가 목적: 시세 파악을 위한 일반거래 목적의 감정평가

자료 2 ▏실지조사 내용

A시 B구 C동 일원은 전형적인 저층의 단독주택지대이며 대상부동산은 현황 나지 상태임. 대상부동산은 동측으로 노폭 약 10미터 내외의 아스팔트 포장도로와 접하고 있으며 인근지와 등고평탄한 장방형의 동향인 토지임.

자료 3 ▏인근지역 표준지공시지가 자료(공시기준일 2026.1.1)

기호	소재지	면적(㎡)	지목	이용 상황	용도 지역	향	도로 조건	형상 지세	공시지가 (원/㎡)
1	C동-74	210	대	주상용	1종전주	동	중로 한면	장방형 평지	900,000
2	C동-90	147	대	주거용	1종전주	동	소로 각지	장방형 평지	660,000
3	C동-91	950	대	주거용	1종전주	남	소로 각지	부정형 평지	960,000
4	C동-95	160	대	업무용	1종전주	북	중로 각지	장방형 평지	785,000
5	C동-98	200	대	주거용	1종전주	서	광대 한면	정방형 평지	687,000

자료 4 거래사례비교법 적용 자료

1. 거래사례 1

   (1) 토지: A시 B구 A동 30번지 주거나지 1,600㎡

   (2) 용도지역: 제1종전용주거지역

   (3) 거래시점: 2026.1.23

   (4) 거래가격: 800,000원/㎡

   (5) 거래조건: 이는 정상적인 매매사례로 별다른 사정이 개입되지 않았음.

   (6) 개별요인: 장방형, 평지로 도로조건은 소로각지, 남향임.

2. 거래사례 2

   (1) 토지: A시 B구 C동 43번지 대 300㎡

   (2) 건물: 위 지상 벽돌조 단층주택 연면적 200㎡(사용승인일: 2020.2.10)

   (3) 용도지역: 제1종전용주거지역

   (4) 거래시점: 2023.2.10

   (5) 거래가격: 231,000,000원

   (6) 거래조건: 이는 정상적인 매매사례로 별다른 사정이 개입되지 않았음.

   (7) 개별요인: 사다리형, 평지로서 도로조건은 소로한면, 북향임.

3. 거래사례 3

   (1) 토지: A시 B구 D동 27번지 주거나지 129㎡

   (2) 용도지역: 제1종전용주거지역

   (3) 거래시점: 2026.3.3

   (4) 거래가격: 88,000,000원

   (5) 거래조건: 이는 정상적인 매매사례로 별다른 사정이 개입되지 않았음.

   (6) 개별요인: 사다리형, 평지로서 도로조건은 소로한면, 동향임.

4. 거래사례 4

   (1) 토지: A시 B구 B동 34번지 주거나지 250㎡

   (2) 용도지역: 제1종전용주거지역

   (3) 거래시점: 2026.6.1

   (4) 거래가격: 현금 100,000,000원

   (5) 거래조건: 해당 사례는 현금 100,000,000원 외에 기존 저당을 승계하는 조건이 포함되었으며, 승계하는 대출금액은 100,000,000원, 잔여 대출기간 3년, 대출이자율 5%의 매월 원리금 균등상환조건임.

   (6) 개별요인: 장방형, 평지로서 도로조건은 소로한면, 남향임.

5. 거래사례 5
   (1) 토지: A시 B구 C동 50번지 주거나지 156㎡
   (2) 용도지역: 제1종전용주거지역
   (3) 거래시점: 2026.4.30
   (4) 거래가격: 123,000,000원
   (5) 매매조건: 해당 사례는 매도자가 회사의 부도를 막기 위해 급매한 사례로 조사됨.
   (6) 개별요인: 장방형, 평지로서 도로조건은 소로각지, 서향임.

6. 거래사례 6
   (1) 토지: A시 B구 C동 51번지 대 300㎡
   (2) 건물: 위 지상 연와조 단독주택 연면적 80㎡(사용승인일: 2020.5.30)
   (3) 용도지역: 제1종전용주거지역
   (4) 거래시점: 2026.5.30
   (5) 거래가격: 150,000,000원
   (6) 매매조건: 정상적인 거래사례로 별다른 사정이 개입되지 않았으나 주변의 이용상황에 비춰 볼 때 최유
       효이용에 현저히 미달하고 있으며, 건부감가요인이 존재하는 것으로 조사됨.
   (7) 개별요인: 부정형, 평지로서 도로조건은 중로한면, 서향임.

자료 5 **그 밖의 요인 보정을 위한 감정평가사례 자료**

1. 소재지, 지목, 면적: A시 B구 C동 31번지, 대, 200㎡
2. 용도지역, 이용상황: 제1종전용주거지역, 주거용
3. 개별요인: 소로각지, 장방형, 평지, 북향
4. 감정평가목적: 일반거래
5. 기준시점: 2026.7.1
6. 감정평가액: 760,000원/㎡

자료 6 **기준시점 현재 건물 관련자료**

1. 표준적 건축비

연와조	벽돌조
700,000원/㎡	600,000원/㎡

2. 내용연수

연와조		벽돌조	
45년		45년	

3. 잔존가치
   건물의 내용연수 만료 시 잔존가치는 없음.

자료 7   시점수정 자료

1. 주거지역 지가변동률(%)

구분	2023	2024	2025	2026.1	2026.2	2026.3	2026.4	2026.5
변동률 (누계)	1.017 (1.017)	1.418 (1.418)	1.567 (1.567)	0.163 (0.163)	0.151 (0.315)	0.167 (0.482)	0.305 (0.788)	0.192 (0.982)

2. 건설공사비지수

구분	2023.1	2023.2	2026.4	2026.5	2026.7
지수	100	101	110	111	112

자료 8   요인비교 자료

1. 지역요인

C동은 A, B동에 비해 5% 우세함.

2. 개별요인

(1) 형상

	장방형	사다리형	부정형
장방형	1.00	0.95	0.80
사다리형	1.05	1.00	0.92
부정형	1.19	1.08	1.00

※ 장방형과 정방형은 동일하다고 봄.

(2) 향

	남	동	서	북
남	1.00	0.93	0.90	0.75
동	1.07	1.00	0.96	0.85
서	1.08	1.03	1.00	0.88
북	1.18	1.10	1.05	1.00

(3) 도로조건

	중로한면	소로각지	소로한면	세각(가)	세로(가)
중로한면	1.00	0.96	0.90	0.88	0.80
소로각지	1.05	1.00	0.93	0.90	0.86
소로한면	1.09	1.06	1.00	0.98	0.89
세각(가)	1.10	1.08	1.04	1.00	0.92
세로(가)	1.15	1.10	1.07	1.04	1.00

자료 9   기타자료

시장이자율은 연 6%임.

02

감정평가사 A씨는 자산재평가 목적의 토지만의 감정평가를 의뢰받고 사전조사와 실지조사를 통하여 다음의 자료를 수집하였다. 주어진 자료를 활용하여 대상토지의 가치를 구하시오. (15)

자료 1 ─ 대상부동산

1. 소재지: A시 B구 C동 100번지
2. 관련 공부
   (1) 토지이용계획확인서: 일반상업지역, 일반미관지구, 소로1류(접합)
   (2) 토지대장: 대, 600㎡
   (3) 지적도: 정방형
   (4) 건축물대장: 철근콘크리트조 4층 근린생활시설 연면적 1,920㎡ 사용승인일자 2010.6.1

3. 실지조사 내용
   도심상가지대 내 위치한 토지로 인근지와 등고평탄하며, 남측으로 노폭 약 10미터 내외의 아스팔트 포장도로와 접하고 있음을 실지조사 시 확인하였다.

자료 2 ─ 표준지공시지가 자료(2026년 1월 1일)

일련 번호	소재지	면적(㎡)	지목	이용 상황	용도지역	도로교통	형상지세	공시지가 (원/㎡)
1	A시 B구 C동	600	대	주거용	일반상업	소로한면	정방형평지	3,000,000
2	A시 B구 C동	1,000	대	상업용	2종일주	중로한면	장방형평지	2,900,000
3	A시 B구 C동	500	대	상업용	일반상업	소로각지	정방형평지	3,800,000
4	A시 B구 A동	1,500	대	상업용	일반상업	소로한면	정방형평지	4,000,000

※ 일련번호3은 지상 위 LG전자와 광고탑을 위한 지상권 계약을 설정하였으며, 지상권으로 인해 해당 부동산의 매매가격은 상당히 낮아질 것으로 보인다.
※ 일련번호4는 일부(150㎡)가 도시계획시설(도로)에 저촉된 상태이다.

자료 3 ─ 거래사례 자료

1. 거래사례(1)
   (1) 물건내용
      1) 소재지: A시 B구 B동 98번지
      2) 지목, 면적: 대, 580㎡
      3) 용도지역, 이용상황: 일반상업지역, 상업용
      4) 형상, 지세, 도로조건: 정방형, 평지, 소로한면
   (2) 거래가격: 2,300,000,000원
   (3) 거래시점: 2026년 4월 1일

(4) 기타사항: 노후된 건물로 인해 최유효이용에 미달하여 매입직후 철거되었다. 계약당시 매수인은 건물의 잔재가치를 20,000,000원, 철거비를 50,000,000원으로 예상하고 매입하였다.

2. 거래사례(2)
   (1) 물건내용
      1) 소재지: A시 B구 C동 99번지
      2) 지목, 면적: 대, 600㎡
      3) 용도지역, 이용상황: 일반상업지역, 상업용
      4) 형상, 지세, 도로조건: 장방형, 평지, 소로한면
   (2) 거래가격: 550,000,000원
   (3) 거래시점: 2026년 1월 1일
   (4) 기타사항: 지상에 상업용 건물이 존재하나, 최유효이용에 미달된다.

3. 거래사례(3)
   (1) 물건내용
      1) 소재지: A시 B구 A동 120번지
      2) 지목, 면적: 대, 550㎡
      3) 용도지역, 이용상황: 일반상업지역, 상업용
      4) 형상, 지세, 도로조건: 장방형, 평지, 소로각지
   (2) 거래가격: 현금 1,350,000,000원(매매계약서상 건물 배분가격: 1,500,000,000원)
   (3) 거래시점: 2026년 2월 1일
   (4) 기타사항: 상기의 금액을 현금으로 지급하고 대출금을 매수인이 승계하기로 하였다. 매도인은 2023년 2월 1일자로 대부기간 10년, 이자율 5%, 매년 원리금 균등상환조건으로 3,000,000,000원을 대출하였다.

4. 거래사례(4)
   (1) 물건내용
      1) 소재지: A시 B구 C동 11번지
      2) 지목, 면적: 대, 620㎡
      3) 용도지역, 이용상황: 제2종일반주거지역, 상업용
      4) 형상, 지세, 도로조건: 장방형, 평지, 세로(가)
   (2) 거래가격: 3,580,000,000원(매매계약서상 건물 배분가격: 1,200,000,000원)
   (3) 거래시점: 2026년 5월 1일
   (4) 기타사항: 토지면적 중 30㎡가 도시계획시설(도로)에 저촉되었으나 건물가치에는 영향이 없다고 판단된다.

시점수정 자료

1. 지가변동률(%)

구분	2026.1	2026.2	2026.3	2026.4	2026.5
상업지역	1.300	1.500	1.200	0.600	0.500
(누계)	(1.300)	(2.820)	(4.053)	(4.678)	(5.201)
주거지역	1.000	1.200	0.700	0.800	0.900
(누계)	(1.000)	(2.212)	(2.927)	(3.751)	(4.685)

2. 건축비변동률
   건축비는 2024년도 이후 보합세이다.

자료 5 **요인비교 자료**

1. 지역요인
   A시 B구 내 각 동은 인근지역으로 본다.

2. 개별요인
   (1) 도로조건

광대로한면	중로한면	소로한면	세로(가)	맹지
105	100	95	90	80

   ※ 각지는 한면에 비해 5% 우세
   (2) 기타

비교표준지	거래사례(1)	거래사례(2)	거래사례(3)	거래사례(4)	대상
100	102	105	99	98	90

자료 6 **기타자료**

1. 시장이자율은 연 6%를 적용한다.
2. 도시계획시설(도로)에 저촉된 토지는 30% 감가되는 것이 일반적이다.
3. 가격조사기간은 2026.7.1 ~ 2026.7.7이다.
4. 인근지역 내 표준지공시지가는 시세 반영에 충실하여 별도의 그 밖의 요인은 불필요한 것으로 분석된다.
5. 거래사례는 「감정평가 실무기준」의 규정에도 불구하고, 적용 가능한 사례는 모두 선정하도록 한다.
6. 지가변동률은 백분율로서 소수점 이하 셋째자리까지 반올림하여 표시한다.

03

다음의 자료를 바탕으로 2026년 7월 7일을 기준시점으로 하는 조성택지의 가치를 평가하시오. (5)

자료 1   대상부동산

1. 소재지: 서울시 관악구 봉천동 100번지
2. 토지: 대, 1,500㎡, 소로한면, 장방형, 평지
3. 용도지역: 제2종일반주거지역
4. 기타사항

대상토지는 2024년 8월 15일 (주)대림건설이 아파트의 건설을 위하여 토지의 원소유자인 A씨로부터 전 2,000㎡를 ㎡당 400,000원에 매입하였음.

착공시점: 2025년 1월 15일

공사완료시점: 2026년 5월 15일

자료 2   대상토지의 조성자료

1. 조성공사비: 150,000원/㎡
2. 제세공과금: 5,000,000원
3. 수급인의 이윤: 조성공사비의 10%
4. 공사비는 착공 시 30%, 4개월 후 30%, 공사완료 시 40%를 지급하고, 공과금과 수급인의 이윤은 공사완료 시에 지급함.

자료 3   지가변동률

기간	2025년	2026년 1 ~ 5월	2026년 5월
변동률(%)	1%	0.5%	0.1%

자료 4   기타사항

투하자본이자율은 월 1%임.

04
감정평가사 A씨는 소지를 매입하여 택지개발사업을 시행하고자 하는 사업체로부터 택지후보지의 적정한 가치평가를 의뢰받았다. 주어진 자료를 바탕으로 개발법으로 대상토지의 가치를 평가하시오. (20)

자료 1 평가의뢰물건

1. 소재지 및 면적: A시 B동 298번지, 6,000㎡
2. 용도지역 및 지목: 제2종일반주거지역, 대
3. 토지상황: 현재 잡종지상태로 부정형, 완경사, 세로(가), 조성 후에는 소로한면임.
4. 기준시점: 2026년 7월 7일

자료 2 표준지공시지가(2026년 1월 1일)

일련번호	소재지	면적(㎡)	지목	도로교통	이용상황	용도지역	형상지세	공시지가 (원/㎡)
1	B동	7,000	잡	세로(가)	잡종지	제2종 일반주거	부정형 완경사	200,000
2	B동	180	대	세로(불)	주거용	제2종 일반주거	사다리형 평지	400,000
3	A동	210	대	소로각지	주거나지	제2종 일반주거	정방형 평지	600,000

자료 3 거래사례

1. 거래사례(1)
   (1) 소재지: A시 A동 300번지, 250㎡, 대(주거용 나지), 소로한면
   (2) 용도지역: 제2종일반주거지역
   (3) 거래가격: 800,000원/㎡
   (4) 거래시점: 2026년 2월 1일
   (5) 기타: 현지 사정에 정통하지 못한 외부인의 매입으로 상당히 고가로 거래되었음.

2. 거래사례(2)
   (1) 소재지: A시 B동 200번지, 대(주거용 나지), 소로한면
   (2) 용도지역: 제2종일반주거지역
   (3) 거래가격: 670,000원/㎡
   (4) 거래시점: 2026년 6월 15일
   (5) 기타: 거래당시 노후된 주택이 소재하였으나 매도자가 철거하였으며(철거비 5,000,000원) 기준시점 현재 나지상태임.

자료 4 분양계획

분양계획안은 다음과 같으며 이는 적정한 것으로 판단됨.

1. 조성공사비: 100,000원/㎡

2. 공공시설부담금: 5,000,000원/필지

3. 판매 및 일반관리비: 분양가총액의 5%

4. 수급인 정상이윤: 조성공사비의 10%

5. 감보율: 25%

6. 조성필지면적기준: 200㎡ 기준(미달되는 경우는 15% 감가하여 분양)

7. 공사 스케줄

구분	1개월	2개월	3개월	4개월	5개월	6개월
개발허가 · 인가						
공사착공, 완공						
분양						

(1) 공공시설부담금은 개발허가 시에 지급

(2) 조성비는 개발허가신청 시부터 1개월 후, 2개월 후, 3개월 후에 각각 1/3씩 발생

(3) 판매 및 일반관리비는 공사완료 1개월 후 일괄 지급

(4) 수급인 정상이윤은 분양완료 시에 발생

(5) 분양은 분양 시에 총 분양가의 10%, 1개월 후 40%, 4개월 후 50%씩 분양되는 것으로 하되, 분양가는 공사완료시점의 가액 기준

(6) 투하자본이자율은 월 1% 적용

자료 5 2026년 지가변동률(%)

구분	1월	2월	3월	4월	5월
해당월	0.008	0.009	0.011	0.010	0.007
누계	0.008	0.017	0.028	0.038	0.045

자료 6 지역요인 및 개별요인 비교

1. 지역요인

   B동은 A동보다 지역적으로 5% 우세함.

2. 개별요인

   (1) 조성 전(도로교통 제외)

구분	대상	표준지1	표준지2	표준지3	사례1	사례2
개별요인	95	95	100	95	105	100

(2) 조성 후(도로교통 제외)

구분	대상	표준지1	표준지2	표준지3	사례1	사례2
개별요인	90	65	75	100	100	92

(3) 도로교통

세로(불)	세로(가)	소로한면	소로각지	중로한면	중로각지
60	75	80	85	95	100

자료 7 기타사항

1. 분양단가는 「감정평가에 관한 규칙」의 규정상 주된 방법에 의해서만 평가하도록 함.
2. 그 밖의 요인 보정치는 절사하여 소수점 이하 둘째자리까지 산정하되, 산출된 끝자리가 5 미만인 경우 0으로, 5 이상인 경우 5로 표시함.

05

감정평가사 A씨는 다음과 같이 제시된 기본적 사항에 따라 토지평가를 의뢰받고 관련 자료를 수집하였다. 이를 바탕으로 감정평가액을 결정하시오. (20)

자료 1   기본적 사항

1. 평가목록: S시 A구 B동 16번지, 대, 240㎡
2. 감정평가 목적: 일반거래
3. 기준시점: 2026년 7월 7일
4. 인근지역 상황: 대상토지가 속한 인근지역은 기존주택과 신규주택이 혼재하는 주거지대로서 택지 및 주택건설이 활발하게 진행 중임.
5. 용도지역: 제2종일반주거지역
6. 물적상태: 가장형, 평지로서 소로한면에 접함.

자료 2   표준지공시지가(2026년 1월 1일)

일련번호	소재지	면적(㎡)	지목	이용상황	용도지역	도로교통	형상·지세	공시지가(원/㎡)
1	B동 118	290	대	주거용	제2종일반주거	소로한면	정방형 평지	920,000
2	B동 132	400	대	주거용	준주거	중로한면	장방형 평지	1,700,000
3	B동 169	220	대	주거용	제2종일반주거	소로각지	정방형 평지	1,000,000
4	B동 215	336	대	상업나지	제2종일반주거	소로각지	정방형 완경사	1,600,000

※ 일련번호3은 일부(50㎡)가 도시계획시설도로에 저촉상태임.

자료 3   거래사례

1. 토지: S시 A구 B동 21, 대, 197㎡
2. 건물: 위 지상 블록조 슬레이트지붕 건물 연면적 240㎡(1969년 사용승인, 노후화로 철거예정)
3. 용도지역: 제2종일반주거지역
4. 물적상태: 장방형, 평지, 소로각지
5. 거래일자: 2026.4.1
6. 거래가격: 200,000,000원(계약 시 50%, 계약 3개월 후 30%, 계약 6개월 후 20% 지급조건)
7. 철거비용: 거래당시 5,000원/㎡이 예상되었으나 실제 3,000원/㎡이 소요되었고, 잔재가치는 없으며, 매수인이 부담하는 것으로 조사됨.

1. 토지: S시 A구 B동 180, 대, 160㎡
2. 건물: 위 지상 벽돌조 슬라브지붕 지하1층, 지상3층 연면적 340㎡(임대면적과 동일)
3. 용도지역: 제2종일반주거지역
4. 물적상태: 사다리형, 완경사, 세로(가)
5. 임대내역(최근 1년)

층별	건축면적(㎡)	보증금	지급임대료	필요제경비	비고
지하	100	30,000,000원	-	실질임대료의 45% (감가상각비 제외)	사용승인일 2024.7.1
1	80	80,000,000원	-		
2	80	80,000,000원	-		
3	80	80,000,000원	-		

자료 5 표준건축비 및 철거비(2026년 1월 1일)

구분	표준건축비(원/㎡)	철거비(원/㎡)	전내용연수
벽돌조 슬라브즙	480,000	7,000	45
블록조 시멘트기와즙	320,000	5,000	40

※ 감가수정은 정액법에 의하며 만년감가함. (최종잔가율 0%)

자료 6 시점수정 및 요인비교

1. 시점수정
   (1) 지가변동률(%)

구분	2026.1	2026.2	2026.3	2026.4	2026.5	2026.6
주거지역	0.041	0.032	0.014	0.013	0.018	0.025
(누계치)	0.041	0.073	0.087	0.100	0.118	0.143

   (2) 건축비지수

2022.1.1	2023.1.1	2024.1.1	2025.1.1	2026.1.1
95	100	105	107	112

2. 지역요인
   모든 사례는 대상물건이 속한 인근지역에 위치함.

3. 도로교통

	세로(가)	소로	중로	대로
세로(가)	1	1.05	1.1	1.15
소로	0.95	1	1.05	1.1
중로	0.91	0.95	1	1.05
대로	0.87	0.91	0.96	1

※ 각지는 한면에 비해 5% 우세함.

4. 형상 및 지세

	정방형(장방형)	사다리형	부정형
정방형(장방형)	1	0.8	0.6
사다리형	1.25	1	0.75
부정형	1.67	1.33	1

※ 평지는 완경사보다 5% 우세함.

자료 7 기타자료

1. 보증금운용이율 및 할인율: 연 12%

2. 토지환원율: 5%, 건물 상각 후 환원율: 5.5%

3. 지가변동률은 백분율로서 소수점 이하 셋째자리까지 반올림하여 표시함.

4. 인근지역 내 표준지의 현실화율은 100%로 분석되어, 별도의 그 밖의 요인 보정은 불필요함.

06

감정평가사 A씨는 다음의 토지를 토지잔여법으로 감정평가하고자 한다. 2026년 7월 7일을 기준시점으로 하여 대상토지의 가치를 평가하시오. (25)

자료 1 **대상부동산**

1. 소재지: 서울시 관악구 신림동 430번지
2. 토지: 대, 1,200㎡, 21m 도로에 접하는 장방형, 평지
3. 건물: 위 지상 철근콘크리트조 상업용 5층건, 연면적 2,500㎡ 임대면적 2,000㎡
4. 용도지역: 일반상업지역

자료 2 **대상부동산 현황자료**

1. 임대자료
   (1) 임대기간: 2026년 7월 7일 ~ 2036년 7월 6일
   (2) 수입 및 지출 내역
      1) 수입내역
         ① 임대료: 매월 초 120,000,000원/월 지급
         ② 보증금운용익: 10,000,000원/년
         ③ 권리금: 300,000,000원
         ④ 공익비 중 실비 초과분: 1,000,000원/월
      2) 연간 지출내역
         ① 유지관리비: 400,000,000원
         ② 공과금: 10,000,000원
         ③ 부가물 설치비용: 6,000,000원
         ④ 손해보험료: 50,000,000원(보험기간 5년, 5년 말 연간 5% 이자를 가산하여 환급함)
         ⑤ 도시계획세: 2,000,000원
         ⑥ 취득세: 10,000,000원
         ⑦ 등기비용: 5,000,000원
         ⑧ 양도소득세: 20,000,000원
         ⑨ 대손 및 공실손실상당액: 총수입의 8%
         ⑩ 자기자금이자상당액: 150,000,000원
         ⑪ 정상운전자금이자: 55,000,000원
         ⑫ 소득세: 100,000,000원
         ⑬ 동산세금: 500,000원
         ⑭ 법인세: 30,000,000원

2. 대상건물 관련자료

　　(1) 신축당시 재조달원가: 3,000,000,000원

　　(2) 기준시점 재조달원가: 3,500,000,000원

　　(3) 기준시점 평가액: 3,150,000,000원

　　(4) 전 내용연수: 50년

　　(5) 장래보존연수: 45년

　　(6) 기간 말 잔존가치: 0

자료 3　　임대사례 자료

1. 임대사례(가)

　　(1) 토지: 서울시 관악구 봉천동 573번지, 대, 1,150㎡

　　(2) 건물: 위 지상 철근콘크리트조 5층 상업용 건물 연면적 2,300㎡ 임대면적 1,900㎡

　　(3) 용도지역: 일반상업지역

　　(4) 임대시점: 2026년 4월 1일

　　(5) 임대내역

　　　　1) 지급임대료: 1,400,000,000원/년

　　　　2) 보증금: 지급임대료의 12개월분

　　(6) 기타사항: 정상적인 신규임대사례임.

2. 임대사례(나)

　　(1) 토지: 서울시 관악구 신림동 273번지, 대, 1,100㎡

　　(2) 건물: 위 지상 철근콘크리트조 5층 상업용 건물 연면적 2,000㎡ 임대면적 1,500㎡

　　(3) 용도지역: 일반상업지역

　　(4) 임대시점: 2024년 4월 1일

　　(5) 임대내역

　　　　1) 지급임대료: 180,000,000원/월

　　　　2) 보증금: 지급임대료의 24개월분

　　(6) 기타사항: 정상적인 신규임대사례임.

3. 임대사례(다)

　　(1) 토지: 서울시 관악구 봉천동 350번지, 대, 1,300㎡

　　(2) 건물: 위 지상 철근콘크리트조 5층 상업용 건물 연면적 2,600㎡ 임대면적 2,250㎡

　　(3) 용도지역: 일반상업지역

　　(4) 임대시점: 2026년 1월 1일

　　(5) 임대내역(월간)

　　　　1) 실질임대료: 54,000원/㎡

　　　　2) 필요제경비: 19,000원/㎡(감가상각비 포함)

　　(6) 기타사항: 정상적인 신규임대사례임.

문제편

해커스 감정평가사 여지훈 감정평가실무 2차 문제집 초급

4. 임대사례(라)

    (1) 토지: 서울시 관악구 신림동 200번지, 대, 1,150㎡

    (2) 건물: 위 지상 철근콘크리트조 2층 상업용 건물 연면적 1,000㎡ 임대면적 900㎡

    (3) 용도지역: 일반상업지역

    (4) 임대시점: 2026년 7월 1일

    (5) 임대내역

        1) 지급임대료: 250,000,000원/월

        2) 보증금: 지급임대료의 24개월분

    (6) 기타사항: 신규임대사례이나 인근의 최유효이용에 미달함.

5. 임대사례(마)

    (1) 토지: 서울시 관악구 신림동 500번지, 대, 1,150㎡

    (2) 건물: 위 지상 철근콘크리트조 5층 상업용 건물 연면적 2,300㎡ 임대면적 1,900㎡

    (3) 용도지역: 일반상업지역

    (4) 임대시점: 2025년 8월 1일

    (5) 임대내역

        1) 실질임대료: 1,580,000,000원/월

        2) 필요제경비: 실질임대료의 45%

    (6) 기타사항: 정상적인 계속임대사례임.

자료 4 ▌ 시점수정 자료

1. 지가 및 건축비변동률(%)

구분	2026.1 ~ 3	2026.4 ~ 6	2026.6
지가변동률	1.501	2.182	0.607
건축비변동률	1	2	0.5

2. 실질임대료지수

구분	실질임대료지수(신규)	실질임대료지수(계속)
2025.1.1	100	100
2025.7.1	102	103
2026.1.1	103	107
2026.7.1	106	113

자료 5 ▌ 요인비교 자료

1. 지역요인

    신림동은 봉천동에 비해 5% 열세함.

2. 토지의 개별요인

대상	사례(가)	사례(나)	사례(다)	사례(라)	사례(마)
100	97	98	93	100	100

3. 건물의 개별요인

대상	사례(가)	사례(나)	사례(다)	사례(라)	사례(마)
98	97	100	95	105	100

4. 건물의 잔가율

대상	사례(가)	사례(나)	사례(다)	사례(라)	사례(마)
0.9	0.95	0.97	0.87	0.65	0.85

자료 6 각종이율 관련자료

1. 기대이율: 5%
2. 보증금운용이율 및 시장이자율: 10%
3. 토지환원율: 12%
4. 건물 상각 후 환원율: 13%

자료 7 기타자료

1. 인근의 표준적인 토지, 건물 가치구성비는 6 : 4이며 토지, 건물 순수익 구성비는 5 : 5임.
2. 총수익과 순수익은 직접법과 간접법을 병용하여 산정함.

07 다음에 제시하는 자료를 이용하여 대상부동산의 가치를 구하시오. 단, 기준시점은 2026년 7월 7일이다. (35)

자료 1 대상부동산

1. 소재지: A시 B동 50번지
2. 지목 및 면적: 대, 500㎡
3. 용도지역: 일반상업지역
4. 이용상황: 위 지상에 극도로 노후화된 단독주택(500㎡, 조적조 슬라브즙)
5. 형상 및 지세: 세장형, 평지
6. 주변환경: 70년대 토지구획정리사업에 의하여 상업용지로 조성된 토지로서, 해당지역의 대표적인 상업지 대임. 또한 건물신축에 소요되는 자본이 없는 일부 획지는 임시적으로 타 용도로 이용하고 있으나, 가까운 시일 내에 상업용으로 이용될 것으로 전망됨. 주변환경을 살펴보면 대부분 3층 규모의 상업용 부동산으로 이용 중임.
7. 도로접면: 남측으로 폭 8m의 도로와 접함.
8. 기타: 대상건물의 철거비 및 잔재가치는 각각 100,000원/㎡, 20,000원/㎡으로 추정됨.

자료 2 표준지공시지가 자료(2026년 1월 1일)

기호	소재지	지목	이용상황	용도지역	도로교통	형상 지세	공시지가 (원/㎡)
1	A시 B동	대	주상복합	일반주거	소로한면	세장형 평지	1,800,000
2	A시 B동	대	상업용	일반상업	중로한면	정방형 평지	2,900,000
3	A시 B동	대	단독주택	일반상업	소로각지	정방형 완경사	2,500,000
4	A시 C동	잡	테니스장	일반주거	세로(가)	사다리형 평지	1,000,000
5	A시 C동	대	상업용	일반주거	소로한면	세장형 평지	2,000,000
6	A시 D동	대	상업용	일반상업	중로각지	정방형 평지	3,000,000
7	A시 D동	대	주거용	일반상업	소로각지	정방형 완경사	2,300,000
8	A시 E동	장	공업용	일반공업	세로(가)	사다리형 평지	800,000

자료 3 거래사례 자료

1. 거래사례(1)
   (1) 소재지: A시 B동 22번지
   (2) 거래물건: 토지 면적 200㎡, 건물(철근콘크리트조 슬라브지붕 2층 상업용) 연면적 500㎡
   (3) 용도지역: 일반상업지역
   (4) 거래가격: 780,000,000원
   (5) 거래시점: 2023.10.1
   (6) 기타: 소로한면, 정방형, 평지

2. 거래사례(2)

    (1) 소재지: A시 C동 34번지

    (2) 거래물건: 토지 면적 550㎡, 건물(철근콘크리트조 슬라브지붕 3층 상업용) 연면적 1,250㎡

    (3) 용도지역: 일반상업지역

    (4) 거래가격: 2,500,000,000원

    (5) 거래시점: 2025.12.11

    (6) 거래조건: 거래대금은 계약 시 20%, 1개월 후 20%, 2개월 후 잔금을 지급하는 조건임.

    (7) 기타: 소로한면, 세장형, 평지

3. 거래사례(3)

    (1) 소재지: A시 B동 130번지

    (2) 거래물건: 나지, 340㎡

    (3) 용도지역: 일반주거지역

    (4) 거래가격: 243,120,000원

    (5) 거래시점: 2026.3.24

    (6) 기타: 세로(가), 정방형, 평지

4. 거래사례(4)

    (1) 소재지: A시 A동 2번지

    (2) 거래물건: 나지, 520㎡

    (3) 용도지역: 일반상업지역

    (4) 거래가격: 400,000,000원

    (5) 거래시점: 2026.7.1

    (6) 기타: 소로한면, 세장형, 평지

5. 거래사례(5)

    (1) 소재지: A시 B동 76번지

    (2) 거래물건: 나지, 600㎡

    (3) 용도지역: 일반상업지역

    (4) 거래가격: 1,700,000,000원

    (5) 거래시점: 2026.3.23

    (6) 거래조건: 거래금액 중 500,000,000원은 저당대부금으로 대체하였음. 저당대부금은 거래시점 이후 3년 동안 매년말 일정액을 균등상환하고, 저당이자는 매기말 미상환 저당잔금에 대하여 매년 지급하는 조건임.

    (7) 기타: 소로한면, 세장형, 평지

6. 거래사례(6)

　　(1) 소재지: A시 D동 231번지

　　(2) 거래물건: 토지 면적 500㎡, 건물(철근콘크리트조 슬라브지붕 3층 상업용) 연면적 1,100㎡

　　(3) 용도지역: 일반상업지역

　　(4) 거래가격: 1,800,000,000원

　　(5) 거래시점: 2026.4.12

　　(6) 기타: 사례는 친족 간의 거래로 다소 저가로 거래되었음. 사례토지는 중로한면, 정방형, 완경사임.

7. 거래사례(7)

　　(1) 소재지: A시 B동 62번지

　　(2) 거래물건: 토지 면적 450㎡, 건물(조적조 슬라브지붕) 연면적 360㎡

　　(3) 용도지역: 일반상업지역

　　(4) 이용상황: 주거용 건물로 이용 중이며 주위환경에 비추어 최유효이용에 미달함.

　　(5) 거래가격: 1,200,000,000원

　　(6) 거래시점: 2026.3.1

　　(7) 기타: 사례는 대상과 일체의 유사성이 인정되나, 대상과 건부감가의 비교가 불가능함. 사례토지는 10m 도로에 접하며 정방형, 평지임.

자료 4　임대사례 자료

1. 임대사례(1)

　　(1) 토지: A시 B동 23번지, 대, 1,000㎡, 소로각지, 정방형, 평지

　　(2) 건물: 위 지상 철근콘크리트조 슬라브지붕 근린상가 지상 4층 3,400㎡(전유면적비율 80%)

　　(3) 용도지역: 일반상업지역

　　(4) 사례건물의 임대료에 관한 자료

　　　　1) 임대수입명세(임대기간 2025년 3월 1일 ~ 2027년 2월 28일)

　　　　　　① 임대료 수입: 월 50,000,000원

　　　　　　② 보증금: 200,000,000원

　　　　　　③ 선불적 성격의 일시금: 100,000,000원

　　　　2) 지출명세(년)

　　　　　　① 유지관리비: 12,000,000원

　　　　　　② 감가상각비: 25,000,000원

　　　　　　③ 손해보험료: 5,000,000원

　　　　　　④ 공실손실상당액: 2,500,000원

2. 임대사례(2)

　　(1) 토지: A시 C동 182번지, 대, 460㎡, 소로한면, 정방형, 평지

　　(2) 건물: 위 지상 철근콘크리트조 슬라브지붕 근린상가 지상 3층 1,300㎡(전유면적비율 80%)

(3) 용도지역: 일반상업지역

(4) 사례건물의 임대료에 관한 자료

    1) 임대수입명세(임대기간 2026년 1월 1일 ~ 2027년 12월 31일)

        ① 임대료 수입: 월 21,260,000원(공익비 포함)

        ② 보증금: 100,000,000원

        ③ 선불적 성격의 일시금: 50,000,000원

    2) 지출명세(년)

        ① 유지관리비: 15,000,000원

        ② 감가상각비: 25,000,000원

        ③ 건물재산세: 8,000,000원

        ④ 법인세: 10,000,000원

        ⑤ 소득세: 20,000,000원

        ⑥ 손해보험료: 4,000,000원

        ⑦ 결손준비금: 2,000,000원

        ⑧ 공실손실상당액: 2,500,000원

        ⑨ 공익비: 3,000,000원

        ⑩ 장기차입금이자: 1,500,000원

        ⑪ 정상운영자금이자상당액: 1,000,000원

        ⑫ 자기자금이자상당액: 2,700,000원

3. 임대사례 자료(3)

  (1) 토지: A시 A동 43번지, 대, 500㎡, 중로한면, 정방형, 평지

  (2) 건물: 위 지상 철근콘크리트조 슬라브지붕 근린상가 지상 2층 800㎡(전유면적비율 85%)

  (3) 용도지역: 일반상업지역

  (4) 사례건물의 임대료에 관한 자료

    1) 임대수입명세(임대기간 2026년 4월 1일 ~ 2029년 3월 31일)

        ① 임대료 수입: 월 50,000,000원

        ② 보증금: 200,000,000원

    2) 지출명세(년)

        ① 유지관리비: 10,000,000원

        ② 수선비: 5,000,000원

        ③ 손해보험료: 4,000,000원

        ④ 공실손실상당액: 3,000,000원

4. 임대사례 자료(4)

  (1) 토지: A시 B동 76번지, 대, 300㎡, 세로(가), 정방형, 평지

  (2) 건물: 위 지상 조적조 슬라브지붕 임대주택 지상 2층 500㎡(전유면적비율 90%)

  (3) 용도지역: 일반상업지역

(4) 사례건물의 임대료에 관한 자료

    1) 임대수입명세(임대기간 2026년 2월 1일 ~ 2027년 2월 28일)

        ① 임대료 수입: 월 2,000,000원

        ② 보증금: 20,000,000원

    2) 지출명세(년)

        ① 유지관리비: 2,000,000원

        ② 감가상각비: 1,500,000원

        ③ 손해보험료: 1,300,000원

        ④ 공실손실상당액: 700,000원

자료 5   일반상업지역의 지가변동률(%)

2025.12	2026.1	2026.2	2026.3	2026.4	2026.5	2026.6
0.007	0.006	0.008	0.011	0.009	0.008	0.006

자료 6   건물 자료

1. 거래사례

구분		사례1	사례2	사례6	사례7
사용승인일		2023.8.29	2025.12.1	2024.4.10	1976.1.13
연면적(㎡)		500	1,250	1,100	360
기준시점	주체	40	50	48	-
내용연수	부대	15	20	18	-
건물과 부지의 적응성		최유효이용 미달	최유효이용	최유효이용	최유효이용 미달
재조달원가의 개별요인		90	101	98	105
건축비(사용승인일 기준)			800,000원/㎡		

2. 임대사례

구분		사례1	사례2	사례3	사례4
사용승인일		2020.3.1	2025.10.1	2023.1.1	2008.2.17
연면적(㎡)		3,400	1,300	800	500
기준시점	주체	44	50	47	22
내용연수	부대	14	20	17	2
건물과 부지의 적응성		최유효이용	최유효이용	최유효이용	최유효이용 미달
재조달원가의 개별요인		95	100	97	86
건축비(사용승인일 기준)			800,000원/㎡		

자료 7 지역요인 자료 및 개별요인 비준표

1. 지역요인 자료

   C동은 B동보다 5% 열세함. B동과 A동, B동과 D동은 지역 간 비교가 불가능함.

2. 도로조건(각지는 10% 가산할 것)

구분	중로한면	소로한면	세로(가)
중로한면	1.00	0.83	0.69
소로한면	1.20	1.00	0.83
세로(가)	1.44	1.20	1.00

3. 형상

구분	세장형	부정형	사다리형	정방형
세장형	1.0	0.8	0.9	1.1
부정형	1.2	1.0	1.1	1.3
사다리형	1.1	0.9	1.0	1.2
정방형	0.9	0.7	0.8	1.0

4. 지세

구분	평지	완경사
평지	1.0	0.7
완경사	1.3	1.0

자료 8 기타자료

1. 최근 1년간의 건축비 변동은 없었음.
2. 사례의 주체부분과 부대설비부분의 공사비 비율은 7 : 3이며 공히 정액법을 적용함. (잔가율 0%)
3. 비교표준지 및 사례의 선정에 있어 배제한 사례가 있는 경우, 그 사유를 명시할 것.
4. 거래사례(1) ~ (4)는 그 밖의 요인 보정 자료로, 거래사례(5) ~ (7)은 거래사례비교법 적용 자료로 활용할 것.
5. 시장이자율 및 보증금운용이율은 연간 12%이며, 저당이자율은 10%임.
6. 인근지역의 토지환원율은 10%, 건물환원율은 12%임.
7. 지가변동률은 백분율로서 소수점 이하 셋째자리까지 표시하되, 반올림함.

조건 1

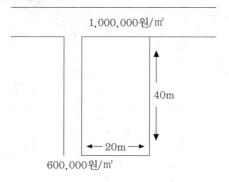

1,000,000원/㎡

40m

20m

600,000원/㎡

1. 20m 깊이가격체감률: 0.95
2. 40m 깊이가격체감률: 0.85
3. 측면가로영향 가산율: 0.1

조건 2

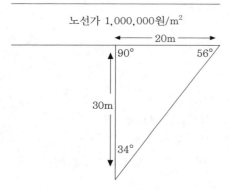

노선가 1,000,000원/m²

20m

90°   56°

30m

34°

1. 정면 노선가: 1,000,000원
2. 최소각이 대각인 경우의 각도 보정률: 0.93
3. 면적 보정률: 0.90
4. 30m 깊이가격체감률: 0.93

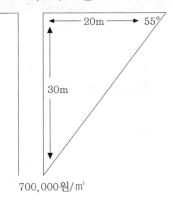

1. 각도 및 면적보정률

   (1) 각도보정률

최소각	10°	10° 이상 15° 미만	15° 이상 20° 미만	20° 이상 30° 미만	30° 이상 45° 미만	45° 이상 70° 미만
저각	0.80	0.85	0.89	0.92	0.95	0.97
대각	0.75	0.81	0.86	0.90	0.93	0.95

   (2) 면적보정률

면적(㎡) / 최소각	100㎡ 미만	100 ~ 130 미만	130 ~ 170 미만	170 ~ 300 미만	300 ~ 1,000 미만	1,000 ~ 3,000 미만	3,000 이상
30° 미만	0.75	0.75	0.80	0.85	0.90	0.95	0.98
30° 이상	0.80	0.85	0.85	0.90	0.95	0.98	0.98

2. 기타자료

   (1) 깊이 30m의 깊이가격체감률 0.95

   (2) 깊이 20m의 깊이가격체감률 1.0

   (3) 측면가로영향가산율 0.1

Chapter

03 건물의 감정평가

01 다음 건물의 2026년 7월 7일을 기준시점으로 하는 재조달원가를 구하시오. (10)

자료 1 건물의 개황

1. 소재지: 서울시 서초구 방배동 100번지
2. 건물: 철근콘크리트조 슬라브지붕 지상 5층건 근린생활시설 연면적 6,200㎡
3. 해당 건물의 건축계약도급서상의 건물공사비 내역은 다음과 같음. 냉난방 및 위생공사비는 별도이며, 수급인의 이윤은 각종 공사비에 포함되어 있으나 개발업자 이윤은 포함되지 않은 것임. 각 항목의 공사비는 적정한 것으로 판단되나, 순수건축비와 관련 없는 항목은 제외할 것.

자료 2 건축공사비 내역(단위: 천원)

1. 건축공사비 내역(총액: 1,940,100)

가설 공사비: 113,000	미장 공사비: 70,000
토공사비: 239,500	도장 공사비: 29,900
철근콘크리트 공사비: 757,100	창호 공사비: 152,100
조적 공사비: 492,000	울타리 공사비: 10,000
타일 공사비: 36,500	조경 공사비: 20,000
마당 콘크리트 공사비: 20,000	

2. 냉 · 난방 및 위생공사비 내역: 370,000
3. 개발업자 이윤은 건축공사비 중 철근콘크리트 공사비와 냉 · 난방 및 위생공사비 합계액의 20%로 계상함.

자료 3 참고 자료

1. 해당 건물은 2022년 1월 1일에 신축한 건물임.
2. 건설공사비지수

해당년도	2022.1	2026.1	2026.6	2026.7
건축비지수	100	106	104	103

02 기준시점 현재 재조달원가가 100,000,000원인 주택이 있다. 이는 10년 전에 신축한 것으로 장래보존연수 40년, 내용연수 만료 시 잔가율이 10%이다. 정액법, 정률법, 상환기금법에 의하여 적산가액을 산정하고 각 가액을 비교하시오(정률법에서 감가율 15%, 상환기금법에서 축적이율 15%). (5)

03 다음 건물의 적산가액을 평가하시오. (5)

자료 1 ▎ 대상부동산

1. 소재지: 서울시 관악구 신림동 220번지
2. 건물: 위 지상 철근콘크리트조 슬라브지붕 2층, 연면적 1,200㎡

층	용도	면적(㎡)	사용승인일
1	공장	600	2020.5.1
2	사무실	600	2022.5.1

3. 기준시점: 2026년 7월 7일

자료 2 ▎ 기타자료

1. 기준시점 재조달원가: 500,000원/㎡
2. 전 내용연수

구분	주체	부대
공장	35년	12년
사무실	50년	18년

3. 재조달원가 주체, 부대 구성비율: 8 : 2
4. 감가수정 방법: 정액법, 잔가율 10%, 만년감가

04
건물소유자인 B씨는 자신의 복합부동산 중 건물만을 처분하기 위해 감정평가사 A씨에게 평가를 의뢰하였다. 수집된 다음의 자료를 바탕으로 대상건물의 가치를 평가하시오. (20)

자료 1 | 평가의뢰내용

1. 토지: 서울시 관악구 신림동 21번지 대, 400㎡
2. 건물: 위 지상 철근콘크리트구조 슬라브지붕 5층 건물, 연면적 1,300㎡(지층: 300㎡, 1 ~ 5층: 각 200㎡)
3. 임대가능면적: 950㎡(지층: 200㎡, 1 ~ 5층: 각 150㎡)
4. 기준시점: 2026년 7월 7일
5. 도시계획사항 등: 일반상업지역, 장방형, 평지
6. 주변상황: 최근 5층 사무실건물을 신축하여 분양 및 임대하고 있으며, 거래는 매우 활발하여 분양개시 즉시 분양 및 임대가 완료되는 것으로 조사되었다.

자료 2 | 대상건물의 건축비 내역

1. 신축 시점: 2022년 7월 7일
2. 소요공사비내역(단위: 원)

1. 직접비			
터파기 및 정지	1,390,000	내벽	36,400,000
기초	4,680,000	* 도장(내외부)	1,520,000
외벽	53,270,000	배관	6,570,000
지붕틀	7,900,000	* 배관설비	2,860,000
* 지붕마감	5,050,000	* 전기설비	5,600,000
골조	19,900,000	* 전기배선	3,150,000
바닥틀	13,000,000	* 난방환기조절기	13,850,000
* 바닥마감	3,590,000	울타리, 조경공사	3,500,000
* 천장	5,500,000	계	187,730,000
2. 간접비 및 이윤		직접비의 27%	

※ (*)는 소모성 항목임.
※ 각 항목의 공사비는 적정한 것으로 판단되나, 순수건축비와 관련없는 항목은 제외할 것.

3. 내용연수: 내구성 항목 50년, 소모성 항목 15년
4. 간접비 및 이윤을 소모성 항목과 내구성 항목으로 배분할 경우에는 직접비와의 비율에 의한다.

1. 대상물건은 내외부 도장상태가 불량하여 재도장이 요구되고 있으며, 그 비용은 450,000원이 소요된다. (재조달원가 350,000원)

2. 대상건물의 2층에는 화장실이 없다. 이로 인해 연간 500,000원의 실질임대료 손실이 초래되고 있다. 현재 2층에 화장실을 추가하는 비용은 1,500,000원이 소요되며, 기준시점 현재 대상건물을 신축한다고 가정했을 경우의 대체비용은 1,300,000원이 소요된다.

3. 대상건물의 전기설비 중 일부는 110V이나 주위 건물의 일반적인 설비규모는 220V이다. 이러한 차이로 인하여 연간 600,000원의 운영경비가 추가 지출되고 있다. 기준시점 현재 기존설비의 재조달원가는 2,000,000원이며, 220V로의 전환비용은 2,200,000원이 소요된다. 공사완료당시 220V로 시공했다면 2,050,000원이 소요되었을 것이고 기준시점 현재 신축 시 220V로 시공하는 데 2,100,000원이 소요된다.

4. 대상건물은 승강기가 없는 관계로 연간 2,000,000원의 실질임대료 손실이 나타나고 있다. 그러나 현재 구조적으로 승강기는 설치할 수 없다. 승강기 신축 시 비용은 5,000,000원이 소요된다.

5. 대상건물의 인접 건물은 노후화되어 대상건물에 불리한 영향을 주고 있으며 이로 인해 인근 유사부동산에 비하여 대상부동산의 순수익 수준은 연간 121,000원 정도 낮게 형성되고 있다. 또한 대상토지가치도 시장가치 대비 1,000,000원 정도 낮게 형성되고 있는 것으로 조사되었다.

자료4 기타자료

1. 인근 부동산 표준적인 토지, 건물의 가격구성비율은 6 : 4이다.
2. 건물의 환원율: 12.5%
3. 토지의 환원율: 6%
4. 시장의 전형적인 총수익승수는 7이다.
5. 건축비변동률: 최근 10년간 건축비는 연 평균 5%씩 상승하였다.
6. 전기설비의 타당성은 건물환원율에 의한 연금법으로 검토한다.

05 감정평가사 A씨는 어느 저밀도 빌라형 아파트를 비용접근법으로 평가하고 있다. 현재 빌라형 아파트의 디자인으로는 한 가구가 아래 위층을 동시에 사용하는 수직형 배치계획이 매우 유행하고 있다. 수직형 배치계획에서 개별가구는 각각 독립된 내부층계를 가지고 있으며, 침실은 일반적으로 2층에 위치하고 있다. 새로운 배치계획의 아파트는 일반인으로부터 선호도가 높아 임대료나 매매가격이 높은 편이지만, 건축비용은 과거 수평형 배치계획의 그것과 거의 비슷한 것으로 되어 있다.

대상부동산은 과거에 유행했던 수평형 배치계획을 따르고 있다. 당신은 이 같은 디자인상의 결함이 얼마만큼의 기능적 감가수정을 초래하는지를 파악하고자 한다. 빌라형 아파트에 대한 매매사례와 임대사례는 다음과 같다. 수집된 자료는 배치계획과 건립연도는 다르지만, 현시점에서의 재생산비용은 서로 비슷한 것으로 되어 있다. 주어진 자료를 토대로 하여, 배치계획으로 인한 치유불능 기능적 감가수정을 추계하시오. 다만, 시점수정은 금액수정법에 의한다. (10)

자료 1   최근의 임대자료

구분	경과연수	상태	가구당 연임대료	배치계획
대상부동산	34년	보통	4,050,000원	수평형
사례A	24년	보통	4,750,000원	수직형
사례B	19년	양호	4,550,000원	수평형
사례C	32년	보통	4,350,000원	수직형

자료 2   매매사례 자료

구분	매매시점	매매가격	가구당 연임대료	형식
사례1	5년 전	740,000,000원	3,300,000원	수평형
사례2	2년 전	860,000,000원	3,950,000원	수평형
사례3	1년 전	770,000,000원	3,500,000원	수평형

06 감정평가사 A씨는 다음 물건에 대한 감정평가를 의뢰받아 사전 및 실지조사 등을 통하여 다음의 자료를 수집하였다. 아래의 자료를 활용하여 감정평가액을 산정하시오. (15)

자료 1 대상물건

1. 소재지: 서울시 도봉구 쌍문동 315번지
2. 토지: 대, 500㎡
3. 건물: 위 지상 연와조 슬라브지붕 상업용 3층 연면적 850㎡

자료 2 기본적 사항

1. 기준시점: 2026년 7월 7일
2. 대상물건 중 건물만의 평가만 의뢰되었음.

자료 3 실지조사 내용

1. 대상토지는 제2종일반주거지역 내의 가장형 평지로서 소로한면에 접하고 있으며, 주위는 주택 및 상가지대를 형성하고 있음.
2. 대상토지와 건물은 최유효이용 상태이며, 대상건물의 전유면적은 건축면적의 60%로 확인됨.

자료 4 도봉구 쌍문동 표준지공시지가(2026.1.1)

일련번호	면적(㎡)	지목	이용상황	용도지역	도로조건	형상, 지세	공시지가 (원/㎡)
1	450	대	상업용	제3종일반주거	소로한면	가장형, 평지	1,000,000
2	450	대	상업용	제2종일반주거	소로한면	세장형, 평지	800,000
3	400	대	주상용	일반상업	소로각지	부정형, 평지	850,000
4	350	대	주상용	제2종일반주거	소로한면	부정형, 평지	900,000

자료 5 거래사례 자료

1. 사례 (1)
   (1) 토지: 도봉구 방학동 300번지 대 500㎡
   (2) 건물: 위 지상 연와조 슬라브지붕 3층건 상가, 연면적 950㎡
   (3) 거래시점: 2026.4.1
   (4) 거래가격: 건물을 포함하여 850,000,000원으로 정상적인 거래임.
   (5) 기타사항: 사례토지는 제2종일반주거지역 내 세장형, 평지로서 소로각지에 접함.

2. 사례 (2)
   표준지공시지가 기호1이 2026년 4월 24일에 건물을 포함하여 880,000,000원으로 정상 거래되었음.

구분		대상건물	거래사례1	거래사례2	건설사례
사용승인일		2024.5.1	2024.7.1	2025.6.1	2026.4.1
구조		연와조	연와조	연와조	연와조
연면적		850	950	870	850
기준시점	주체	38	38	39	40
장래보존연수	부대	13	13	14	15
건물개별요인 평점		99	98	98	100
건축비					1,500,000원/평

1. 감가수정은 정액법을 적용하되 만년감가에 의함.
2. 주체와 부대설비의 구성비율: 7 : 3
3. 건물개별요인은 재조달원가를 기준으로 하여 산정된 것임.

자료 7 　토지요인 비교 자료

1. 지역요인

   쌍문동은 도봉동보다는 5% 열세하고, 도봉동은 방학동보다 5% 우세함.

2. 개별요인

대상	표준지1	표준지2	표준지3	표준지4	거래사례
98	100	101	100	102	98

3. 그 밖의 요인: 1.00

자료 8 　시점수정 자료

1. 도봉구 지가변동률

구분	2025년	2026.1	2026.2	2026.3	2026.4	2026.5
주거지역	-2.450	0.100	0.110	0.090	0.085	0.080
상업지역	-3.210	0.200	0.150	0.200	0.100	0.080

2. 건축비지수

2024.1.1	2025.1.1	2026.1.1	2026.4.1	2026.4.1 이후
100	110	120	123	변동없음

07

감정평가사 A씨는 다음 부동산에 대한 감정평가를 의뢰받고 사전조사 및 실지조사를 거쳐 다음의 자료를 수집하였다. 아래의 자료를 이용하여 감정평가액을 산정하시오. (15)

자료 1 감정평가 의뢰내역

1. 제시목록내용

   (1) 소재지: 서울시 광진구 군자동 15번지 대 500㎡

   (2) 토지: 대, 500㎡

   (3) 건물: 위 지상 시멘트벽돌조 슬라브지붕 상업용 3층 건물 연면적 850㎡

1층	2층	3층
300㎡	300㎡	250㎡

2. 기본적 사항

   (1) 기준시점: 2026년 7월 7일

   (2) 제시목록 내용 중 건물만의 평가가 의뢰됨.

3. 실지조사 내용

   대상토지는 제2종일반주거지역 내의 가장형 평지로서 소로한면에 접하고 있으며, 주위는 주택 및 상가지대를 형성하고 있음.

자료 2 표준지공시지가(2026.1.1)

일련 번호	면적(㎡)	지목	이용상황	용도지역	도로조건	형상·지세	공시지가 (원/㎡)
1	550	대	상업용	일반상업	소로한면	가장형, 평지	1,250,000
2	450	대	상업용	2종일반주거	소로한면	세장형, 평지	908,000
3	450	대	주상용	2종일반주거	소로각지	가장형, 평지	775,000

자료 3 임대사례

1. 소재지: 서울시 광진구 구의동 31번지 대 400㎡

2. 토지: 대, 400㎡

3. 건물: 위 지상 시멘트벽돌조 슬라브지붕 3층 상업용 건물

1층	2층	3층
350㎡	350㎡	300㎡

4. 임대내역(2026년 4월 1일)
   (1) 월지급임대료: 4,500,000원
   (2) 보증금: 200,000원/㎡
   (3) 월지급임대료에는 공익비 및 부가사용료가 1,000원/㎡ 포함되어 있음.

5. 필요제경비
   (1) 유지관리비: 건물가치의 5%
   (2) 대손준비비: 200,000원/월
   (3) 공실손실상당액: 건물가치의 0.5%
   (4) 조세공과금: 2,500,000원/년
   (5) 손해보험료: 연간 1,500,000원, 계약기간 5년, 계약기간 만료 시 재해발생 유무와 관계없이 3,000,000원을 환급받는 조건

6. 기타자료
   임대사례토지는 제2종일반주거지역 내 가장형 평지로서 소로한면에 접해 있으며, 주위는 주택 및 상가지대로 형성되어 있고, 토지 및 건물은 최유효이용 상태임.

자료 4   건물

구분		대상건물	임대사례	건설사례
사용승인일		2024.5.1	2025.4.1	2026.1.1
구조		시멘트벽돌조	시멘트벽돌조	시멘트벽돌조
연면적		850	1,000	850
기준시점	주체	38	39	40
장래보존연수	부대	13	14	15
건물개별요인		99	101	100
건축비				500,000원/평

1. 감가수정은 정액법을 적용하되 만년감가에 의함.
2. 주체와 부대설비의 구성비율은 (7 : 3)임.
3. 건물개별요인은 재조달원가를 기준으로 하여 산정된 평점임.

자료 5 요인비교

1. 지역요인

   구의동과 군자동은 인근지역임.

2. 개별요인 관련자료

   (1) 개별요인 평점(도로교통 및 형상 제외)

대상	표준지1	표준지2	표준지3	임대사례
98	100	101	99	102

   (2) 각지는 한면보다 5% 우세함.

   (3) 부정형은 가장형보다 5% 열세하고, 세장형은 가장형보다 2% 열세함.

자료 6 지가변동률

구분	2025년 누계	2026년 1월	2026년 2월	2026년 3월	2026년 4월	2026년 5월
주거지역	3.850	0.210	0.300	0.250	0.260	0.350
상업지역	8.260	0.580	0.680	0.800	1.000	1.100

자료 7 기타

1. 환원율 및 각종이율

   (1) 토지환원율: 8%

   (2) 건물 상각 후 환원율: 12%

   (3) 보증금 운용이율 및 시장이자율: 10%

2. 대상과 임대사례는 연면적과 임대면적이 동일함.

08   당신은 김철수 씨가 운영하고 있는 어느 임대아파트를 평가해 달라는 요청을 받았다. 대상아파트는 안정단계에 있는 양호한 근린지역에 위치하고 있다. 대상아파트는 지하실이 있는 3층 건물인데, 엘리베이터는 없다. 현재 대상건물에는 총 36개의 아파트가 있는데, 이 중 12개는 방이 4개이며 나머지 24개는 방이 5개이다. 방이 5개인 아파트는 거실, 식당, 부엌, 욕실, 그리고 두 개의 침실로 구성되어 있다. 방이 4개인 아파트는 침실이 하나인데, 이것을 제외한 나머지는 앞의 것과 같다.

대상건물은 지은 지 이미 25년이 경과되었으나, 유지상태는 매우 좋은 편이어서 잔존 경제적 수명이 40년은 될 것으로 추계되고 있다. 현재 대상부동산은 최고최선의 이용상태에 있다고 판단된다.

대상건물의 체적(體積)은 40,500㎥인데, 현재의 재생산비용은 ㎥당 3만원으로 산출되고 있다. 대상부지의 접면너비는 45m이며 깊이는 37.5m이다. 부지의 후면부는 너비 4.8m의 포장도로와 접하고 있다. 비교매매사례, 가능수요자의 제안가격, 전문가의 견해 등을 종합해 볼 때, 대상부지의 노선가는 접면너비당 800만원인 것으로 추계된다.

유사아파트에 관한 소득과 경비를 분석한 결과, 대상부동산에 가장 전형적인 임대료는 다음과 같다는 것이 밝혀졌다: 방이 4개인 아파트는 보증금 1,000만원에 월 20만원이며, 방이 5개인 아파트는 보증금 1,200만원에 월 30만원이다. 보증금은 임대차계약의 만료 시에 임차인에게 전액 반환된다. 공실과 불량부채에 의한 손실은 가능총수익의 5%이며, 운영경비는 유효총수익의 30%이다. 이 같은 투자에 대한 시장의 전형적인 자본수익률은 8%이다. 보증금의 운용이익에도 동일한 자본수익률을 적용한다.

소득접근법과 비용접근법을 사용하여 대상부동산의 건물가치를 구하라. 비용접근법에서의 감가수정은 미래수명법을 사용하라. 소득접근법으로는 잔여환원법을 사용하되, 자본회수율은 직선법으로 산출하라. 주어진 자료와 감가수정방법 외의 다른 모든 평가기법은 충분히 신뢰할만한 것이라고 가정한다. 그렇다면, 사용된 감가수정방법에는 어떠한 문제가 있다고 볼 수 있는가? (건물가치 산정에 있어 각 방식에 의한 시산가액 제시만 하며, 시산가액 조정은 하지 아니한다) (10)

09

수집된 다음의 자료를 바탕으로 대상부동산을 감정평가하시오. 다만, 토지는 공시지가기준법으로, 건물은 인근유사 거래사례로부터 회귀분석모형으로 도출한 감가율을 적용하여 평가하시오. (15) (기준시점: 2026년 7월 7일)

자료 1 대상부동산

1. 토지: 제1종일반주거지역, 대, 330㎡
2. 건물: 단독주택, 블록조 슬라브지붕, 450㎡, 2020.2.10 건축

자료 2 인근지역 표준지공시지가(2026.1.1)

지번	지목	이용상황	면적(㎡)	공시지가(원/㎡)
가동 210번지	대	단독주택	400	952,000

자료 3 거래사례

사례	보정된 거래가격(천원)	면적		경과연수(년)
		토지	건물	
1	534,250	320	440	1
2	455,900	280	380	3
3	427,500	300	410	15
4	543,800	350	470	7
5	588,600	360	490	2
6	440,000	290	390	10
7	473,800	300	400	4
8	433,000	280	380	8

※ 인근지역의 최근사례로서 기준시점 기준으로 수정된 것임
※ 사례토지와 공시지가는 모든 요인 비교치가 동일함
※ 사례는 대상과 유사성이 크고, 건물의 단위당 재생산비용이 거의 유사함

자료 4 지가변동률(%)

2025	2026.1 ~ 6	2026.6
5.982	6.628	0.843

자료 5 기타사항

1. 토지의 개별요인은 대상부동산이 표준지에 비해 10% 우세하며, 시점수정, 지역 및 개별요인 외에 별도로 반영할 추가적인 요인은 없음.
2. 표준적 건축비는 500,000원/㎡으로 조사됨.

01 대상부동산의 순수익을 산정하시오. 다만 기준시점은 2026년 7월 1일이다. (10)

자료 1 대상의 임대기간 및 임대내역

1. 임대기간
   2026년 7월 1일 ~ 2029년 6월 30일

2. 임대내역
   (1) 수입자료·
   　1) 지급임대료: 매월 초 2,000,000원
   　2) 예금적 성격의 일시금: 지급임대료의 24개월분
   　3) 선불적 성격의 일시금: 지급임대료의 12개월분
   　4) 주차장수입: 100,000원/월
   (2) 운영경비 등 자료
   　1) 대손준비비 및 공실손실상당액: 연 지급임대료 총액의 5%
   　2) 손해보험료: 임대기간 중 전체보험료 30,000,000원을 기간 초에 지급하고 화재가 발생하지 않을 경우 만기 시 매기 연 5%의 이자를 가산하여 환급받게 됨.
   　3) 조세공과금: 연 10,000,000원
   　4) 상기항목을 제외한 기타 제 경비는 12,000,000원이며, 이 중 30%는 임차인이 부담함.

자료 2 기타자료

보증금운용이율 및 시장이자율은 연 12%임.

02

감정평가사 A씨는 다음 부동산에 대한 감정평가를 의뢰받고 사전조사 및 실지조사를 거쳐 다음의 자료를 수집하였다. 다음의 자료를 이용하여 의뢰물건의 상각 전 순수익을 산정하시오. (기준시점: 2026년 7월 7일) (10)

자료 1 대상물건의 내용

1. 소재지: 서울시 강남구 역삼동 170번지, 일반상업지역
2. 토지: 대 320㎡, 소로한면, 부정형, 완경사
3. 건물: 위 지상 철근콘크리트조 슬래브지붕 5층 건물 연면적 500㎡, 2026.7.7자로 800,000원/㎡에 신축되었으며, 이는 표준적인 건축비로 인정된다. 전 내용연수 30년, 정액법 상각한다.
4. 임대내역
   (1) 임대기간: 2026.7.7 ~ 2031.7.6
   (2) 지급임대료: 1,000,000원/월(매월 초 지급조건)
   (3) 예금적 성격의 일시금: 100,000,000원(동 계약을 해지 후에는 즉시 반환됨)
   (4) 선불적 성격의 일시금: 90,000,000원(계약 체결 후에 일체 반환되지 않음)
   (5) 관리비: 500,000원/월(실비상당액: 300,000원/월)
   (6) 주차장수입: 100,000원/월
   (7) 손해보험료: 매년 2,000,000원의 보험료를 지급하기로 약정하고 기간 5년의 화재보험을 계약하였다. 계약만료 시점에 화재가 발생치 않을 경우 4,000,000원을 되돌려 받을 수 있는 약관이 부가되어 있다.
   (8) 기타 매월 운영경비 등
      1) 조세공과금: 500,000원(법인세 200,000과 소득세 100,000이 포함)
      2) 유지관리비: 600,000원(부가사용료 100,000 포함)
      3) 대손준비비: 200,000원

자료 2 기타참고사항

현재 시장의 전형적인 이자율: 15%

03 다음 대상부동산에 적용할 종합환원율을 산정하시오. 단, 기준시점은 2026년 7월 7일이다. (15)

자료 1 대상부동산

1. 토지: A시 B구 C동 200번지, 대, 500㎡
2. 건물: 위 지상 철근콘크리트조 슬라브지붕 상업용 10층 연면적 4,000㎡, 사용승인일자 2026년 7월 7일
3. 대상의 토지건물의 가치구성비율은 3 : 1이다.

자료 2 대상부동산의 투자내역

1. 투자내역: 자기자본과 저당의 구성비율은 2 : 3이다.
2. 저당조건: 20년간 연 9%로 원리금 균등상환한다.
3. 자기자본수익률(지분수익률): 15%
4. 부채감당률(DCR): 1.2
5. 지분배당률(지분환원율): 17%
6. 보유기간: 10년으로, 보유기간 후 부동산가치는 10% 상승할 것으로 예상된다.

자료 3 대상부동산과 유사한 부동산의 거래조사 내역(단위: 천원)

구분	사례1	사례2	사례3	사례4
상각 전 순수익	219,000	160,000	230,000	200,000
거래가격	2,000,000	1,500,000	2,100,000	1,800,000
토지·건물비율	3 : 1	1 : 1	1 : 1	3 : 1
건물 장래보존연수	29	18	19	27

자료 4 기타자료

1. 대상부동산의 전체 내용연수는 30년이다.
2. 시장추출법(직접시장비교법), 금융적 투자결합법(Kazdin에 의한 방법), Ellwood법 및 부채감당법을 통하여 환원율을 각각 구한다.
3. 시장추출법에 의한 환원율은 대상의 상각 후 환원율을 먼저 구한 후 상각 전 환원율을 산정하도록 한다.
4. 환원율 산정 시 백분율로서 소수점 둘째자리까지 산정하고 이하는 반올림한다.
5. 최종 결정할 종합환원율은 각 방법에 의한 환원율을 산술평균하여 결정한다.

04 다음의 각 조건의 투자안에 대하여 자기자본환원율을 구하고, 그 결과가 의미하는 바를 약술하시오. (10)

자료 1　기본자료

1. 투자대상: 임대용 부동산으로서 현재가치는 100,000,000원
2. 연간 NOI: 12,500,000원

자료 2　조건 A

저당대부액 90,000,000원으로서 연 9%, 15년 원리금균등상환조건

자료 3　조건 B

저당대부액 50,000,000원으로서 연 9%, 15년 원리금균등상환조건

05

대상부동산에 적용할 종합환원율을 구하기 위해서 유사부동산에 관한 금융자료를 수집하고 있다. 수집된 금융자료를 분석한 결과, 유사부동산의 대부비율은 70%, 부채감당률 (debt coverage ratio)은 1.30, 저당상수는 13.5%다. 그렇다면 대상부동산에 적용될 수 있는 종합환원율은 얼마로 볼 수 있는가? 이 같은 종합환원율에서 가정하고 있는 투자자의 지분배당률은 얼마인가? (5)

06

다음의 대상부동산의 수익가액을 산정하시오. (20)

자료 1   대상부동산의 자료

1. 토지: 서울시 관악구 신림동 32번지, 대, 1000㎡
2. 건물: 위 지상 철근콘크리트조 평스라브지붕 6층건 연면적 4,800㎡
3. 용도지역: 일반상업지역
4. 이용상황: 상업용
5. 도로조건 등: 소로각지, 장방형, 평지
6. 감정평가 목적: 일반거래
7. 기준시점: 2026년 7월 1일

자료 2   대상부동산의 임대내역

1. 임대기간: 2026.5.1 ~ 2027.4.30
2. 월 지급임대료: 15,000원/㎡
3. 보증금: 월 지급임대료의 6월분
4. 연간 필요제경비(감가상각비 제외): 130,000원/㎡
5. 임대면적: 4,000㎡
6. 임대내역은 정상적으로 판단되며, 상기 수입 및 비용자료는 임대면적을 기준한 것이다.

자료 3　인근지역 임대사례 자료

구분	사례1	사례2
토지면적(㎡)	950	1,100
연면적(㎡)	4,300	5,200
임대면적(㎡)	3,500	4,200
임대시점	2026.4.1	2026.5.1
상각 전 순수익	210,000,000원	270,000,000원
기타	정상임대	정상임대

자료 4　환원율 자료

1. 환원율을 구성하는 상각 전 요소구성율

구분	순수이율	위험성	비유동성	관리난이성	자금안정성
이율(%)	7	3	3	2	2.5

2. 유사부동산의 환원율 산정 자료

사례	부동산 거래가격	상각 전 순수익	장래보존연수
A	1,600,000,000원	210,000,000원	46
B	1,800,000,000원	230,000,000원	48

3. 종합환원율은 요소구성법과 직접시장비교법을 5 : 5의 비율로 가중평균하여 결정한다.

자료 5　요인자료

1. 지역요인

   임대사례는 모두 대상과 인근지역에 소재한다.

2. 토지 개별요인

구분	대상	사례1	사례2
평점	100	98	102

3. 건물 개별요인 및 잔가율

구분	대상	사례1	사례2
개별요인	98	100	101
잔가율	0.90	0.88	0.92

1. 보증금운용이율: 연12%

2. 인근지역의 표준적 토지·건물 순수익구성비는 40 : 60이다.

3. 인근지역 표준적 토지·건물의 가격구성비는 45 : 55이다.

4. 건물의 전 내용연수: 50년

5. 순임대료는 매월 1%씩 상승한다.

6. 임대료 변동률의 경우 월할 계산하며, 15일 미만은 1월로 보지 아니한다.

7. 건물의 잔가율은 부동산의 수익과 가치에 영향을 미친다.

8. 직접시장비교법의 경우 사례의 상각 후 환원율을 구한 후 대상의 상각 전 환원율을 산정하도록 한다.

07 다음 자료에 근거하여 할인현금흐름분석법에 의한 투자가치를 구하시오. (20)

자료 1 대상부동산의 매수가격

1. 토지: 100,000,000원
2. 건물: 150,000,000원

자료 2 수익 및 경비에 관한 사항

1. 첫해의 예상가능총수익: 40,000,000원이지만, 매년 5%씩 상승할 것으로 예상된다.
2. 공실손실상당액 및 대손충당금: 가능총수익의 5%
3. 운영경비: 유효총수익의 30%

자료 3 대출 관련 사항

1. 담보대출비율 60%
2. 대출이자율 13%
3. 기간 20년(매년 대출원리금 균등상환)

자료 4 세율 등 기타사항

1. 영업소득세율: 25%
2. 양도소득세율: 30%
3. 투자에 따른 요구수익률: 14%
4. 대상건물의 잔존 경제적 내용연수: 40년(감가수정은 직선법 활용)
5. 예상보유기간: 5년
6. 대상부동산의 가치변화율: 매수가격 대비 보유기간 말 20% 상승할 것으로 예상되며, 매도경비는 없는 것으로 본다.

08
감정평가사 A씨는 다음의 수익성 부동산에 대해 수익가액 산정을 의뢰받았다. 2026년 7월 7일을 기준시점으로 하여 수익가액을 산정하시오. (20)

자료 1 **대상부동산**

1. 토지: 서울시 관악구 봉천동 25번지, 대, 480㎡
2. 건물: 위 지상 철근콘크리트조 상업용 9층 건물 연면적 2,460㎡
3. 용도지역: 일반상업지역
4. 기준가치: 시장가치
5. 감정평가 목적: 매매참고용

자료 2 **임대사례 자료**

1. 토지: 서울시 관악구 봉천동 35번지, 대, 520㎡, 일반상업지역
2. 건물: 위 지상 철근콘크리트조 8층, 점포 및 사무실, 연면적 2,700㎡
3. 임대기간: 2026년 6월 1일 ~ 2031년 5월 31일
4. 임대내역
   (1) 임대수입
      ① 보증금: 160,000,000원
      ② 지급임대료: 매월 23,000,000원
      ③ 권리금: 80,000,000원
      ④ 주차장수입: 연지급임대료의 3%
   (2) 필요제경비
      ① 손해보험료: 매년 5,500,000원을 지급하기로 약정하였으며 임대기간의 만료시점에서 이자율 연 5%의 복리로 계산하여 환급받는 약관이 부기되어 있음.
      ② 기타경비: 손해보험료와 감가상각비를 제외한 금액은 147,500,000원임.

자료 3 **건물 관련자료**

구분	대상건물	임대사례
사용승인일	2023년 5월 10일	2024년 8월 15일
건축연면적	2,460㎡	2,700㎡
기준시점 현재 개별요인비교평점	100	102

자료 4   표준지공시지가 자료(2026.1.1)

기호	소재지	지목	이용상황	용도지역	공시지가(원/㎡)
1	봉천동 75번지	대	상업용	일반상업지역	1,400,000
2	신림동 10번지	대	단독주택	일반상업지역	900,000
3	봉천동 51번지	대	아파트	일반상업지역	1,170,000

자료 5   시점수정 자료

1. 지가변동률(%)

2026.1	2026.2	2026.3	2026.4	2026.5	2026.6
0.008	0.009	0.011	0.010	0.009	0.012

2. 건축비변동률

    몇 년간 인근지역의 건축비 변동은 없었다고 봄.

자료 6   토지 요인비교 자료

구분	대상	표준지(1)	표준지(2)	표준지(3)	임대사례
지역요인	100	100	98	100	100
개별요인	97	102	99	101	100

자료 7   기타사항

1. 일시금의 운용이율 및 시장이자율: 연 12%

2. 토지의 환원율: 12%

3. 인근시장에서 이자율 12%, 대출기간 20년, 대출비율 60%인 저당대출이 전형적이며 이 경우 지분환원율
   은 연 13.5%임.

09 (주)자연밥상은 본격적인 시장 공략을 위해 본사 이전을 준비하고 있다. 본사 이전을 위해 대상부동산을 매각하는 방안을 고려하고 있으며, 감정평가사 A씨에게 매각금액산정을 의뢰하였다. 이상의 수집된 자료를 토대로 하여 2026년 7월 7일 현재 대상부동산의 시장가치를 산정하시오. (45)

자료 1 대상부동산

1. 소재지: 서울시 종로구 혜화동 13번지
2. 지목 및 면적: 대, 1,300㎡
3. 건물: 철근콘크리트조 슬래브지붕 3층 연면적 1,000㎡(A건물)
   철근콘크리트조 슬래브지붕 5층 연면적 900㎡(B건물)
4. 용도지역: 일반상업지역
5. 형상 및 지세: 세장형, 평지

자료 2 대상부동산 이용상황 등

1. 대상부동산 이용상황

   대상부동산은 한 필지 위에 두 개의 건물이 있다. A건물은 자연밥상 한식 레스토랑으로 이용 중이며, B건물은 본점 사무실로 이용 중이다. A건물 내에 있는 매장은 본점으로 현재 자연밥상은 전국 26개의 매장을 가지고 있다. B건물은 전국 26개 매장의 관리 및 사후 지원을 위한 업무용 건물로 A건물을 지원하는 역할을 한다.

2. 대상부동산 개황도

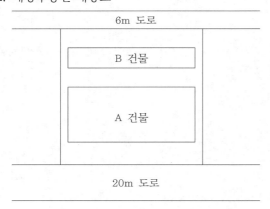

3. 주변환경

   대상건물은 지하철 4호선 혜화역으로부터 5m 내에 위치하여 접근성이 상당히 우수한 편이며, 인근지역은 서울시의 대표적인 상업지역으로, 하루 유동인구 10만명인 배후지 또한 상당히 발달되어 있는 지역이다. 대상건물 전면에는 20m 도로가 접하고 있으며 후면에는 6m 도로가 접하고 있다. 후면 도로는 해당 지역의 유동인구를 감안해 종로구청에서 차량통행을 금지하고 있다.

4. 대상 A 건물의 연간 수익

   대상 자연밥상 본점은 월 매출액이 240,000,000원으로 운영경비비율은 35%로 조사되었다. 최근 3년간의 매출액 추이는 가파르게 상승하고 있어 한식레스토랑시장 내에서도 자연밥상의 점유율은 매년 향상되는 추세이다.

자료 3 표준지공시지가 자료(2026년 1월 1일)

기호	소재지	면적(㎡)	지목	이용상황	용도지역	도로교통	형상 지세	공시지가 (원/㎡)
1	혜화동 22	1,000	대	상업용	일반상업	소로한면	장방형 평지	9,000,000
2	이화동 10	600	대	상업용	일반상업	광대한면	장방형 평지	7,200,000
3	혜화동 47	750	대	업무용	일반상업	중로각지	정방형 평지	8,500,000
4	혜화동 98	1,200	대	상업용	일반상업	중로한면	장방형 평지	9,300,000
5	이화동 19	1,500	대	업무용	일반상업	소로각지	장방형 평지	6,700,000

자료 4 거래사례 자료

1. 거래사례(1)

   (1) 소재지: 서울시 종로구 혜화동 25번지

   (2) 토지: 대, 1,000㎡, 소로한면, 장방형, 평지

   (3) 건물: 위 지상 철근콘크리트조 슬라브지붕 상업용 4층건 연면적 3,500㎡

   (4) 용도지역: 일반상업지역

   (5) 거래가격: 15,000,000,000원

   (6) 거래시점: 2026년 5월 21일

   (7) 기타: 사례건물 1층은 식당, 2, 3층은 커피숍으로, 4층은 호프집으로 이용 중인 상업용 건물이다. 거래금액은 계약 시 50%를 지급하고, 6개월 후에 30%, 그리고 1년 후에 잔금을 지급하는 조건이다.

2. 거래사례(2)

   (1) 소재지: 서울시 종로구 혜화동 30번지

   (2) 토지: 대, 330㎡, 세로(가), 정방형, 평지

   (3) 건물: 위 지상 철근콘크리트조 기와지붕 상업용 2층건 연면적 520㎡

   (4) 용도지역: 일반상업지역

   (5) 거래가격: 3,500,000,000원

   (6) 거래시점: 2025.8.1

   (7) 기타: 사례는 2층 건물 모두 갈비집으로 이용 중이다.

3. 거래사례(3)

   (1) 소재지: 서울시 종로구 이화동 20번지

   (2) 토지: 대, 650㎡, 광대한면, 장방형, 평지

   (3) 건물: 위 지상 철근콘크리트조 슬래브지붕 상업용 3층건 연면적 990㎡

(4) 용도지역: 일반상업지역

(5) 거래가격: 7,000,000,000원

(6) 거래시점: 2026년 7월 2일

(7) 기타: 사례는 대로변에 위치한 상업용 건물로 대상 A건물과 동일한 건설업자에 건축되어 건물 간 유사성이 인정된다. 거래대금은 거래시점 현재 2,500,000,000원을 지급하며 나머지는 10년간 10%의 대출이자율로 원리금 균등상환하기로 하였다.

4. 거래사례(4)

(1) 소재지: 서울시 종로구 혜화동 80번지

(2) 토지: 대, 1,200㎡, 중로각지, 정방형, 평지

(3) 건물: 위 지상 철근콘크리트조 슬래브지붕 3층 상업용 연면적 1,050㎡

철근콘크리트조 슬래브지붕 5층 상업용 연면적 850㎡

(4) 용도지역: 일반상업지역

(5) 거래가격: 16,200,000,000원

(6) 거래시점: 2026년 5월 22일

(7) 기타: 사례는 한 필지 내 두 개의 건물이 있는 부동산으로, 두 건물 모두 고급 피자집으로 이용 중이다. 사례의 토지 건물 가격구성비율은 62(토지) : 22(3층 건물) : 16(5층 건물)으로 대상과 유사성이 인정된다.

자료 5 임대사례 자료

1. 임대사례(1)

(1) 소재지: 서울시 종로구 혜화동 35번지

(2) 토지: 대, 1,000㎡, 일반상업지역, 중로한면, 장방형, 평지

(3) 건물: 위 지상 철근콘크리트조 슬래브지붕 3층건 연면적 2,400㎡

(4) 임대시점: 2026년 6월 1일 ~ 2028년 5월 31일

(5) 임대내역

1) 임대수입명세

① 임대료 수입: 월 80,000,000원

② 선불적 성격의 일시금: 2,000,000,000원

2) 지출명세

① 유지관리비: 연간 24,000,000원

② 재산세: 연간 120,000,000원

③ 손해보험료: 매년 기간 초 20,000,000원의 보험료를 납부하는데 그중 50%는 비소멸성이며 약정이자율 5%의 이자를 가산하여 기간 말 환급받는 약관이 부착되어 있다. 보험료 계약기간은 2년이다.

④ 공실상당액: 연간 28,000,000원

⑤ 정상운영자금이자상당액: 연간 31,000,000원

(6) 기타: 해당 임대사례는 대상부동산 주변의 상가건물 임대내역이다.

2. 임대사례(2)

    (1) 소재지: 서울시 종로구 이화동 51번지

    (2) 토지: 대, 400㎡, 일반상업지역, 세로(가), 장방형, 평지

    (3) 건물: 위 지상 철근콘크리트조 슬래브지붕 3층건 연면적 960㎡

    (4) 임대시점: 2026년 1월 1일 ~ 2028년 12월 31일

    (5) 임대내역

        1) 임대수입명세

           ① 임대료 수입: 월 50,000,000원

           ② 예금적 성격의 보증금: 2,000,000,000원

        2) 연간 지출명세

           ① 유지관리비: 10,000,000원

           ② 손해보험료: 7,800,000원

           ③ 공실상당액: 19,000,000원

           ④ 결손준비금: 5,000,000원

    (6) 기타: 해당 임대사례는 업무용 빌딩으로 현재 (주)KT에서 임대하고 있다. (주)KT는 정박임차인으로서 양허조항이 적용되고 있으며, 이는 금전적, 비금전적 혜택을 모두 포함한다.

자료 6   건물 관련자료

1. 건물자료

구분		사용승인일	연면적(㎡)	기준시점 장래보존연수		개별요인	건축비(원/㎡)
				주체	부대		
대상	A	2021.3.1	1,000	45	15	98	
	B	2021.3.1	900	45	15	93	
거래사례(1)		2022.10.1	3,500	47	17	99	
거래사례(2)		2020.4.13	520	44	14	90	
거래사례(3)		2023.7.1	990	47	17	97	
거래사례 (4)	3층건	2021.5.1	1,050	45	15	98	
	5층건	2021.5.1	850	45	15	98	
임대사례(1)		2023.10.1	2,400	48	18	101	
임대사례(2)		2022.8.1	960	46	16	92	
건설사례		2026.7.7		50	20	100	1,600,000

2. 건축비 변동률

    지난 1년간 건축비의 변동은 없었다.

자료 7   일반상업지역 지가변동률(%)

2025.10	2025.11	2025.12	2026.1	2026.2	2026.3	2026.4	2026.5
0.012	0.011	0.016	0.014	0.013	0.010	0.018	0.019

1. 지역요인

	혜화동	이화동
평점	100	94

2. 개별요인

(1) 도로조건

광대한면	중로각지	중로한면	소로각지	소로한면	세각(가)	세로(각)	세로(불)
110	105	100	95	90	85	80	75

(2) 형상

	장방형	정방형
평점	100	95

(3) 지세

	평지	완경사
평점	100	95

자료 9 기타사항

1. 시장이자율은 연 12%이다.
2. 표준지의 그 밖의 요인 보정을 위해 분석된 표준지공시지가의 시장가치 대비 현실화율은 90%이다.
3. 건물의 주체와 부대비율은 8 : 2이며 정액법 상각한다. (잔가율 0)
4. 토지환원율은 13%이며, 건물환원율은 15%이다.
5. 지가변동률은 백분율로서 소수점 이하 셋째자리까지 표시하되, 반올림한다.

10

다음 자료를 이용하여 2026년 7월 7일을 기준시점으로 하는 구분소유 부동산 303호의 시장가치를 감정평가 3방식에 의해 결정하시오. (10)

자료 1 대상부동산의 내용

1. 토지: 서울시 관악구 봉천동 10번지, 대, 1,000㎡
2. 건물: 위 지상 철근콘크리트조 지상 5층 공동주택(각층별 5개호) 연면적 2,000㎡(각층: 400㎡, 각호 80㎡)
3. 대상부동산: 303호 전유면적 80㎡(대지권비율: 4,034/100,000)
4. 인근지역의 개황: 인근은 제2종일반주거지역으로 재래식 단독주택과 4, 5층 규모의 공동주택이 혼재하고 있는 주택지대임.

자료 2 기준시점 현재 대상부동산의 가치 및 수익자료

1. 대상부동산의 가치자료
   (1) 전체 토지의 가치: 1,545,000,000원
   (2) 전체 건물의 가치: 1,688,000,000원
   (3) 대상의 층별효용비율 및 호별효용비율: 20.08%, 19.70%

2. 대상부동산의 수익자료
   (1) 대상부동산의 총수익: 20,490,000원
   (2) 대상부동산의 총지출: 총수익의 25%

자료 3 거래사례

1. 토지: 서울시 관악구 봉천동 12번지, 제2종일반주거지역, 대, 850㎡
2. 건물: 위 지상 철근콘크리트조 공동주택, 연면적 1,530㎡
3. 거래내역: 구분소유건물의 401호(전유면적 70㎡)에 대한 사례로 2026년 1월 7일에 130,000,000원에 거래됨.

자료 4 요인비교 자료

1. 시점수정: 공동주택의 가격은 매월 0.1%씩 상승함.
2. 서울시 관악구 봉천동 내 가격자료는 모두 인근지역 내에 소재하고 있음.
3. 대상이 거래사례에 비해 15% 열세함. (단, 층별 및 호별효용 비교 제외)
4. 3층은 4층에 비해 5% 우세하고 3호는 1호에 비해 3% 열세함.

자료 5 기타자료

1. 전유면적과 임대면적은 동일한 것으로 봄.
2. 대상의 수익가액 산정 시 인근지역 내 표준적인 종합환원율인 12%를 적용함.

11
아래 주어진 자료를 근거로 대상물건의 특성을 기술하고, 2026년 7월 1일을 기준하여 대상물건의 일반거래 목적 감정평가액을 구하시오. (20)

자료 1   대상물건의 개요

1. 소재지: 서울특별시 K구 G동 60-4 K테크노벨리 10층 제1001호
2. 이용상황(용도): 지식산업센터
3. 토지
    1) 공장용지, 4,500㎡
    2) 공법상 제한: 준공업지역, 일반미관지구, 일단의 공업용지 조성사업지역, 국가산업단지, 산업시설구역

4. 건물
    1) 철근콘크리트구조 슬래브지붕, 지하2층 지상15층, 연면적 35,000㎡
    2) 주용도: 공장, 지원시설, 근린생활시설, 사용승인일 2014.7.19
    3) 각 층별 전유면적은 1,920㎡로 동일하고, 대상의 전유면적은 240㎡임.

자료 2   표준지공시지가(공시기준일: 2026.1.1)

기호	소재지	면적 (㎡)	공시지가 (원/㎡)	지리적 위치	이용상황 용도지역	주위환경
1	S동 42-25	116	1,980,000	가산디지털단지역 동측인근	단독주택 2종일주	기존 주택지대
2	S동 60-14	4,959	2,990,000	가산디지털단지역 동측인근	공업용 준공업	산업단지
3	G동 60-27	6,464 일단지	4,010,000	디지털단지오거리 남서측인근	상업용 준공업	미성숙 상가지대
4	G동 60-29	8,247	2,530,000	두산아파트 북서측인근	공업용 준공업	기존 공장지대
5	G동 83-10	69 일단지	2,280,000	가산디지털단지역 동측인근	주상용 2종일주	주택 및 상가혼용지대

자료 3   실거래신고사례

1. 사례(가)
    1) 거래물건: K구 G동 61번지 K테크노벨리아파트 10층 1002호, 전유면적 240㎡
    2) 거래금액: 420,000,000원
    3) 거래시점: 2026.1.1
    4) 기타사항
        K테크노벨리에서 직원숙소 마련을 목적으로 구입한 물건의 일부로서 계열사간 거래이나 시장가치 대비 적정한 금액으로 거래된 것으로 조사됨.

2. 사례(나)

   1) 소재지: K구 G동 74번지 F센터 11층 1101호, 전유면적 250㎡

   2) 거래금액: 620,000,000원

   3) 거래시점: 2026.7.1

   4) 기타사항

     지식산업센터의 거래사례로서 컴퓨터 등 내부시설 일체가 거래된 사례임. 내부시설이 거래금액 전체에서 차지하는 비율은 15%인 것으로 조사됨.

자료 4   시점수정 자료

1. 지가변동률(K구, 공업지역, 2026.1.1 ~ 2026.7.1): 1.00039

2. 아파트 실거래가격지수(K구)

2026.1.1	2026.2.1	2026.3.1	2026.4.1	2026.5.1	2026.6.1	2026.7.1
125	126	130	130	143	145	145

자료 5   층별효용비

1층	2층 ~ 5층	6층 ~ 10층	11층 ~ 15층
100	110	120	130

자료 6   기준시점 표준건축비

철근콘크리트조 지식산업센터의 부대설비를 포함한 표준건축비는 1,520,000원/㎡이며, 내용연수는 35년, 잔가율은 10%임.

자료 7   가치형성요인 분석

1. 토지 가치형성요인(단지외부요인) 평점

대상	표준지1	표준지2	표준지3	표준지4	표준지5	사례(가)	사례(나)
95	85	100	105	105	90	110	100

2. 건물 가치형성요인(단지내부요인) 평점(잔가율 포함)

대상	사례(가)	사례(나)
100	97	102

3. 지식산업센터 동일층 내 각 호의 이용상황, 면적, 구조 그 밖의 효용은 동일함.

01 감정평가사 A씨는 B회사로부터 독일산 자동선반 1대의 감정평가 의뢰를 받고 다음의 자료를 수집하였다. 2026년 7월 1일을 기준으로 감정평가액을 산정하시오. (10)

자료 1 대상물건의 내용

1. 대상물건은 독일로부터 FOB $159,000에 수입하여 2023.7.1에 수입신고한 자동선반으로서 2023.8.1에 등록을 필하였다.

2. 도입당시의 운임 및 보험료
   (1) 운임: $4,298.02
   (2) 보험료: 1,944,500

3. 도입당시 B회사는 기술장려산업의 관세경감 대상업종에 지정되어 관세를 감면받고 도입하였으나 기준시점 현재 관세감면대상에서 제외되었다.

자료 2 외화환산율표

1. 도입시점(2023.7)

국명	해당통화당 미$	미$당 해당통화	해당통화당 한국₩
미국$	1	1	791.6
일본¥	0.7704(100엔당)	129.8	6.20
독일 DM	0.5374	1.8600	404.21

2. 기준시점(2026.7)

국명	해당통화당 미$	미$당 해당통화	해당통화당 한국₩
미국$	1	1	809.8
일본¥	0.9578(100엔당)	104.40	7.75
독일 DM	0.5835	1.7137	472.53

자료 3 도입부대비용에 관한 자료

1. 관세에 관한 자료

구분	2023.7	2026.7
기본관세율	17%	18%
협정관세율	15%	14%
감면율	45%	-

※ 관세는 도입시점에 50%, 도입 6개월 후에 30%, 도입 1년 후에 20%로 분할 납부하기로 함

2. L/C 개설비 등 부대비용: 통상 수입가격의 3%
3. 설치비: 수입가격의 1.5%

자료 4 기계가격보정지수

구분	2023.7	2023.8	2026.7
미국	200	209	218
독일	200	185	191.2

자료 5 기타 참고사항

1. 본 건은 도입기계만의 담보목적의 평가이나 의뢰자는 사업체로서 평가해 줄 것을 요구하고 있다.
2. 동 기계의 수입에 따른 현행 해상운임 및 보험료는 $5,090와 $3,146.40으로 각각 조사되었다.
3. 대상기계의 총 내용연수는 15년이며 내용연수 만료 시 잔가율은 10%이다.

02
감정평가사 K씨는 (주)ABC로부터 도입기계에 대한 평가의뢰를 받고 다음과 같은 자료를 수집하였다. 도입기계의 감정평가액을 구하시오. (10)

자료 1 **감정평가 개요**

1. 대상물건: Lathe 1대
2. 기준시점: 2026.7.7
3. 감정평가 목적: 공장 및 광업재단 저당법에 의한 담보평가

자료 2 **감정평가 기준**

1. CIF, 원산지화폐 기준
2. 국내시장가격은 고려하지 않음.
3. 대상기계의 내용연수는 15년 내용연수 만료 시 잔가율은 10%

자료 3 **외화환산율**

적용시점	통화	해당통화당 미$	미$당 해당통화	해당통화당 한국₩
2024년 6월	JPY	0.9140(100엔 당)	109.4081	1,059.02(100엔 당)
2024년 7월	JPY	0.9522(100엔 당)	105.0198	1,059.05(100엔 당)
2026년 7월	JPY	0.8735(100엔 당)	114.4877	832.28(100엔 당)

자료 4 **기계가격보정지수**

구분	연도 국명		2026	2024
일반기계		미국	1.0000	1.0606
		영국	1.0000	1.0358
		일본	1.0000	0.9979
전기기계		미국	1.0000	0.9982
		영국	1.0000	0.9954
		일본	1.0000	0.9490

수 입 신 고 서

(갑 지)

(USD) 1,177.5200

(보 관 용)

① 신고번호		② 신고일	③ 세관·과	⑥ 입항일	
240701 – 12 – 3000149		2024/07/01	020 – 11	2024/06/23	※ 처리기간:3일
④ B/L(AWB)번호		⑤ 화물관리번호		⑦ 반입일	⑧ 징수형태
EURFLH06803INC		06KMTCHN094 – 0021 – 008		2024/06/25	11

⑨ 신 고 자지평관세사무소 (민경대)	⑭ 통관계획D	⑱ 원산지증명서	⑳ 총중량
⑩ 수 입 자(주) ABC (A)	보세구역장치후	유무×	5,487.0 KG
⑪ 납세의무자	⑮ 신고구분A	⑲ 가격신고서	⑳ 총포장갯수
(에이비씨 – 1 – 01 – 1 – 01 – 1/220 – 04 – 75312)	일반P/L신고	유무 Y	1GT
(주소) 서울중구충무로1가123	⑯ 거래구분11	㉒ 국내도착항 INC	㉓ 운송형태
(상호) (주) ABC	일반형태수입	인천항	10 – FG
(성명) 홍길동	⑰ 종류 K	㉔ 적출국 JP(JAPAN)	
⑫ 무역대리점	일반수입(내수용)	㉕ 선기명 LONGHE (CN)	
⑬ 공급자 AGEHARA VELVET CO LTD	㉖ MASTER B/L 번호		㉗ 운수기관부호
JPAGE0002A (JP)			

⑱ 검사(반입)장소 02011123 – 080039603A (대한통운국제물류)

●품명·규격 (란번호/총란수: 1 / 1)

㉙ 품명: LATHE FOR REMOVING METAL			㉛ 상표 NO		
㉚ 거래품명: LATHE					
㉜모델·규격	㉝성분	㉞수량	㉟단가 (USD)	㊱금액 (USD)	
LATHE (NUMERICALLY CONTROLLED)		1U	100,000	100,000	

㊲세번부호	8458.11 – 0000	㊳순 중 량 5,000.0 KG	㊷C/S 검사		㊹사후확인기관
㊳과세가격	$ 100,000	㊵수량 1U	㊸검사 변경		
(CIF)	₩ 117,752,000	㊶환급물량 1.00 GT	㊺원산지표시	JP – Y – Z – N ㊻특수세액	

㊼수입요건확인						
(발급서류명)						
㊽세종	㊾세율(구분)	㊿감면율	�51세액	�52감면분납부호	감 면 액	*내국세종부호
관	8.00 (A 기가)		4,710,080			
농	20.00 (A)	50.000	942,016	A09500010401	4,710,080	
부	10.00 (A)		12,340,409			

⑤3결제금액(인도조건 – 통화종류 – 금액 – 결제방법)		CIF – USD100,000 – LS		⑤5환 율	1,177.5200
⑤4총과세가격	$100,000	⑤6운임	942,016	⑤8가산금액	⑥3납부번호	– – – – –
	₩ 117,752,000	⑤7보험료	17,662	⑤9공제금액	⑥4부가가치세과표	123,404,096

⑥0세종	⑥1세액	※관세사기재란	⑥5세관기재란
관세	4,710,080		
특 소 세			
교 통 세			
주세			
교 육 세			
농 특 세	942,010		
부 가 세	12,340,400		
신고지연가산세			
미신고가산세			
⑥2총세액합계	17,992,409	⑥6담당자	⑥7접수일자	⑥8수리일자

업태: 종목: 세관·과: 020 – 11 신고번호: 240701 – 12 – 3000149

1. 관세, 농어촌특별세, 부가가치세 및 관세감면율: 도입시점과 동일
2. 설치비: 수입가격의 1.5%
3. L/C개설비 등 기타 부대비용: 수입가격의 3%
4. 운임 및 보험료: 도입시점과 동일

03
감정평가사 A씨는 비상장회사인 (주)명신으로부터 영업권 및 주식평가를 의뢰받았다. 주어진 자료를 바탕으로 2026.1.1을 기준시점으로 한 영업권과 1,000주에 대한 주식 가치를 각각 평가하시오. (20)

자료 1 수정 전 잔액시산표(2025.12.31 현재)(단위: 천원)

항목	금액	항목	금액
현금과예금	500,000	외상매입금	2,000,000
유가증권	700,000	차입금	8,500,000
외상매출금	1,500,000	대손충당금	100,000
이월상품	2,700,000	퇴직급여충당부채	3,000,000
토지	9,000,000	감가상각누계액	700,000
건물	7,000,000	자본금	5,100,000
판매관리비	500,000	매출	6,000,000
매입	3,500,000		

자료 2 기말정리사항

1. 기말 상품재고액: 2,200,000,000원
2. 외상매출금잔액에 대해 10%의 대손충당금을 설정한다.
3. 건물은 내용연수 50년 정액법 상각한다.
4. 퇴직급여충당부채는 2025.12.31 현재 3,500,000,000원이다.

자료 3 영업권 관련자료

1. 동종업종의 정상수익률은 영업권을 제외한 순자산의 12%로 판단된다.
2. 초과수익은 영업이익 기준이며, 장래의 초과수익은 당사의 독특한 영업 전략으로 향후 3년 정도 지속될 것으로 판단된다.
3. 시장이자율: 연 11%
4. 초과수익할인율: 연 12%

자료 4 주식 관련자료

1. 자산항목에서 영업권을 고려하여 주식가치를 평가하시오.
2. 발행주식 수: 100,000주
   수권주식 수: 200,000주

자료 5 기타사항

순자산의 장부가액과 공정가액은 동일하다고 가정한다.

자료 1 ㅣ 기본적 사항

1. 발행일자: 2025.2.1
2. 상환일자: 2030.2.1
3. 액면금액: 50,000원/주
4. 채권이자율: 연 8%
5. 시장이자율: 연 10%
6. 기준시점: 2026.7.8

자료 2 ㅣ 발행조건

1. 발행조건 A: 5년 거치, 상환일에 원리금 일시상환
2. 발행조건 B: 매년(기간 말) 이자만 지급하고 상환일에 원금상환
3. 발행조건 C: 2년 거치, 3년간 매년(기간 말) 원리금 균등상환(거치기간 동안의 이자는 거치기간 말 일시 지급)
4. 발행조건 D: 매년(기간 말) 원리금 균등상환
5. 발행조건 E: 선이자 공제 발매, 상환일에 원금상환

05

P시 H동에 소재하는 대상공장은 자동차부품(K) 생산업체로 담보목적의 시장가치를 구하고자 한다. 다음에 제시된 자료에 의거하여 평가하시오. (40)

자료 1 의뢰내용

1. 대상물건
   (1) 토지: P시 H동 10번지 일반공업지역 내 공장용지 1,200㎡
   (2) 건물: 위 지상 시멘트블럭조 공장 1동 500㎡
   (3) 기계: A기계 12대, B기계 10대, C기계 8대

2. 감정평가 목적: 담보제공 목적

3. 기준시점: 2026.7.7

자료 2 대상공장 조사내용

1. 대상공장은 2020.1.1부터 정상 가동되었으며, 향후 24년 동안 가동이 가능한 것으로 조사되었다.

2. 토지매입 및 조성
   (1) 2018.7.1 잡종지 1,200㎡를 148,000,000원에 구입하였다.
   (2) 구입 즉시 조성공사를 시작하여 각종 공사비 등 18,000,000원을 들여 2019.1.1 조성을 완료하였다.
      (단, 조성면적은 900㎡이며 나머지는 원상태이다)

3. 해당 건물 신축당시 건축비는 ㎡당 175,000원이 소요되었다. (사용승인일: 2020.1.1)

4. 기계내역

기호	대수	구입시기	구입단가(/대)	제조국
A	12	2020.1.1	12,000,000	한국
B	10	2020.1.1	9,000,000	한국
C	8	2020.1.1	FOB $ 25,000	일본

※ C기계는 일본에서 생산된 기계로 2020.1.1에 미국에서 도입되었다.
※ 과잉유휴기계는 다른 용도로 전용하기 어려우며, 기준시점 현재 해체처분가액은 현존가격의 40%로 판단된다.

5. 영업권 등 무형자산
   대상공장은 우수한 생산기술·영업력 등으로 동종유사사업종에 비해 초과수익이 발생하고 있으며, 이때 영업권의 가치는 150,000,000원으로 판단된다.

표준지공시지가(공시기준일: 2026.1.1)

기호	소재지	면적(㎡)	지목	이용상황	용도지역	공시지가(원/㎡)
1	P시 H동 11	900	공장용지	공업용	준공업	230,000
2	P시 H동 21	250	잡종지	잡종지	일반공업	180,000
3	P시 H동 31	1.000	공장용지	공업용	일반공업	201,000

자료 4 **건물 관련자료**

1. 건설사례를 분석한 결과 시멘트블럭조 공장의 기준시점 현재 표준적 건축비는 250,000원/㎡로 판단된다.
2. 시멘트블럭조 건물의 경제적 내용연수는 30년이며, 최종잔가율 15%로 정액법에 의해 감가수정한다.

자료 5 **기계 관련자료**

1. 외화환산율표

	구분	해당통화당 미국$		미국$당 해당통화		해당통화당 한국₩	
국명		2020.1	2026.7	2020.1	2026.7	2020.1	2026.7
미국$		1	1	1	1	1,100	1,500
일본¥		0.7 (100¥당)	0.6 (100¥당)	143	167	800 (100¥당)	1,200 (100¥당)

2. 기계가격보정지수(국가별 물가변동에 따른 보정치)

	2026.7	2025.1	2024.1	2023.1	2022.1	2021.1	2020.1
미국	1.0000	1.0256	1.1232	1.1705	1.2436	1.2760	1.3054
일본	1.0000	1.0483	1.0747	1.1107	1.1433	1.1982	1.2040

3. 도입비용자료

   (1) 관세율: 도입당시 관세율 6%, 기준시점 현재 현행관세 6.5%

   (2) L/C개설비 등 부대비용: 통상 수입가격의 3%

   (3) 보험료: 도입당시 200,000원/대, 기준시점 현재 350,000원/대

   (4) 해상운임: 도입당시 700,000원/대, 기준시점 현재 900,000원/대

4. 감가수정은 정률법에 의하며, A기계는 잔가율 10%, B, C기계는 잔가율 15%이며, 경제적 내용연수는 15년으로 동일하다.

자료 6 **사례공장 수익자료**

1. 사례공장 내역

   (1) 토지: P시 H동 80번지 일반공업지역 내 공장용지 1,500㎡

   (2) 건물: 위지상 시멘트블럭조 공장 1동 700㎡

   (3) 기계: A기계 16대, B기계 12대, C기계 8대

2. 최근 신설된 본 자동차부품 생산공장은 부품 K를 연 320,000개를 생산하여 개당 1,000원에 납품하며 비용(감가상각비 제외)은 50% 수준으로 표준적인 것으로 판단된다.

3. 사례공장의 수익성은 대체로 토지·건물·기계설비가 각각 20%·30%·50%의 비율로 기여하는 것으로 조사되었다.

4. 부품 K 제조공정은 A기계 ⇨ B기계 ⇨ C기계 순이며, 본 사례공장의 기계보유 비율은 생산에 필요한 기계의 적정배치대수 비율과 동일하다.

자료 7   지역요인 및 개별요인

1. 지역요인

표준지 및 사례공장은 대상토지와 인근지역에 위치하므로 격차가 없다.

2. 토지 개별요인

대상	표준지①	표준지②	표준지③	수익사례
100	105	98	102	105

3. 건물 개별요인

대상건물은 건설사례에 비해 5% 우세하나, 수익사례에 비해 7% 열세하다.

4. 기계 개별요인

대상공장의 기계는 사례공장의 기계에 비해 5% 열세하다. (잔가율 비교를 반영하였음)

자료 8   시점수정 자료

1. 지가변동률(P시 H동 공업지역)

2018 ~ 2025	2026.1 ~ 4	2026.5
매년 4%	3.53%	0.6%

2. 건축비지수 및 기계류 가격지수

구분	2020.1.1	2021.1.1	2022.1.1	2023.1.1	2024.1.1	2025.1.1	2026.1.1
건축비지수	100	105	110	115	120	124	130
기계가격지수	100	103	106	109	112	114	118

자료 9   기타자료

1. 투하자본이자율: 연 12%
2. 동종유사공장의 상각 후 환원율: 14%(자본회수는 직선법에 의함)

06

업종 다변화 및 전문화의 추세에 따라 (주)건양화학은 경쟁업체인 (주)대성화학의 계열사인 (주)진원정밀을 인수·합병하기로 하였다. 이에 따라 매각대금을 협상하기 위한 일환으로서 감정평가사 A씨에게 (주)진원정밀의 기업가치와 주당가치를 평가의뢰하였다. 다음의 자료를 바탕으로 기업가치 및 주식가치를 감정평가하시오. (15)

자료 1 (주)진원정밀의 2025년 현금흐름자료

(주)진원정밀의 2025년 이자비용 215,000,000원과 감가상각비 400,000,000원을 차감하기 전의 이익인 EBITD가 1,290,000,000원이다. 자본적 지출은 450,000,000원이고, 운전자본은 매출액인 13,500,000,000원의 7%이었다. 이 기업은 매출액, 이익, 자본적 지출 및 감가상각비가 예측기간인 2026년부터 2030년까지 연간 9.5%씩 성장할 것으로 기대된다.

자료 2 할인율 산정자료

(주)진원정밀의 부채는 장부가치를 기준으로 3,068,000,000원이고, 시장가치를 기준으로 3,200,000,000원이다. 세전이자율은 8%이며, 발행주식수는 620,000주이고, 주당 거래가격은 6,400원이다. 주식베타는 1.10이고, 법인세율은 40%, 장기 국채수익률은 7%이며, 위험률은 5.5%이다.

자료 3 (주)진원정밀의 2031년 이후 현금흐름 예상자료

(주)진원정밀은 2031년도 이후부터는 성장률이 4%가 될 것으로 기대된다. 예측기간 후에는 자본적 지출이 감가상각비와 상쇄될 것이다. 이 기업은 예측기간 후에 타인자본비율을 35%로 낮출 계획에 있다. 그 결과 세전이자율은 7.5%로 하락할 것이다.

자료 4 기타조건

1. 기준시점: 2026년 1월 1일
2. 기업가치를 평가한 후 자기자본의 가치와 주당 주식가치를 평가하시오.
3. 기업의 수익 및 비용은 연말에 실현됨을 가정한다.
4. 계산편의상 모든 숫자는 백만원 단위까지만 표시한다.

07 서울시 관악구 봉천동에 소재하는 A아파트는 5년 전에 (주)다담건설에 의해 개발되어 분양되었다. 그러나 A아파트 부지는 20년 전에 산업폐기물이 매립되어 기준시점 현재 심한 악취와 지반침하 등으로 인해 거주민의 생활불편은 물론 아파트의 거래가격까지 현저히 떨어진 상태이다. 이에 A아파트 주민은 (주)다담건설을 상대로 A아파트의 오염으로 인한 가치손실에 대하여 손해배상을 청구하고자 감정평가사 B씨에게 오염으로 인한 가치하락분의 감정평가를 의뢰하였다. 주어진 자료를 바탕으로 물음에 답하시오. (25)

(물음 1) 「감칙」상 오염부동산 가치하락분 감정평가방법을 약술하시오.

(물음 2) 대상부동산의 가치하락분을 감정평가하시오.

자료 1 대상부동산

1. 소재지: 서울시 관악구 봉천동 110번지
2. 건축시점(분양시점): 2020년 5월 1일
3. 규모 및 세대수: 연면적 2,000㎡, 총 450세대, 건물 2동

자료 2 대상부동산의 오염에 따른 시장성 변화

1 ~ 3년차	복구이전	대중의 오염의 인식시기로 가치가 급격히 감소
4 ~ 6년차	복구단계	복구과정에 따라 가치개선
7년차 이후	복구이후	위험요소의 제거 이후 조절 불가능한 비자발적 위험의 특성과 관련된 불확실성이 존재하는 기간

자료 3 시장조사내역

1. 오염되지 않은 상태의 대상부동산 연간 순수익

1년차	300,000,000원
2 ~ 5년차	전년도 대비 매년 3%씩 상승
6 ~ 11년차	전년도 대비 매년 2%씩 상승

2. 오염에 따른 직접비용(단위: 원)

년차	수익손실	복구비용	위험대비보증비용
1	11,000,000	6,000,000	0
2	13,000,000	6,500,000	0
3	15,000,000	7,000,000	0
4	50,000,000	100,000,000	0
5	55,000,000	120,000,000	0
6	60,000,000	150,000,000	0
7	7,000,000	7,000,000	10,000,000
8	8,500,000	8,000,000	11,000,000
9	9,000,000	8,000,000	12,000,000
10	9,000,000	8,000,000	12,000,000
11	9,000,000	8,000,000	13,000,000

자료 4 위험조정할인율 등에 관한 자료

1. 시장이자율: 12%
2. 위험할증률

복구이전(1 ~ 3년차)	복구기간(4 ~ 6년차)	복구이후
8%	5%	1%

3. 자본환원율

오염되지 않은 상태	복구이후	
8%	9%	

자료 5 기타자료

1. 가치추계기간은 1년차 ~ 10년차이며 복귀가액은 내부추계법을 통하여 산정한다.
2. 오염에 따른 직접비용은 순수익을 차감하여 가치에 반영하고 무형적 손실은 위험조정할인율로 가치에 반영한다.
3. 세금효과는 고려하지 않는다.

08 대상물건의 사전조사를 위한 공부와 실지조사사항을 약술하고, 대상물건을 감정평가하시오. (20)

자료 1 의뢰내역 및 조사사항

1. 대상물건

명칭		형식
△△덤프트럭		EBT
적재용량	연식	주행거리
20톤	2022년식(3월 15일 등록)	100,000km
검사유효기간		수량
2026.5.1 ~ 2027.4.30		1대

2. 감정평가목적: 처분

3. 기준시점: 2026년 7월 1일

4. 이용상황, 관리상태

□□공사에서 건설자재 운반 등으로 사용하던 차량으로서, 과도한 운행으로 동종 유사 차량 대비 주행거리는 다소 많으나 기타 하자는 없으며 정상적인 운행이 가능한 것으로 조사됨.

자료 2 가격조사 자료

1. 구입계약서상 매입금액

2022년 당시 140,000,000원의 거래계약을 맺은 것으로 조사됨.

2. 제조사 문의 매입금액

제조사인 XX사에 문의 결과 기준시점 현재도 동일성능의 동일모델 덤프트럭을 판매하고 있으며, 구입금액은 150,000,000원으로 조사됨.

3. 중고 덤프트럭 거래사례

건설경기의 부진으로 덤프트럭은 동남아 등으로 상당수 반출되어 중고 덤프트럭의 거래는 활발하지 않으며, 공급 부족으로 시세는 상승하는 추세임. 최근 2026년 7월 1일자로 2021년식 주행거리 90,000km의 동일모델 덤프트럭이 90,000,000원에 거래되었다는 것을 확인함.

4. 중고 덤프트럭 시세 조사

○○덤프 등 매매전문사이트 시세 조사 결과 동일 모델의 유사 연식 덤프트럭의 매물금액은 80,000,000원에서 100,000,000원 사이로 형성되는 것으로 조사됨.

5. 폐차 전문업체 조사

   다수의 폐차 전문업체에 문의 결과 대상물건을 폐차하는 경우 평균적으로 부품, 고철 등 처분에 따라 10,000,000원을 획득할 수 있으며, 이에 수반되는 해체비, 처분비 등은 1,000,000원이 발생하는 것으로 조사됨.

자료 3 　정상화 등 관련 사항

1. 최근 1년 이내 가격자료를 적용하는 경우 별도의 시간적 변동에 따른 수정은 필요 없는 것으로 분석됨.
2. 가치형성요인 비교 시, 사례의 평점100 기준하여 대상의 평점은 연식의 경우 1년 차이마다 10씩, 주행거리의 경우 10,000km 차이마다 5씩 가산 또는 감산하는 것으로 하되 상승식으로 적용함.
3. 감가수정 시, 정률법 · 경제적 내용연수 15년 · 잔가율 10%를 적용함.

자료 4 　건설기계관리법 시행령 별표1

건설기계명	범위	
6. 덤프트럭	적재용량 12톤 이상인 것. 다만, 적재용량 12톤 이상 20톤 미만의 것으로 화물운송에 사용하기 위하여 자동차관리법에 의한 자동차로 등록된 것을 제외한다.	

01 다음 자료를 활용하여 K아파트의 3층 1호의 임대료를 산정하시오. (20)

자료 1 대상물건의 자료

1. 소재지: 서울시 관악구 신림동 123번지
2. 토지: 대 800㎡ 중 35㎡(대지권)
3. 건물: 위 지상 철근콘크리트조 슬라브지붕 5층 건물 아파트 연면적 1,790㎡

   전유면적: 1층 282㎡, 2층 ~ 5층 각 층 292㎡내 301호 73㎡
4. 전체 부동산가치: 2,300,000,000원
5. 기준시점: 2026년 7월 1일
6. 용도지역 등: 제2종일반주거지역, 아파트지구
7. 3층 호별 전유면적(단위: ㎡)

1호	2호	3호	4호
73	83	73	63

자료 2 비준임료 자료

1. 임대사례 자료

   (1) 소재지: 서울시 관악구 신림동 234번지
   (2) 토지: 대 820㎡ 중 33㎡(대지권)
   (3) 건물: 위 지상 철근콘크리트조 슬라브지붕 5층 건물 아파트 연면적 2,050㎡

      전유면적: 1층 ~ 5층 각층 330㎡내 404호 전유면적 82.5㎡
   (4) 임대시점: 2025.10.1
   (5) 임대조건: 임대료는 표준적인 것으로 판단되며, 정상임대 되었음.
   (6) 임대내역: 월임대료는 필요제경비 포함하여 600,000원임.

2. 요인비교 자료

   (1) 지역 및 개별요인: 대상부동산은 사례부동산보다 12% 열세임.
   (2) 층별 · 위치별 효용비교: (자료 3)의 분양가수준에 의함.
   (3) 시점수정: 임대시점의 임대료지수 115, 기준시점의 임대료지수 120임.

1. 인근 유사아파트 최근 분양사례
   (1) 층별 분양가

층별	1층	2층	3층	4층	5층
분양가(원/㎡)	1,420,000	1,580,000	1,500,000	1,460,000	1,400,000

   (2) 호별 분양가(3층 기준)

호별	1호	2호	3호	4호
분양가(원/㎡)	1,480,000	1,550,000	1,520,000	1,450,000

2. 인근유사아파트의 임대료 수준(원)

아파트명	아파트가격	실질임대료	필요제경비
A	150,000,000	9,000,000	600,000
B	80,000,000	4,800,000	400,000
C	100,000,000	6,000,000	500,000

3. 대상부동산의 필요제경비는 감가상각비(25,000원)를 포함하여 연간 550,000원임.

전유면적과 임대면적은 동일한 것으로 봄.

02

감정평가사 A씨는 경기도 광명시 광명동에 소재하는 부동산의 지급임대료 감정평가를 의뢰받았다. 다음 자료를 바탕으로 2026년 7월 1일을 기준시점으로 하는 대상부동산의 층별 연간 지급임대료를 구하시오. (25)

자료 1 　대상부동산

1. 소재지: 경기도 광명시 광명동 41번지
2. 용도지역: 제2종일반주거지역
3. 토지: 대 200㎡, 소로각지, 장방형, 평지
4. 건물: 위 지상 철근콘크리트구조 단독주택 3층 사용승인일 2021년 6월 1일

층	연면적(㎡)	전유면적(㎡)	임대면적(㎡)
3	200	117	180
2	200	117	180
1	200	104	160
계	600	338	520

자료 2 　임대사례

1. 소재지: 경기도 광명시 철산동 100번지
2. 토지: 대 210㎡, 소로각지, 장방형, 평지, 제2종일반주거지역
3. 건물: 위 지상 철근콘크리트조 단독주택 연면적 660㎡
4. 임대내역(임대시점: 2026년 1월 1일)

층	연면적 (㎡)	전유면적 (㎡)	임대면적 (㎡)	용도	월지급임대료 (원/㎡)	보증금 (원/㎡)
3	220	140	200	주거용	4,000	400,000
2	220	140	200	주거용	5,000	500,000
1	220	126	180	사무실	11,000	1,650,000
계	660	406	580			

5. 기타사항

임대시점에서의 건물가치는 일괄하여 220,000,000원으로 평가되었다. 1층은 사무실로 개조하여 임대중이나 이는 일시적 이용이고, 이로 인해 주거용의 경우보다 임대료를 10% 높게 받고 있다. 이러한 조건을 보정하면 임대사례는 광명시의 표준적인 임대료 수준이다. 아울러 월지급임대료 및 보증금은 임대면적에 의한 것이며 인근지역의 주택 임대료에서의 월지급임대료와 보증금과의 비율은 유사하다. 또한 기대이율은 단독주택인 경우 층과 관계없이 동일하게 형성되는 것으로 조사되었다.

기호	소재지	지목	이용상황	용도지역	도로교통	공시지가(원/㎡)
1	소하동 11	대	나지	전용주거	소로한면	800,000
2	소하동 50	대	주거용	제2종일반주거	소로각지	1,000,000
3	소하동 42	대	주거용	준주거	중로한면	2,000,000

※ 기호1은 건부감가요인이 10% 존재하는 것으로 판단되고 건물은 조사시점 현재 공실상태이다.
※ 기호2는 2026.1.1자로 1,200,000원/㎡에 일반거래 목적으로 평가된 사례를 기준시점에 확인하였다.
※ 기호3은 도시계획시설도로에 30% 저촉되어 있다.

자료 4 시점수정 자료

1. 광명시 주거지역의 지가변동률(%)

2026.1	2026.2	2026.3	2026.4	2026.5
0.032	0.027	0.029	0.034	0.035

2. 임대료 변동률
   2026년 1월 1일 이후 임대료는 매월 1%씩 상승하고 있다.

자료 5 건물 관련자료

1. 기준시점 현재 표준적 건설사례 건축비: 445,000원/㎡
2. 전 내용연수: 50년(정액법 상각)

자료 6 요인비교 자료

1. 지역요인
   광명동은 철산동에 비해 약 5% 우세하고, 소하동은 광명동보다 약 5% 열세하다.

2. 개별요인
   (1) 토지 개별요인

대상	임대사례	표준지1	표준지2	표준지3
100	105	98	100	96

   (2) 건물 개별요인

대상	임대사례	건설사례
104	100	102

   ※ 임대사례는 잔가율 비교가 포함된 평점이나 건설사례는 잔가율 비교가 포함되지 않은 평점이다.

자료 7 ﹒ 연간 필요제경비

1. 층별 비용은 면적에 관계없이 층당 다음과 같이 배분되고 있다.
2. 기준시점 현재 대상부동산: 층당 480,000원
3. 임대시점 현재 임대사례부동산: 층당 600,000원
4. 사례부동산의 필요제경비는 1층이 주택이거나 사무실이거나 모두 동일하다.

자료 8 ﹒ 기타사항

1. 보증금 운용이율: 12%
2. 지가변동률은 백분율로서 소수점 이하 셋째자리까지 표시하되, 반올림한다.

03

B씨는 10년 전에 A씨로부터 서울시 관악구 신림동에 소재하는 나대지를 임차하여 9년 전 상가를 건축하여 C씨에게 전대하였다. 다음 물음에 답하라. (20)

(물음 1) 대상부동산의 시장가치를 원가방식과 수익방식을 통해 산정하시오.

(물음 2) A씨의 임대권의 가치를 산정하시오.

(물음 3) B씨의 전대권의 가치를 산정하시오.

(물음 4) C씨의 전차권의 가치를 산정하시오.

자료 1   대상부동산

1. 토지: 서울시 관악구 신림동 123번지 1,000㎡
2. 건물: 위 지상 철근콘크리트조 슬라브지붕 2,500㎡

자료 2   임대차 내역

1. A씨와 B씨의 임대차 내역
   (1) 연임대료: 순임대료 기준 200,000,000원을 기초에 지급함.
   (2) 임대기간은 20년이며, 건물을 건축하여 사용한 후 임대기간 만료 시 토지소유자인 A씨에게 귀속시키는 조건임.
   (3) A씨는 토지 임대에 따라 매년 50,000,000원의 절세효과가 있음.

2. B씨와 C씨의 임대차 내역
   (1) 연임대료: 순임대료 기준 350,000,000원을 기초에 지급함.
   (2) 임대기간은 19년임.

자료 3   유사부동산의 임대료 및 대상토지가치와 건축비

1. 유사부동산의 임대료(최근)
   (1) 실질임대료: 290,000원/㎡
   (2) 필요제경비: 실질임대료의 45%(감가상각비 제외)

2. 대상토지가치와 건축비
   (1) 토지가치는 25억원이 적절한 것으로 조사되었음.
   (2) 건축비는 건축당시 18억원이 투입되었으며, 경제적 수명은 45년이고 내용연수 만료 시 경제적 가치는 없는 것으로 간주됨.

1. 가치변동률

   지난 10년간 건축비는 매년 1%씩 상승하였으며 앞으로 토지와 건축비는 보합세로 예상됨.

2. 전형적인 자본수익률은 10%, 각 권리의 수익률 또는 할인율은 임대권 및 전대권은 9%, 전차권은 12%임.

3. 대상과 유사부동산의 임대료 수준은 동일함.

04

어떤 오피스 빌딩의 임대계약은 총임대차로서 임대인이 세금과 운영경비를 부담하게 되는데, 약정에 따라 일정한도 이상의 비용에 대해서는 추징임대료를 지급하기로 하였다. 주어진 자료를 분석하여 임대계약 조건에 따른 임대기간 중의 총임대료 수입을 산정하시오. (10)

자료 오피스 빌딩의 임대계약 등

1. 오피스 빌딩의 총면적: 10,000평
2. 임대면적 비율: 총면적의 20%
3. 임대료 지급조건
    (1) 임대기간: 향후 5년간
    (2) 기본임대료: 평당 1,500,000원
    (3) 추징임대료
        1) 초년도 세금 대비 증가액
        2) 운영경비 중 평당 350,000원을 초과한 금액
4. 초년도 세금: 총 500,000,000원, 연 6% 증가 예상
5. 초년도 운영경비: 평당 300,000원, 연 6% 증가 예상

05

감정평가사 A씨는 지상권이 설정된 토지의 평가를 의뢰받았다. 주어진 자료를 이용하여 대상토지의 가치를 평가하시오. (35)

자료 1 · 대상부동산에 관한 자료

1. 소재지: 서울시 관악구 신림동 10번지
2. 토지: 대, 300㎡, 소로한면, 장방형, 평지
3. 건물: 위 지상 철근콘크리트조 슬라브지붕 상업용 4층건 연면적 960㎡
4. 용도지역: 일반상업지역
5. 기준시점: 2026년 7월 7일

자료 2 · 인근 표준지공시지가(2026년 1월 1일)

기호	소재지	면적(㎡)	지목	이용상황	용도지역	도로교통	형상지세	공시지가 (원/㎡)
1	신림동 62	300	대	상업용	일반상업	소로각지	장방형평지	2,500,000
2	신림동 23	250	대	단독주택	일반상업	소로한면	정방형평지	1,700,000
3	신림동 51	320	대	상업용	근린상업	소로한면	장방형평지	2,000,000
4	신림동 13	310	대	상업용	일반주거	중로한면	장방형평지	1,980,000

※ 상기 표준지는 시세를 충분히 반영하고 있음에 따라 별도의 그 밖의 요인 보정은 불필요함.

자료 3 · 거래사례 자료

1. 거래사례(1)
   (1) 소재지: 서울시 관악구 신림동 62번지
   (2) 토지: 상업나지, 300㎡, 소로각지, 장방형, 평지(표준지공시지가 1 토지)
   (3) 용도지역: 일반상업지역
   (4) 거래가격: 700,000,000원
   (5) 거래시점: 2026년 3월 18일
   (6) 기타사항: 매도인과 매수인은 4촌인 친척 관계인 것으로 조사되었다.

2. 거래사례(2)
   (1) 소재지: 서울시 관악구 신림동 108번지
   (2) 토지: 대, 300㎡, 소로한면, 장방형, 완경사
   (3) 건물: 위 지상 철근콘크리트조 슬라브지붕 상업용 4층건 연면적 928㎡
   (4) 용도지역: 일반상업지역
   (5) 거래가격: 1,152,243,000원
   (6) 거래시점: 2026년 6월 28일

1. 소재지: 서울시 관악구 신림동 187번지
2. 토지: 대, 210㎡, 일반상업지역, 소로한면, 장방형, 완경사
3. 건물: 위 지상 목조기와지붕 1층 단독주택 연면적 100㎡
4. 건축업자가 연면적 1,000㎡의 상업용 건물을 건축하여 분양하기 위해 2026년 6월 1일에 매입한 것으로 철거비는 100,000원/㎡, 잔재가치는 없을 것으로 판단된다.
5. 사업계획
   (1) 설계 및 건축허가: 매입시점부터 2개월 소요된다.
   (2) 건축공사: 건축허가와 동시에 착공되며 6개월이 소요된다.
   (3) 분양: 착공 2개월 후 분양이 개시되며, 완공 2개월 후에 완료된다.
   (4) 분양가능면적은 연면적의 90%이며, 분양가는 1,300,000원/㎡이다.
   (5) 건축공사비는 600,000원/㎡이다.
   (6) 분양수입액은 분양개시시점에 20%, 분양개시로부터 2개월 후 30%, 분양완료시점에 50%가 입금된다.
   (7) 건축공사비는 착공 시 20%, 착공 후 2개월 후에 30%, 완공 시 50%를 지급한다.
   (8) 설계비는 건축공사비의 3%이며, 완공 시에 일괄 지급한다.

1. 임대사례(1)
   (1) 소재지: 서울시 관악구 신림동 77번지
   (2) 토지: 대, 400㎡, 일반상업지역, 소로한면, 장방형, 완경사
   (3) 건물: 위 지상 철근콘크리트조 슬라브지붕 상업용 4층건 연면적 1,280㎡
   (4) 임대내역

층	임대면적	월지급임대료	예금적 성격의 일시금	선불적 성격의 일시금
4	300㎡	4,000원/㎡		
3	300㎡	6,000원/㎡	지급임대료의	지급임대료의
2	300㎡	6,000원/㎡	24개월분	24개월분
1	300㎡	8,000원/㎡		

   (5) 운영경비
       1) 공실 및 대손준비비는 월지급임대료의 0.7월분이다.
       2) 수선유지비는 월지급임대료의 2.1월분이다.
       3) 보험료는 임대시점 건물가치의 5%를 일시에 지급하고, 계약만료 시 2,000,000원을 돌려받는다.
       4) 공조공과는 500,000원이나, 임차인이 부담하기로 한다.
   (6) 임대기간: 2026년 2월 1일 ~ 2028년 1월 31일

2. 임대사례(2)

    (1) 소재지: 서울시 관악구 신림동 63번지

    (2) 토지: 대, 310㎡, 일반상업지역, 소로한면, 장방형, 평지

    (3) 건물: 위 지상 철근콘크리트조 슬라브지붕 상업용 4층건, 연면적 1,000㎡

    (4) 임대내역

        1) 지급임대료: 6,000,000원/월

        2) 보증금: 100,000,000원

    (5) 운영경비

        1) 공실 및 대손준비비: 월지급임대료의 0.8월분

        2) 수선유지비: 월지급임대료의 3월분

        3) 보험료: 월지급임대료의 2.5월분

        4) 관리비: 월지급임대료의 2월분

    (6) 임대기간: 2026년 6월 1일 ~ 2028년 5월 31일

    (7) 기타: 해당 임대사례는 대상과 실질임대료의 유사성이 인정되며, 해당 부동산의 수익력은 모두 토지에 기인하는 것으로 조사되었다.

자료 6   건물 관련자료

구분		거래사례2	임대사례1	대상
사용승인일		2021.10.1	2025.2.1	2023.4.1
연면적(㎡)		928	1,280	960
기준시점현재 장래보존연수	주체부분	46	49	47
	부대부분	16	19	17
개별요인		100	103	102
기준시점 건축비		500,000원/㎡		

자료 7   지상권 관련자료

1. 토지소유자는 지상권자와 지상권 설정계약을 체결하였다.

2. 지상권 설정기간은 50년이며, 계약일은 2023년 7월 7일이다.

3. 지상권자는 매년 초 60,000,000원을 토지소유자에게 지급하기로 하였다.

4. 지상권 존속기간 만료 시 지상권자는 대상토지를 원상회복 후 반환하기로 한다.

5. 인근지역 내 토지의 사용수익에 표준적인 필요제경비는 실질임대료의 10% 정도이다.

자료 8   관악구 상업지역 지가변동률(%)

구분	2026.1	2026.2	2026.3	2026.4	2026.5
지가변동률	0.900	0.010	0.015	0.018	0.020
누계	0.900	0.910	0.925	0.943	0.964

1. 지역요인

   표준지공시지가, 사례부동산은 모두 대상과 인근지역에 위치한다.

2. 개별요인

대상	표준지1	표준지2	표준지3	거래사례2	분양사례	임대사례1	임대사례2
97	99	98	97	96	95	92	94

자료 10   기타사항

1. 각 표준지 및 사례 자료는 중복하여 적용하지 아니한다.

2. 토지의 환원율 및 기대이율: 연 10%

3. 건물의 상각 후 환원율: 연 9%

4. 시장이자율: 연 12%

5. 건물의 주체와 부대 비율은 6 : 4이며, 정액법 상각한다. (잔가율 0)

6. 건물 임대면적은 연면적과 동일하다.

7. 최근 1년간 실질임대료의 변화는 없었으나 순임대료의 변화는 있었다.

8. 지가변동률은 백분율로서 소수점 이하 셋째자리까지 표시하되, 반올림한다.

06

A감정평가법인은 구분지상권의 평가를 의뢰받았다. 수집된 다음의 자료를 기준으로 구분지상권의 가치를 평가하시오. 다만, 기준시점은 2026년 7월 7일이다. (15)

자료 1 대상부동산

1. 소재지: A시 B동 100번지
2. 토지: 대, 300㎡
3. 용도지역: 일반상업지역
4. 구분지상권의 내용
   (1) A시의 조례로서 고도제한이 있으며, 본건 토지의 전체가 지상부분은 20m를 초과하여서는 건축이 불가능하다.
   (2) 5년 전 위 조례에 의거하여 보상금이 지급되고 지상부분에 구분지상권이 설정되었다.
   (3) 구분지상권 설정 이후 대상의 예상 임대수익은 약 20%가 하락될 것으로 조사되었다.

자료 2 지역 및 개별분석

1. 대상부동산의 인근지역은 A시의 북동부의 저층상가지대이다.
2. 인근지역에서는 지하1층, 지상7층의 상업용 또는 업무용 빌딩을 신축하는 것이 최유효이용으로 판단되며 각 층의 면적은 동일하다.

자료 3 표준지공시지가(2026년 1월 1일)

기호	소재지	면적(㎡)	지목	이용상황	용도지역	공시지가(원/㎡)
1	A시 C동	280	대	업무용	일반상업	2,200,000
2	A시 B동	300	대	상업용	일반상업	2,000,000
3	A시 B동	240	대	상업나지	중심상업	1,200,000

자료 4 일반상업지역 지가변동률

2026.1	2026.2	2026.3	2026.4	2026.5	2026.6
0.014	0.017	0.020	0.025	0.021	0.028

자료 5 개별요인 비교 자료

구분	대상	표준지(1)	표준지(2)	표준지(3)
평점	101	97	100	110

대상토지의 최유효이용을 기준한 임대수익 자료

1. 월 지급임대료: 10,000,000원
2. 보증금: 350,000,000원
3. 유지관리비: 25,000,000원
4. 조세공과: 5,000,000원
5. 기타 필요제경비: 3,000,000원

자료 7 **인근지역의 최근 임대상황**

구분	B1	1층	2층	3층	4층	5층	6층	7층	계
바닥면적(㎡)	450	450	470	470	470	470	470	450	3,700
전유면적(㎡)	350	420	420	420	420	420	420	400	3,270
임대료(천원)	28,000	84,000	58,800	42,000	33,600	29,400	29,400	28,000	333,200

자료 8 **기타자료**

1. 입체이용률배분표

구분	고층시가지	중층시가지	저층시가지	주택지	농지, 임지
건축물 등 이용률(α)	0.80	0.75	0.75	0.7	0.80
지하이용률(β)	0.15	0.10	0.10	0.15	0.10
그 밖의 이용률(γ)	0.05	0.15	0.15	0.15	0.10
상하배분비율	1 : 1 ~ 2 : 1	1 : 1 ~ 3 : 1	1 : 1 ~ 3 : 1	1 : 1 ~ 3 : 1	1 : 1 ~ 4 : 1

2. 심도별 지하부분 이용저해율표

구분 체감율(%)	P	$\beta \times P$	
		$0.1 \times P$	$0.15 \times P$
0 ~ 5 미만	1.000	0.100	0.150
5 ~ 10 미만	0.833	0.083	0.125
10 ~ 15 미만	0.667	0.067	0.100
15 ~ 20 미만	0.500	0.050	0.075
20 ~ 25 미만	0.333	0.033	0.050
25 ~ 30 미만	0.167	0.017	0.025

3. 고도제한이 강하여 기타이용률의 상하배분비율은 최고치를 적용한다.
4. 건물 1개층의 높이는 3.5m를 기준한다.
5. 보증금운용이율: 연 12%
6. 토지환원율: 연 7%
7. 그 밖의 요인 보정: 공시지가 대비 150% 증액 보정한다.

01 감정평가사 A씨는 다음 부동산의 감정평가를 의뢰받았다. 주어진 자료를 바탕으로 물음에 답하시오. (25)

(물음 1) 해당 감정평가 목적이 담보평가인 경우의 감정평가액을 산정하시오.

(물음 2) 해당 감정평가 목적이 경매평가인 경우의 감정평가액을 산정하시오.

자료 1 대상부동산

1. 소재지: 서울시 관악구 신림동 1056번지
2. 토지: 대, 132㎡
3. 건물: 위 지상 건물
4. 기준시점: 2026년 7월 7일

자료 2 일반건축물대장(일부 발췌)

1. 대장상 건축물 현황 기재부분

구분	층별	구조, 지붕	용도	면적(㎡)
주	1층	시멘트블록조 슬레이트지붕	주택	56.13
부	1층	시멘트블록조 슬레이트지붕	창고	1.49

2. 대장상 허가 및 사용승인일자 부분

허가일자	1996.12.6
착공일자	
사용승인일자	1997.3.17

실지조사사항

1. 토지

   대상토지는 미림여고 북측 인근 제1종일반주거지역 내 위치하며, 주위는 주택지대로 제반 주거환경은 보통시 된다. 대상은 세로(가), 세장형, 평지인 토지이다.

2. 건물

   실지조사 및 해당 부동산 임차인 등의 탐문결과 2024년 9월 발생한 화재로 인해 기존에 있던 부동산은 소실되고, 이후 11월경에 새로이 건물을 신축(벽돌조 슬래브지붕 주거용 2층 연면적 114.1㎡)한 것으로 조사되었다.

자료 4 **표준지공시지가(2026년 1월 1일)**

기호	소재지	면적(㎡)	지목	이용상황	용도지역	도로교통	형상 지세	공시지가 (원/㎡)
1	신림동 1056	132	대	단독주택	제1종일반주거	세로(가)	세장형 평지	490,000
2	신림동 1180	110	대	단독주택	제1종일반주거	세로(가)	세장형 평지	480,000
3	봉천동 1270	98	대	연립주택	제1종일반주거	세로(가)	세장형 평지	560,000

자료 5 **거래사례 자료**

1. 거래사례(1)
   (1) 소재지: 신림동 1022번지
   (2) 거래물건: 주거나지, 110㎡
   (3) 용도지역: 제1종일반주거지역
   (4) 거래가격: 55,000,000원
   (5) 거래시점: 2026.3.2
   (6) 거래조건: 사례토지는 세로(가), 사다리형, 평지인 토지로, 거래금액 중 50,000,000원은 담보대출액으로 대체하였다. 담보대출액은 거래시점 이후 3년 동안 매기 말(연간) 일정액을 균등상환하고, 대출이자는 매년 말 미상환 대출원금에 대하여 매년 지급하는 조건이었다.

2. 거래사례(2)
   (1) 소재지: 봉천동 1034번지
   (2) 거래물건: 토지면적 120㎡, 건물(시멘트블록조 슬레이트지붕 단층 단독주택) 연면적 100㎡
   (3) 용도지역: 제1종일반주거지역
   (4) 거래가격: 84,000,000원
   (5) 거래시점: 2026.4.11
   (6) 기타사항: 사례토지는 세로(가), 세장형, 평지이며, 거래가격은 일체적 효용성을 잘 반영한 것으로 판단된다.

3. 거래사례(3)

   (1) 소재지: 봉천동 969번지

   (2) 거래물건: 토지면적 130㎡, 건물(벽돌조 슬래브지붕 2층 단독주택) 연면적 120㎡

   (3) 용도지역: 제1종일반주거지역

   (4) 거래가격: 137,000,000원

   (5) 거래시점: 2026.7.1

   (6) 기타사항: 사례토지는 세로(가), 사다리형, 평지이며, 거래가격은 일체적 효용성을 잘 반영한 것으로 판단된다.

자료 6   **건물 관련자료**

구분		사례2	사례3	대상
사용승인일		2000.3.20	2025.12.1	
연면적(㎡)		100	120	
기준시점 내용연수	주체	24	40	
	부대	4	20	
재조달원가의 개별요인		90	101	98
건축비(기준시점)		500,000원/㎡	700,000원/㎡	

※ 대상의 재조달원가 개별요인은 건물구조에 무차별한 평점이다.

자료 7   **시점수정 자료**

1. 지가변동률(%)

	2026.1	2026.2	2026.3	2026.4	2026.5
월	0.241	0.276	0.220	0.351	0.286
누계	0.241	0.518	0.739	1.092	1.382

2. 건축비변동률

   지난 1년간 해당지역 건축비의 변동은 없었다.

1. 지역요인 자료

    신림동은 남현동보다 5% 우세하며, 남현동은 봉천동에 비해 5% 열세하다.

2. 도로조건(각지는 10% 가산할 것)

구분	중로한면	소로한면	세로(가)
중로한면	1.00	0.83	0.69
소로한면	1.20	1.00	0.83
세로(가)	1.44	1.20	1.00

3. 형상

구분	세장형	부정형	사다리형	정방형
세장형	1.0	0.8	0.9	1.1
부정형	1.2	1.0	1.1	1.3
사다리형	1.1	0.9	1.0	1.2
정방형	0.9	0.7	0.8	1.0

4. 지세

구분	평지	완경사
평지	1.0	0.7
완경사	1.3	1.0

5. 그 밖의 요인

    인근지역 내 거래사례, 감정평가사례, 호가 수준 등을 분석한 결과 시점수정, 지역요인 및 개별요인 외 공시지가에 반영할 그 밖의 요인은 없는 것으로 판단된다.

자료 9 기타자료

1. 사례의 주체부분과 부대설비부분의 공사비 비율은 7 : 3이며 공히 정액법 상각한다. (잔가율 0%)
2. 시장이자율은 12%, 저당이자율은 11%이다.
3. 제시 외 건물의 토지에 대한 영향은 고려하지 아니한다.

02

감정평가사 A씨는 서울중앙지방법원으로부터 다음 물건의 경매평가를 의뢰받았다. 주어진 자료를 바탕으로 기준시점 현재의 시장가치를 평가하시오. (25)

자료 1 감정평가 의뢰서

(경매4 – 2계)

서울중앙지방법원
평 가 명 령

사건: 2026타경32647 부동산임의경매
소유자: k씨

위 소유자 소유의 별지기재 부동산에 대한 감정평가를 하여 2026.7.15까지 그 감정평가서를 제출하되(열람, 비치용 사본 1본 첨부), 감정평가서에는 다음 각 호의 사항을 기재하고 부동산의 형상 및 그 소재지 주변의 개황을 알 수 있는 도면을 첨부하여야 합니다.

1. 사건의 표시
2. 부동산의 표시
3. 부동산의 감정평가액 및 평가연월일
   가. 집합건물인 경우에는 건물 및 토지의 배분가액 표시
   나. 제시 외 건물이 있는 경우에는 반드시 그 가액을 평가하고, 제시 외 건물이 경매대상에서 제외되어 그 대지가 소유권행사를 제한받는 경우에는 그 가액도 평가
   다. 등기부상 지목과 현황이 다른 토지의 경우는 등기부상 지목 및 현황에 따른 각 평가액도 병기
4. 감정평가의 목적이 토지인 경우에는 국토계획법 등에 의한 규제의 유무 및 그 내용과 공시지가 기타 평가에 참고가 된 사항
5. 감정평가의 목적이 건물인 경우에는 그 종류 구조 평면적 추정되는 잔존 내용연수 등 평가에 참고가 된 사항
6. 감정평가액의 구체적 산출과정
7. 대지권 등기가 되어 있지 아니한 집합건물인 경우에는 분양계약내용, 분양대금납부 여부, 등기되지 아니한 사유
8. 기타 집행법원이 기재를 명한 사항

1. 토지

(1) 토지대장

소재지	지번	지목	면적	소유자	기타
관악구 신림동	100	대	400	K씨	

(2) 토지 등기사항전부증명서

1) 표제부

표시번호	접수	소재지	지목	면적	기타
1	2003.1.1	신림동 100	대	400	

2) 갑구(소유권에 관한 사항)

순위번호	등기목적	접수	등기원인	권리자 및 기타
1	소유권이전	2003.1.1	매매	k씨 651111 - *******

3) 을구(소유권 이외의 권리에 관한 사항): 없음

2. 건물

(1) 건물대장

소재지	건물구조	연면적
서울시 신림동 100	철근콘크리트조	1,500㎡

(2) 건물 등기사항전부증명서

1) 표제부

표시번호	접수	소재지	건물내역	기타
1	2020.7.1	신림동 100	철근콘크리트조 4층 근린생활시설 1층 400㎡ 2층 400㎡ 3층 400㎡ 4층 300㎡	

2) 갑구(소유권에 관한 사항)

순위번호	등기목적	접수	등기원인	권리자 및 기타
1	소유권보존	2020.7.1	신축	k씨 651111 - *******

3) 을구(소유권 이외의 권리에 관한 사항)

순위번호	등기목적	접수	등기원인	권리자 및 기타
1	근저당권설정	2021.7.1	설정계약	채권최고액 금400,000,000원 채무자: k씨 근저당권자: 국민은행

3. 토지이용계획확인서

<table>
<tr><td colspan="6" rowspan="2" align="center">토지이용계획확인서</td><td colspan="2">처리기간</td></tr>
<tr><td colspan="2">1일</td></tr>
<tr><td colspan="2" align="center">신청인</td><td align="center">성명</td><td></td><td align="center">주소</td><td></td><td colspan="2"></td></tr>
<tr><td rowspan="3" align="center">대상지</td><td colspan="3" align="center">토지소재지</td><td align="center">지번</td><td align="center">지목</td><td colspan="2" align="center">면적</td></tr>
<tr><td align="center">시군구</td><td align="center">읍면</td><td align="center">리동</td><td></td><td></td><td colspan="2"></td></tr>
<tr><td align="center">관악</td><td></td><td align="center">신림동</td><td align="center">100</td><td align="center">대</td><td colspan="2"></td></tr>
<tr><td></td><td></td><td></td><td></td><td></td><td></td><td colspan="2"></td></tr>
<tr><td rowspan="18" align="center">확인
내용</td><td rowspan="6" align="center">1</td><td rowspan="6" align="center">도시관리
계획</td><td colspan="2" align="center">용도지역</td><td colspan="3" align="center">일반상업지역</td></tr>
<tr><td colspan="2" align="center">용도지구</td><td colspan="3" align="center">해당없음</td></tr>
<tr><td colspan="2" align="center">용도구역</td><td colspan="3" align="center">해당없음</td></tr>
<tr><td colspan="2" align="center">도시군계획시설</td><td colspan="3" align="center">해당없음</td></tr>
<tr><td colspan="2" align="center">지구단위계획구역</td><td colspan="3" align="center">해당없음</td></tr>
<tr><td colspan="2" align="center">기타</td><td colspan="3"></td></tr>
<tr><td align="center">2</td><td align="center">군사시설</td><td colspan="2">군사시설보호구역 등</td><td colspan="3" align="center">해당없음</td></tr>
<tr><td align="center">3</td><td align="center">농지</td><td colspan="2">농업(진흥, 보호)구역</td><td colspan="3" align="center">해당없음</td></tr>
<tr><td align="center">4</td><td align="center">산림</td><td colspan="2">보전산지(임업, 공익)</td><td colspan="3" align="center">해당없음</td></tr>
<tr><td align="center">5</td><td align="center">자연공원</td><td colspan="2">공원구역</td><td colspan="3" align="center">해당없음</td></tr>
<tr><td align="center">6</td><td align="center">수도</td><td colspan="2">상수원보호구역, 수질보전특별대책지역, 수변구역</td><td colspan="3" align="center">해당없음</td></tr>
<tr><td align="center">7</td><td align="center">하천</td><td colspan="2">하천구역, 하천예정지, 연안구역, 댐건설예정지역</td><td colspan="3" align="center">해당없음</td></tr>
<tr><td align="center">8</td><td align="center">문화재</td><td colspan="2">문화재, 문화재보호구역</td><td colspan="3" align="center">해당없음</td></tr>
<tr><td align="center">9</td><td align="center">전원개발</td><td colspan="2">전원개발사업구역</td><td colspan="3" align="center">해당없음</td></tr>
<tr><td align="center">10</td><td align="center">토지거래</td><td colspan="2">허가구역</td><td colspan="3" align="center">해당없음</td></tr>
<tr><td align="center">11</td><td align="center">개발사업</td><td colspan="2">택지개발지구, 산업단지</td><td colspan="3" align="center">해당없음</td></tr>
<tr><td align="center">12</td><td align="center">기타</td><td colspan="2"></td><td colspan="3"></td></tr>
<tr><td colspan="6">국토의 계획 및 이용에 관한 법률 제32조제1항의 규정에 의거 귀하의 신청토지에 대한 현재의
토지이용계획사항을 위와 같이 확인합니다.</td><td align="center">수수료</td><td align="center">천 원</td></tr>
</table>

자료 3 **표준지공시지가(2026년 1월 1일)**

기호	소재지	면적(㎡)	지목	이용상황	용도지역	도로교통	형상지세	공시지가 (원/㎡)
1	신림동	500	대	상업나지	일반상업	중로한면	가장형평지	650,000
2	봉천동	400	대	상업용	일반상업	중로한면	가장형평지	800,000
3	신림동	330	대	주거용	2종일주	소로한면	세장형평지	600,000
4	남영동	250	대	상업용	2종일주	세로(가)	세장형평지	950,000

※ 2번 표준지는 지상에 50년 된 목조건물이 존재하여 이로 인한 건부감가 20%가 존재한다.

1. 거래사례(1)

   신림동 95번지 일반상업지역 내 소재하는 상업용 복합부동산의 매매사례로, 현금 7억을 지급하고, 3억원은 저당대출을 받아 지급하기로 하였다. 저당조건은 연 10%이자로 30년간 원리금균등상환이다. 거래시점은 2026.3.1이며 정상적이고 표준적인 상업용 복합부동산이다. 토지면적은 400㎡, 건물면적은 1,600㎡이고, 신축시점은 2020.5.1이다.

2. 거래사례(2)

   신림동 50번지 일반상업지역 내 소재하는 복합부동산으로 주변이용으로 보아 상업용 이용이 최유효이용이나 현재는 주거용 2층 건물이 있는 상태이다. 총 3억5천만원에 매매되었으며, 거래는 2026.5.1이다. 대상건물의 사용을 위해서 필요한 비용으로는 월 300,000원, 발생하는 수익으로는 월 200,000원이 생긴다고 한다. 매수인이 부담하기로 한 건물철거비는 5백만원이다. 토지면적 450㎡, 건물연면적 280㎡이다.

1. 기준시점 현재 기준 자료이다.
2. 임대수익

구분	보증금	연지급임대료
1층	150,000,000원	7,000,000원
2층	140,000,000원	6,000,000원
3층	140,000,000원	6,000,000원
4층	100,000,000원	5,000,000원

3. 필요제경비
   (1) 감가상각비: 600,000원
   (2) 유지관리비: 연지급임대료의 3%
   (3) 공실, 대손: 연 총수익의 3%
   (4) 조세공과: 2,000,000원
   (5) 보험료: 5,000,000원을 일시에 납부하고(3년분) 기말에 초기지급액의 반을 환급받는다.

구분	대상	임대사례	건설사례
사용승인일	2020.7.1	2020.9.1	2026.5.1
건축연면적	1,500	1,600	1,500
재조달원가 개별요인	100	98	101
신축당시 건축비	450,000원/㎡		500,000원/㎡

※ 철근콘크리트조의 내용연수는 주체 55년, 부대 20년이며, 주체 및 부대설비의 구성비는 8 : 2이다. (거래사례 동일)

자료 7 개별요인 평점

1. 토지

대상	표준지1	표준지2	표준지3	표준지4	거래사례1	거래사례2
100	95	100	97	105	105	100

2. 건물

대상	거래사례1	거래사례2
105	100	35

자료 8 시점수정 자료

1. 지가변동률(%)

용도지역	2025	2026				
		1	2	3	4	5
주거지역	2.5	0.3	0.2	0	0.2	0.2
상업지역	5.5	0.3	0.5	0.4	0.5	0.5
농림지역	1.8	0.1	0.1	0.2	0.3	0.3
녹지지역	1.2	0.1	0	0	0	0.1
전	1.0	0.1	0.1	0.2	0.2	0.1
답	0.9	0.1	0.1	0	0	0
대(주거용)	1.95	0.2	0.1	0.2	0.2	0.1
임야	1.01	0.1	0.2	0.1	0.2	0.1

2. 건설공사비지수

2020.7	2021.5	2022.5	2023.5	2024.5	2025.5	2026.3	2026.5	2026.7
100	106	108	110	112	116	118	119	120

자료 9 토지, 건물 가격배분율

구분	토지	건물
5층 이내 아파트	5	5
6층 내지 10층 아파트	4	6
11층 이상 아파트	3	7
연립주택	5	5
다세대주택	6	4
단독주택	4	6
상가	3	7

자료 10 기타자료

1. 가격조사완료시점은 2026년 7월 1일이다.
2. 토지환원율: 연 5%, 건물 상각 후 환원율: 연 7%
3. 보증금운용이율: 연 9%, 시장이자율: 연 12%
4. 토지가액을 구하는 경우 거래사례를 기준으로 그 밖의 요인 보정치를 산출하되, 반올림하여 소수점 둘째 자리까지 산정한다.

03

감정평가사 김씨는 「도시 및 주거환경정비법」에 의한 A시 B구 C동 XX지구 주택재개발 조합으로부터 조합원 P씨의 권리변환 및 청산을 위한 평가를 의뢰받아 다음 자료를 조사·수집하였다. 이 자료를 활용하여 다음 물음에 답하시오. (20)

(물음 1) P씨의 종전자산가액을 구하시오.

(물음 2) 조합 전체의 분양예정자산가액을 구하시오.

(물음 3) 비례율, 권리가액 등을 산정하여 P씨의 청산금을 구하시오.

자료 1 P씨 소유 토지와 건물 내용

1. 토지

소재지	지목	면적	용도지역	도로교통	형상 지세
A시 B구 C동 250번지	대	120㎡	제2종일반 주거지역	세로(가)	사다리형 평지

2. 건물

소재지	구조	면적	신축일자	비고
A시 B구 C동 250번지	블럭조 슬래브지붕	90㎡	1988.2.1	무허가건축물

자료 2 재개발사업 계획

1. 사업일정

   1) 재개발구역지정고시일: 2023.7.1
   2) 주택재개발조합설립일: 2024.3.1
   3) 주택재개발사업시행계획인가고시일: 2025.8.1
   4) 관리처분계획인가일: 2026.8.27
   5) 준공인가일: 2027.12.31

2. 건축계획

   철근콘크리트조 슬래브지붕 15층 아파트 2개동 32평형(전용면적 85㎡), 각층 1~4호, 총 120세대

3. 분양계획

    일반분양: 각층 1호 30세대, 분양가는 인근 아파트시세와 비교 결정

    조합원분양: 각층 2 ~ 4호 90세대, 분양가는 350,000,000원으로 동일

    분양아파트 층별 및 호별 효용도

층별	1층	2층	3 ~ 14층	15층
	100	106	110	104
호별	1호	2호	3호	4호
	100	103	103	100

자료 3   현장조사 기간

1. 종전자산: 2025.12.10 ~ 2026.2.1
2. 분양예정자산: 2026.5.1 ~ 2026.7.1

자료 4   인근지역의 표준지공시지가 자료

일련 번호	소재지 지번	면적 (㎡)	지목	이용상황	용도 지역	도로 상황	형상 지세	비고
1	A시 B구 C동 119	250	대	단독주택	제2종 일반주거	세로 (가)	사다리형 평지	XX주택재개발지구 내
2	A시 B구 C동 200	200	대	단독주택	제2종 일반주거	소로 한면	세장형 평지	XX주택재개발지구 외
3	A시 B구 C동 300	300	대	단독주택	제3종 일반주거	소로 한면	사다리형 완경사	XX주택재개발지구 외
4	A시 B구 C동 305	200	대	상업용	제2종 일반주거	세로 (가)	사다리형 완경사	XX주택재개발지구 내

일련번호	공시지가(원/㎡)			
	2023년	2024년	2025년	2026년
1	2,200,000	2,300,000	2,400,000	2,500,000
2	2,000,000	2,100,000	2,200,000	2,300,000
3	1,900,000	2,000,000	2,300,000	2,400,000
4	2,100,000	2,200,000	2,500,000	2,700,000

자료 5 A시 B구 지가변동률

기간	용도지역별(%)			
2023.1.1 ~ 2023.7.1	주거	상업	공업	녹지
2023.7.2 ~ 2023.12.31	1.102	1.051	1.200	1.301
2024.1.1 ~ 2024.3.1	1.101	1.022	1.051	1.251
2024.3.2 ~ 2024.12.31	1.120	1.031	1.022	1.301
2025.1.1 ~ 2025.8.1	1.501	2.007	1.032	1.053
2025.8.2 ~ 2025.12.31	2.000	1.054	2.002	1.023
2026.1.1 ~ 2026.2.1	0.500	1.031	0.023	2.005
2026.2.2 ~ 2026.8.27	0.500	2.001	1.054	0.053

자료 6 토지가격비준표

1. 도로상황

	광로	중로	소로	세로(가)	세로(불)	비고
광로	1.00	0.90	0.81	0.73	0.66	각지인 경우 10% 가산
중로	1.11	1.00	0.90	0.81	0.73	
소로	1.23	1.11	1.00	0.90	0.81	
세로(가)	1.36	1.23	1.11	1.00	0.90	
세로(불)	1.51	1.36	1.23	1.11	1.00	

2. 형상

	정방형	장방형	사다리형	부정형
정방형	1.00	0.95	0.85	0.70
장방형	1.05	1.00	0.95	0.75
사다리형	1.17	1.05	1.00	0.85
부정형	1.42	1.33	1.17	1.00

3. 지세

	평지	저지	완경사	급경사	고지
평지	1.00	0.97	0.95	0.85	0.80
저지	1.03	1.00	0.97	0.95	0.85
완경사	1.05	1.03	1.00	0.97	0.95
급경사	1.17	1.05	1.03	1.00	0.97
고지	1.25	1.17	1.05	1.03	1.00

건물신축단가 등

구분	블럭조 슬레이트지붕	블럭조 기와지붕	블럭조 슬래브지붕
내용연수(년)	35	40	40
잔존가치(원)	0	0	0
신축단가(원/㎡)	1,200,000	1,500,000	1,350,000

자료 8 인근지역 아파트 거래사례

소재지	사례물건	평형	건축시점	거래시점	거래가격
A시 B구 C동 201번지	D아파트 10층 1호	32평형 (전용면적 85㎡)	2023.5.6	2026.3.2	350,000,000원

자료 9 아파트 비교요인

1. 도로조건, 접근조건, 획지조건, 환경조건 등의 개별요인은 거래사례 아파트 대비 분양예정 아파트(10층 1호)가 5% 우세
2. 인근 지역 고층아파트의 경과연수별 아파트 시세비율

경과연수	2년 이하	2년 초과 5년 이하	5년 초과 10년 이하	10년 초과 20년 이하	20년 초과
아파트시세비율	100	85	70	65	60

3. 거래시점 이후 3·30 종합부동산대책의 영향으로 인근지역 아파트가격시세는 10% 하락한 것으로 조사됨.

자료 10 기타

1. 대상건물이 종전자산 평가대상이 되는 경우, 관찰감가법 등을 통해 잔존내용연수는 5년으로 확정하는 것이 적정하다고 파악됨.
2. 추정 총사업비: 사업에 소요되는 총사업비는 230억원으로 추산함.
3. P씨의 종전자산가액은 조합 전체 종전자산가액의 1%에 해당함.
4. 비례율은 백분율로서 소수점 이하 셋째자리에서 반올림하여 둘째자리까지 표시할 것.
5. (물음 2)의 분양예정자산가액 평가 시, 일반분양분을 포함하며, 조합에서는 기준시점으로 2026년 7월 2일을 제시하였음.

04

감정평가사 A씨는 다음과 같은 토지에 대한 평가의뢰를 받고 자료를 수집한 후 평가를 진행하고 있다. 다음에 제시된 자료를 토대로 각 물음에 답하시오. (10)

(물음 1) 대상토지를 도로사업의 시행에 따라 그 사업시행자인 안양시 소유의 토지와 교환할 목적인 경우 다음 자료를 토대로 감정평가액을 제시하시오.

(물음 2) 대상토지를 일반에 대한 처분이 목적인 경우 다음 자료를 토대로 감정평가액을 제시하시오.

자료 1 기본적 사항

1. 대상물건: 토지
2. 공법상 제한: 제2종일반주거지역, 도로구역 저촉(저촉 면적비율 약 20%)
3. 처분 및 교환 결정일자: 2025년 12월 1일
4. 개별요인: 세로(가), 가장형, 평지

자료 2 관련공부 등

1. 등기사항전부증명서

등기사항전부증명서 (말소사항 포함) - 토지

경기도 안양시 만안구 석수2동 200번지 　　　　　　　고유번호 1501 - 1980 - 0000000

【표제부】					(토지의 표시)
표시번호	접수	소재지번	지목	면적	등기원인 및 기타사항
1(전6)	1980년 7월1일	경기도 안양시 만안구 석수2동 200번지	전	500	
					부동산등기법 제177조의6 제1항규정에 의거...

【갑　구】				(소유권에 관한 사항)
순위번호	등기목적	접수	등기원인	권리자 및 기타사항
1(전1)	소유권 이전	1980년7월9일 제14656호	1980년3월2일	소유자 국(관리청:국토교통부) 세종특별자치시 어진동 560번지
				부동산등기법 제177조의3 제1항에 의거...

2. 토지대장

고유번호				토지대장	도면번호	1	발급번호	2006
토지소재	경기도 안양시 만안구 석수2동				장번호	1 - 1	처리시각	시 분 초
지번	200	축척	1 : 1200		비고		작성자	김XX
토 지 표 시				소　유　권				
지목	면적(㎡)	사유		변동일자	주　　　소			
				변동원인	성명 또는 명칭		등록번호	
(08) 대	*500*	매매		1980	세종특별자치시 어진동 560번지			
					국		0000	

1. 공시기준일: 2025년 1월 1일

기호	소재지	면적(㎡)	지목	이용 상황	용도지역	도로교통 형상/지세	공시지가(원/㎡)
1	석수2동 100	500	대	주상용	제3종 일반주거	소로 정방형/평지	420,000
2	석수2동 120	450	대	주거 나지	제2종 일반주거	세로 정방형/평지	180,000
3	석수2동 150	550	대	전	제2종 일반주거	세로 가장형/평지	80,000
4	석수1동 100	420	대	주거 기타	준주거	중로 정방형/평지	360,000
5	석수1동 120	700	대	주거 나지	제2종 일반주거	소로 정방형/평지	240,000

※ 기호2는 도로구역에 일부(약 20%) 저촉됨.

2. 공시기준일 2026년 1월 1일

기호	소재지	면적(㎡)	지목	이용 상황	용도지역	도로교통 형상/지세	공시지가(원/㎡)
1	석수2동 100	500	대	주상용	제3종 일반주거	소로 정방형/평지	450,000
2	석수2동 120	450	대	주거 나지	제2종 일반주거	세로 정방형/평지	200,000
3	석수2동 150	550	대	전	제2종 일반주거	세로 가장형/평지	90,000
4	석수1동 100	420	대	주거 기타	준주거	중로 정방형/평지	400,000
5	석수1동 120	700	대	주거 나지	제2종 일반주거	소로 정방형/평지	250,000

※ 기호2는 도로구역에 일부(약 20%) 저촉됨.

2025년 누계	2026.1 ~ 5	2026.6
4.064	2.452	0.521

자료 5 요인비교 자료

1. 지역요인

   석수1동과 석수2동은 인근지역에 위치한다.

2. 개별요인

   (1) 도로: 대로(100), 중로(95), 소로(90), 세로(80), 맹지(60)

   (2) 형상: 정방형(100), 장방형(90), 사다리형(85), 자루형(75), 부정형(60)

   (3) 지세: 평지(100), 완경사(80), 급경사(60)

자료 6 기타자료

1. 생산자물가지수는 적용하지 않는다.

2. 지가변동률은 백분율로서 소수점 이하 셋째자리까지 표시하되, 반올림한다.

3. 기준시점은 2026년 7월 7일이다.

Chapter

08 감정평가와 관련된 상담 및 자문 등

---

01 A토지를 소유하고 있는 (주)영신은 해당 토지를 최유효이용으로 활용하기 위해 인접토지 B를 매입하여 고급빌라를 건축분양하는 것을 계획하고 있다. (주)영신이 인접토지 B의 매입 시 지급할 수 있는 최대한도액을 구하되, 기준시점은 2026년 7월 7일로 한다. (15)

자료 1 합병 전 토지내역

구분	소재지	지목	면적(㎡)	용도지역	도로조건	형상/지세
토지A	K구 J동	대	624	준주거	소로한면	세장형/평지
토지B	K구 J동	대	416	준주거	소로한면	세장형/평지

※ 합병 전 A와 B의 가격총액비율은 42 : 58이다.

자료 2 합병 후 분양자료

1. 합병 후 토지내용: 대 1,040㎡(소로한면, 정방형, 평지)
2. 분양예정건물
   (1) 구조: 철근콘크리트조 슬래브지붕 5층
   (2) 건축면적: 620㎡
   (3) 건축연면적: 3,120㎡
   (4) 전용면적: 2,500㎡

3. 분양예정가(전용면적기준): 1,350,000원/㎡
4. 필요경비
   (1) 건축공사비: 700,000원/㎡(착공 시, 중간 시, 공사완료 시 각각 1/3씩 지급)
   (2) 판매관리비: 총 분양가액의 1%(분양수입의 실현시기와 동일함)
   (3) 기타 부대비용: 총 분양가액의 10%(공사완료 시 지급)
   (4) 시장이자율: 연 12%

5. 공사 및 분양기간
   (1) 토지매입시점(기준시점)으로부터 1개월 후 착공, 7개월 후 공사완료예정이다.
   (2) 분양은 공사완료 3개월 전에 50%, 공사완료 시 50% 이루어진다.

자료 3 평가사례

2025.7.1에 토지B에 대하여 900,000원/㎡에 평가된 사례가 있는바, 이는 시장가치로 인정된다.

자료 4 지가지수

2025.1.1	2025.7.1	2026.1.1	2026.5.1
180	195	205	197

자료 5 개별요인 평점

1. 도로교통: 소로(100), 세로(95), 각지는 한면에 비해 10% 우세하다.
2. 형상: 정방형(100), 세장형(95)
3. 지세: 평지(100), 완경사(95)

02

A시 B구 C동에 위치하고 있는 오피스빌딩에 대한 제 자료를 바탕으로 다음의 물음에 답하시오. (15)

(물음 1) 지분수익률이 15%일 때 최대매수제안가격은 얼마인가?

(물음 2) 물음 1에서 기존 저당 대신 신규 저당이 가능하며 만기 전 변제벌금 없이 수시로 해지가 가능하다면 지분수익률이 15%인 투자자에게 이득이 더 있겠는가?

자료

1. 순수익: 연 640,000,000원으로 고정
2. 저당대부
   (1) 저당잔금: 4,325,000,000원
   (2) 이자율: 10%
   (3) 월저당지급액: 41,450,000원

3. 10년 후 예상 재매도가격: 매수가격 대비 20% 상승 전망
4. 신규저당조건
   (1) 대부액: 4,540,000,000원
   (2) 이자율: 11%
   (3) 대부기간: 25년, 매월분할상환

03 부동산개발업자 A씨는 낡은 아파트를 임대용 아파트로 사용하기 위해 개발하려고 하고 있다. 낡은 아파트를 철거하고 새 아파트를 건립하는 데 20억원의 비용이 소요된다. 새 아파트는 총 150가호가 들어서게 되는데 임대료는 가호 당 월 60만원이다. 예상되는 공실률은 5%이며 운영경비는 유효총수익의 40%이다. 현재 유사부동산의 전형적인 자본환원율은 11%이며 개발업자는 투자자본에 대해서 최소한의 30% 수익을 기대하고 있다.

새로 건립될 아파트의 투자가치는 얼마로 추계되는가? 한편 주어진 조건을 전제로 할 때 개발업자가 자신의 요구수익률을 충족시키는 범위 내에서 낡은 아파트에 지급할 수 있는 최대매수가격은 얼마인가? (5)

---

04 B부동산투자회사는 대규모의 미개발토지를 매입해 주거용도의 택지를 개발하는 사업을 시행하고자 감정평가사 A씨에게 해당 사업의 타당성을 분석해 줄 것을 의뢰하였다. 예비조사와 실질조사를 거쳐 수집된 아래의 자료를 바탕으로 다음 물음에 답하시오. (25)

(물음 1) 해당 사업에 대한 자료를 바탕으로 다음의 양식에 해당하는 매월 현금흐름분석표를 작성하시오. 단, 아래의 표에서 기간은 월로 하며 금액은 천원 단위로 한다.

구분		0	1	2	3	4
Ⅰ. 현금유입	(항목)	(+)				
	-					
	-					
Ⅱ. 현금유출	(항목)	(-)				
	-					
	-					
Ⅲ. 현금흐름 (= Ⅰ - Ⅱ)						

(물음 2) 순현가(NPV)법을 이용하여 해당 택지개발사업의 경제적 타당성을 분석하시오.

자료 1 대상토지 내역

1. 소재지: S시 B구 A동 123번지
2. 지목 및 면적: 전, 5,000㎡
3. 기준시점: 2026년 7월 31일
4. 기타 참고사항: 실제조사결과 대상토지는 제2종일반주거지역내에 속해 있으며 소로한면에 접한 토지로서 이용상황은 잡종지임이 확인되었다.

1. 사업일정(소요기간 단위: 월)

구분	1	2	3	4
사업계획 - 인가				
착공 - 완공				
분양개시 - 완료				

2. 분양계획
   (1) 분양필지면적: 200㎡
   (2) 감보율: 40%
   (3) 택지분양은 분양개시 1개월 후에 1/3, 분양개시 2개월 후에 2/3가 판매된다. 분양단가는 공사완료시점을 기준으로 산정하며, 조성 후 대상토지는 중로각지에 접할 것으로 예상된다.

3. 개발계획
   (1) 택지조성공사비는 150,000원/㎡이며 착공 시 20%, 그로부터 1개월 후 40%, 공사완료 시 잔금을 지급하기로 한다.
   (2) 일반관리비는 총분양수입의 5%이며 공사완료 시 지급하는 것으로 한다.
   (3) 각종부담금은 총분양수입의 3%와 택지조성공사비총액의 5%로 분양개시 시 발생하는 것으로 한다.

자료 3 표준지공시지가(2026년 1월 1일)

일련번호	소재지	면적(㎡)	지목	이용상황	용도지역	도로조건	형상 지세	공시지가 (원/㎡)
1	A동 111	5,500	전	전	제2종일반주거	소로한면	장방형 평지	150,000
2	A동 100	5,000	잡	잡종지	제2종일반주거	소로각지	장방형 평지	100,000
3	A동 230	5,000	대	주거용	제2종일반주거	소로한면	장방형 평지	310,000

※ 표준지1은 전체면적에 대해 건부감가요인이 5% 있으며 전체면적의 15%가 도시계획시설도로에 저촉됨

자료 4 거래사례

1. 거래사례 (가)
   (1) 토지: S시 B구 A동 132번지, 대(주거용), 200㎡
   (2) 거래일자: 2026.6.1
   (3) 거래금액: 90,000,000원
   (4) 기타: 제2종일반주거지역 내 중로각지에 접하고 거래에 특별한 사정은 없었던 것으로 조사되었다.

2. 거래사례 (나)

    (1) 토지: S시 B구 B동 115번지, 잡종지, 4,000㎡

    (2) 거래일자: 2026.7.1

    (3) 거래금액: 346,000,000원

    (4) 기타: 제2종일반주거지역 내 소로한면에 접하고 특별한 사정으로 인하여 정상적인 가격 대비 10% 저가로 구입한 사례이다.

자료 5   2026년도 지가변동률(%)

구분	1월	2월	3월	4월	5월	6월	7월
주거지역	0.041	0.032	0.014	0.013	0.018	0.025	0.059
(누계치)	0.041	0.073	0.087	0.100	0.118	0.143	0.202

※ 8월부터는 매월 0.1% 정도의 지가상승이 예상됨.

자료 6   요인비교 자료

1. S시 B구 A동은 B동에 비해 2% 열세이다.

2. 도로조건

세로(불)	세로(가)	소로한면	소로각지	중로한면	중로각지
60	75	80	85	95	100

3. 기타 개별요인

    (1) 조성 전 기준

대상	표준지1	표준지2	표준지3	사례(가)	사례(나)
98	99	102	99	102	100

    (2) 조성 후 기준

대상	표준지1	표준지2	표준지3	사례(가)	사례(나)
100	97	101	99	100	99

4. 그 밖의 요인: 지역·개별요인 외 별도로 반영할 그 밖의 요인은 없다.

자료 7   기타사항

1. 도시계획시설로 저촉된 부분은 저촉되지 않은 토지에 비해 30% 감가요인이 있다.

2. 각 단계의 모든 현금의 계산은 1,000원 미만인 셋째자리에서 사사오입한다.

3. B부동산투자회사의 요구수익률은 월 1%이다.

4. 미개발상태인 대상토지는 기준시점현재 정상적인 가격으로 매입한다.

5. 개발된 상태인 주거용 대 토지는 면적이 가치형성요인의 중요한 요소로 작용한다.

05

다음의 물음에 답하시오. (15)

(물음 1) 복수 투자대안에서 투자안 간의 상호관계에 따라 어떻게 분류되는지 기술하시오.

(물음 2) 다음의 현금흐름이 예상되는 두 투자안을 NPV법으로 평가한다고 할 때 물음에 답하시오. 단, 자본비용은 10%이다.

시점	투자안A	투자안B
0	-1,000만원	-200만원
1	500만원	100만원
2	800만원	200만원

1. 두 투자안의 NPV를 구하시오.

2. 두 투자안이 독립적이라면 어떤 투자안을 채택해야 하는가?

3. 두 투자안이 상호배타적이라면 어떤 투자안을 선택해야 하는가?

4. 두 투자안에 결합투자 할 경우의 현금흐름을 추정하고 이를 이용하여 결합투자안의 NPV를 구하시오. 이 값을 각 투자안의 NPV를 단순합계한 값과 비교하고 그 의미를 설명하시오.

06

B부동산 개발회사는 종전 계획관리지역에서 제2종일반주거지역으로 용도지역이 변경된 C군 내의 임야 등을 매입하여 이를 조성 후 분양하는 택지개발사업을 계획하여 매입대상 토지에 대해 소유자와 협의 중이다. 그런데 최근 아파트 공급부족으로 아파트 개발사업의 타당성이 커지고 있어 B 부동산 개발회사는 택지만을 조성 후 분양할 것인지, 조성택지에 아파트를 건축하여 분양할 것인지 2가지 대안에 대한 사업의 타당성 분석을 감정평가사 A씨에게 의뢰하였다. (40)

(물음 1) NPV법과 PI법의 개념 및 양자를 비교하시오.

(물음 2) NPV법과 PI법으로 각 대안별 타당성을 분석하시오.

(물음 3) 상기 결과를 토대로 최종 컨설팅 결과를 도출하시오.

자료 1   분석의뢰내역

1. 매입대상토지의 현황

소재지	용도지역	지목	이용상황	전체면적(㎡)	매입대상면적(㎡)
C군 D리 130	제2종일반주거	임야	임야	18,500	5,000
C군 D리 13-1	제2종일반주거	전	잡	6,000	6,000
C군 D리 130-2	제2종일반주거	답	잡	6,000	6,000

※ 대상토지들은 인접하고, 동일한 지리적·사회적 조건으로 일단의 택지로 개발이 용이함.

2. 일단의 개발사업이 알려지면서 대상토지들을 매입할 경우 시장가치 대비 10%의 프리미엄이 필요한 것으로 판단된다.

3. 기준시점: 2026.7.31

자료 2   택지개발계획

	1개월	2개월	3개월	4개월	5개월	6개월
사업인가						
조성공사						
분양						

1. 택지조성 공사계획
   매입토지 중 일부인 2,000㎡는 도로로 개설하여 C군에 기부채납한다.

2. 택지개발비용 내역
   (1) 택지조성공사비(설계비, 도로개설비 등 포함): 50,000원/㎡이며, 착공 및 공사완료 시 50%씩 지급한다.
   (2) 판매관리비: 분양총수입의 5%, 공사완료 시 일시 발생한다.

(3) 공공시설부담금: 50,000,000원, 공사완료 시 지급한다.

(4) 기타비용: 소지 매입비의 5%와 분양개시시점 지가의 5%로 계산하며, 조성공사 완료 시 일시 발생한다.

3. 택지분양계획

분양가는 분양개시시점을 기준으로 산정하고, 판매수입은 분양개시 및 완료 시 50% 비율로 인식한다.

자료 3 아파트 건축 및 분양계획

1. 아파트 건설공사는 부지조성공사완료 시 착수하며, 아파트 신축의 경우에는 택지만을 조성하는 경우에 비해 20%의 조성공사비 절감이 예상되나, 그 외의 공공시설부담금 및 기타비용은 동일할 것으로 판단된다.

2. 아파트 공사비 내역

건축비 등 직접공사비는 300,000원/㎡, 간접공사비는 직접공사비의 10%이며, 착공 및 공사완료 시 각각 50%씩 지급한다. (건축연면적은 16,000㎡)

3. 판매관리비

총 분양수입의 10%, 분양완료 시 일시 지급한다.

4. 아파트 분양규모

평형	전용면적	층별 세대수	층수
32평형	26평	10호	B1~10층

※ 지하는 주차장으로 이용함.

5. 분양가 산정은 아파트 분양개시 시점을 기준으로 산정하며, 분양대금은 분양개시시점과 분양완료 시 균등 지급된다.

	1개월	2개월	3개월	4개월	5개월	6개월	7개월	8개월	9개월	10개월	11개월	12개월
건축공사												
분양												

자료 4   아파트 분양가 산정을 위한 자료

1. 분양사례

동일수급권 유사지역에 3층 303호가 최근 4,500,000원/평(전용면적 기준)에 분양된 것으로 조사되었으며, 이는 정상적인 사례로 표준적이다.

2. 층별효용비

1	2	3	4	5	6	7	8	9	10
85	95	100	100	100	100	100	100	95	95

※ 호별 차이는 없음.

3. 일체요인 비교(면적 제외)

분양사례는 대상부동산에 비해 층별효용비를 제외한 가치형성요인이 5% 우세하다.

자료 5   표준지공시지가(2026.1.1 기준)

기호	소재지	용도지역	지목	이용상황	도로, 형상	면적(㎡)	공시지가(원/㎡)
1	C군 D리	제2종일반주거	전	잡종지	세로, 부정형	8,000	150,000
2	C군 D리	계획관리	임야	임야	세로, 부정형	3,010	55,000
3	C군 D리	제2종일반주거	대	아파트	세로, 정방형	15,000	290,000
4	C군 D리	제2종일반주거	전	재료적치장	소로, 세장형	900	210,000
5	C군 E리	계획관리	전	잡종지	소로, 사다리형	4,000	60,000
6	C군 E리	제2종일반주거	임야	임야	소로, 세장형	15,600	70,000
7	C군 E리	제2종일반주거	대	단독주택	소로, 세장형	10,000	255,000
8	C군 E리	제2종일반주거	대	연립주택	소로, 가장형	7,200	220,000

자료 6   시점수정 자료

1. C군 지가변동률(%)

	용도지역		이용상황		
	주거	계획관리	대	전	답
2025년	1	2	2	1	1
2026년 1 ~ 5월	1.5	1.8	1.3	1.2	1.4
2026년 6월	0.5	0.6	0.5	0.3	0.4

※ 향후 지가동향은 2026년 말까지는 2026.6월과 동일할 것으로 예측되고, 그 이후에는 보합세를 유지할 것으로 전망됨.

2. 아파트 가격변동률

최근 경기회복 영향으로 분기당 2%의 상승이 예상된다.

1. 지역요인

    D리는 E리에 비해 5% 우세하다.

2. 개별요인

    (1) 택지개발 전

대상	표준지1	표준지2	표준지5	표준지6
100	103	96	98	105

    (2) 택지개발 후

대상	표준지3	표준지4	표준지7	표준지8
100	97	100	96	96

1. 택지개발사업에 대한 기대수익률: 10%/년
2. 아파트개발사업에 대한 기대수익률: 12%/년

07

천안시 인근의 K시는 최근 행정수도이전 후보지로 거론되면서 J개발회사는 K시의 외곽 토지(3,500㎡)를 구입하여 대형할인마트 건립을 계획 중이다. 감정평가사 A씨는 해당 사업의 경제적 타당성 판단을 의뢰받았다. 주어진 자료를 근거로 대상부동산의 시장가치를 산출하고, 해당 사업의 타당성을 판단하라. (15)

자료 1   대상지역의 인구증가추세

1. 대상지역의 현재 총인구수는 35,700명 정도이며 경제활동인구비율은 28%이다.
2. 행정수도이전 후보지로 지정될 경우 새로운 신도시건립에 따른 인구유입이 기대된다.
3. 추가적인 인구유출입의 규모는 행정수도 이전이 확정될 경우, 이전이 무산될 경우, 인근의 다른 지역으로 확정될 경우로 나누어 다음의 시나리오에 따른다.

낙관적 예상(40%)	중립적 예상(40%)	비관적 예상(20%)
+15,000명	+3,000명	-7,000명

자료 2   대상부동산의 건립내용

1. 매장면적: 2,000㎡
2. 주차규모: 250대
3. 건축비용: 2,300,000원/㎡
4. 토지가치: 8,000,000원/㎡

자료 3   대상지역사회의 소득 · 소비자료

경제활동인구의 연평균소득은 17,000,000원이며, 이 중 약 17%를 식료품 · 생활용품 등을 구입하는 데 사용하고 있다. 식료품 등의 구입비 중 약 30%는 다른 지역에서 사용되는 것으로 조사되었다.

자료 4   대상지역 내 경쟁 할인마트

1. 할인마트A
   (1) 매장면적: 1,800㎡
   (2) 주차공간: 160대
   (3) 시장가치: 82억 5천만원
   (4) 연매출액: 15억원

2. 할인마트B
   (1) 매장면적: 1,650㎡
   (2) 주차공간: 100대
   (3) 시장가치: 75억원
   (4) 연매출액: 13억원

3. 할인마트C
   (1) 매장면적: 1,200㎡
   (2) 주차공간: 150대
   (3) 시장가치: 60억원
   (4) 연매출액: 11억 5천만원

자료 5 기타

1. 시장점유율은 경쟁 할인마트를 포함한 매장면적비율과 주차공간비율에 비례하며 면적비율과 주차공간비율의 가중치는 2 : 1이다.
2. 거래지역 내 안정인구는 행정수도 이전가능성을 고려하여 판단한다.
3. 타당성 분석은 GIM법에 의한 시장가치와 개발비용을 비교하여 판단한다.

08

당신은 상업용 부동산을 매수하려는 중에 아래와 같은 수익을 올리는 부동산을 발견하였다. 매수 여부를 아래의 자료를 이용하여 판단하시오. (10)

자료 1 현시점 대상부동산의 수익

1. 지급임대료: 5,700,000원/월
2. 운영경비: 지급임대료의 50%(감가상각비 제외)

자료 2 매수조건

1. 현금지급액: 100,000,000원
2. 분할상환액: 100,000,000(매년말 원리금 균등상환하되 첫 5년간은 9%의 이율로, 다음 5년간은 15% 이율 적용)
3. 10년 후에 매수자가 요구할 경우 100,000,000원에 환매가 가능하다.
4. 시장의 정상이자율은 12%이다.

자료 3 기타사항

1. 대상부동산에 대한 수익전망: 앞으로 5년간은 현 상태를 지속할 것으로 보는 것이 지배적이나, 그 후의 상황에 대해서는 엇갈린 전망이 나오고 있다.
2. 투하자본수익률: 15%
3. 경제상황의 불확실성에 대한 위험할증율: 3%
4. 경제상황의 불확실성에 대한 위험 외에 다른 위험은 없는 것으로 한다.

09 아래 부동산 프로젝트의 성공은 향후 몇 년 동안 경제상황에 따라 좌우될 것이다. 경제적인 상황은 호황기, 안정기, 불황기의 세 가지 경우로 나눌 수 있으며, 이 프로젝트의 수명은 4년으로 예측된다. 이 프로젝트의 순현금흐름(ECFs)은 다음 표와 같고 이 기간 동안 각 경제상황의 발생가능성은 호황기 20%, 안정기 50%, 불황기 30%이다. 각 경제상황별로 NPV를 계산하고 해당 프로젝트의 ENPV(Expected-NPV)를 구하시오. 단, 투자자의 요구수익률은 연 12%로 한다. (10)

자료 프로젝트의 순현금흐름

연차(n)	NCFs-boom	NCFs-natural	NCFs-recession
0	-60,000	-60,000	-60,000
1	25,000	20,000	15,000
2	25,000	21,000	15,000
3	26,000	21,500	15,000
4	26,500	21,000	16,000

10   투자자 A씨는 주차장 사업을 하고자 하여 부동산 정보망을 탐색 중 다음 물건을 발견하였다.
A씨 입장에서 매도제안가격의 타당성을 분석하시오. (10)

자료 1   매도제안가격 등

1. 대상물건: 토지 3,000평
2. 매도제안가격: 2,000,000원/평
3. 매도조건: 대출금은 승계가능하며, 매수가격으로 10년 후 환매조건이 부가되어 있다.

자료 2   대출 내역

1. 대출액: 4,000,000,000원
2. 대출이자율: 연 10%
3. 연 원리금상환액: 470,000,000원

자료 3   주차장 예상수입 및 경비

1. 총 주차가능차량 대수: 1,000대
2. 예상수입
   (1) 평균주차대수는 예상차량의 90%를 적용한다.
   (2) 향후 10년간 요금은 일정하게 유지할 것으로 간주한다.
   (3) 예상수입

구분	정기주차	비정기주차
요금	매월 50,000원	시간당 1,000원
주차예상차량	700대/월	300대/일
비고		1일 10시간 기준, 월 25일

3. 예상경비

   인건비, 관리비, 세금 등을 고려하여 수입의 30% 정도가 적정한 수준인 것으로 조사되었다.

자료 4   기타사항

요구수익률 및 전형적인 자본수익률은 연 13%로 파악된다.

11

부동산 투자자 A씨는 다음과 같은 현금수지를 보이고 있는 상업용부동산을 매수하고자한다. 해당 부동산의 매도자는 100,000,000원을 요구하고 있는 경우 부동산 투자자 A씨가 부동산 투자를 통해 얻게 되는 내부수익률(IRR)은 얼마인가? (5)

자료 예상 현금수지

1차년도	2차년도	3차년도	4차년도	5차년도
25,000,000원	30,000,000원	34,000,000원	36,000,000원	39,000,000원

12

(주)삼일은 본사 사옥을 Sales & Leaseback을 통해 구조조정을 행하고자 한다. 다음 물음에 답하시오. (15)

(물음 1) Sales & Leaseback의 의의 및 장점을 약술하시오.

(물음 2) 아래 자료를 이용하여 Sales & Leaseback의 타당성을 분석하시오.

자료 1   장부가격(단위: 백만원)

구분	취득가격	감가상각누계액	장부가격	현재가치(매매가능가격)
토지	8,000	0	8,000	-
건물	110,000	16,500	93,500	
소계	118,000	16,500	101,500	150,000

※ 건물은 정액법을 사용하고 내용연수는 40년, 최종잔가율은 없음.
※ 5년 후의 부동산가치는 DCF분석 및 기타 지수 등을 참고하여 165,000백만원으로 결정함.

자료 2   임대료 자료 및 분석(단위: 백만원)

구분	금액	비고
실제 지급 임대료	16,000	추정전세금을 이용하여 산정

자료 3   기타

1. 분석기간: 5년
2. 할인율: 10%
3. 법인세율: 28%
4. 양도소득세율: 15%

13

다음 물음에 답하시오. (20)

(물음 1) 최유효이용을 판단하는 기준에 대해 설명하시오.

(물음 2) 이하의 경우에 있어서 복합부동산의 최유효이용이 되는 방안을 모색하시오.

자료 1   현재(사무실) 상태의 임대내역

1. 가능총수익: 151,200,000원
2. 공실 및 대손충당금: 가능총수익의 5%
3. 운영경비: 가능총수익의 50%
4. 기타: 임대료는 매년 5%씩 상승이 예상되며, 임대면적은 420㎡이다. 그리고 장래내용연수는 10년이 될 것으로 판단되며, 10년이 지난 후에는 건물의 내용연수가 만료되기에 건물의 가치는 없을 것으로 보인다. 다만 건물의 철거비는 소요된다.

자료 2   사무실 건물을 현대화하는 경우(대안A)

1. 전환비용 등

현대화하는 공사비는 기준시점 현재 100,000,000원이 소요되며, 공사기간은 1년이다. 공사로 인해 건물의 내용연수가 증가하는 것은 아니다. 또한 전환 시의 기회비용은 60,000,000원으로 분석된다.

2. 소득 및 경비

현대화 이후 예상되는 1기말의 가능총수익은 현재 상태의 1.4배가 될 것으로 보이며, 기타 경비 및 임대료 상승비율 등은 상기와 동일한 비율로 적용된다. 공사기간 중에는 전체가 공실이 예상되며, 현대화 이후 임차인 확보는 무난할 것으로 판단된다.

자료 3   상가건물로 전환하는 경우(대안B)

1. 전환비용 등

상가건물로 전환하는 총 공사비는 180,000,000원이 소요되며, 공사기간은 1년이다. 공사비는 착수시점 및 착수시점 6개월 후 1/2씩 지급한다. 또한 전환 시의 기회비용은 60,000,000원으로 분석된다.

2. 수익 및 경비(전환 후 1차년도)
   (1) 가능총수익: 월 47,000원/㎡(매년 5%씩 상승함)
   (2) 공실 및 대손충당금: 가능총수익의 10%
   (3) 운영경비: 가능총수익의 40%

3. 기타

상가건물로 전환하는 경우에도 건물의 장래보존연수 변화는 없다. 또한 임대면적은 업무용인 경우와 동일하며, 공사기간 중에는 대상부동산 전체가 공실로 남아 있게 된다. 전환 후 임차인 확보는 무난할 것으로 판단된다.

자료 4 10년 후의 잔존가치

1. 토지: 1,000,000,000원
2. 건물: 철거비(매도자 부담)는 사무실인 경우에는 50,000,000원이 소요될 것으로 보이며, 상가건물인 경우에는 60,000,000원이 소요될 것으로 보인다. 다만 기말 잔재가치는 없다.

자료 5 기타사항

1. 기준시점은 현재를 기준한다.
2. 임대료는 매년 초에 계약하여 연말에 지급된다.
3. 기존 임차인 및 공사기간 중에는 연 16%의 할인율을 적용하며, 대상부동산의 전환 후에는 연 17%의 할인율을 적용한다.

14 수익률과 확률이 아래와 같이 존재하는 A, B, C 세 개의 부동산이 있다. 각 부동산의 수익률을 확률분석을 통해 결정하고, 위험의 정도(표준편차)를 표시하시오. (5)

부동산	수익률(%)	확률(%)
A	12	15
	14	75
	16	10
B	14	30
	16	60
	18	10
C	13	10
	13.5	80
	14	10

Chapter

09 공시가격의 평가, 산정

01 감정평가사 A씨는 국토교통부장관으로부터 다음 표준지의 공시지가 평가를 의뢰받았다. 다음의 자료를 이용하여 각 표준지의 2026년 1월 1일의 공시지가를 평가하시오. (20)

자료 1 대상표준지

1. 표준지 1의 상황

   (1) 소재지 및 면적: S시 A동 30번지, 300㎡

   (2) 용도지역: 제2종일반주거지역 / 자연녹지지역

   (3) 이용상황: 1필지 전체 1동의 주거용 건부지

   (4) 기타사항: 주거지역 50%, 녹지지역 50%에 걸치는 토지이다.

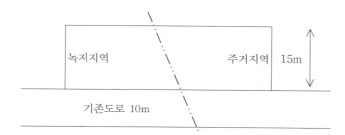

2. 표준지 2의 상황

   (1) 소재지 및 면적: S시 A동 63번지, 210㎡

   (2) 용도지역: 제2종일반주거지역

   (3) 이용상황: 테니스장

   (4) 기타사항: A동의 63번지와 64번지는 일단의 토지이며 현재 테니스장으로 이용 중이다. 그리고 인근의 주위환경은 주택지대로 조사되었다.

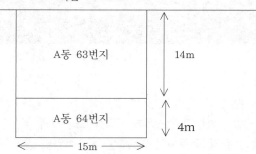

기존도로 12m

A동 63번지

14m

A동 64번지

4m

15m

3. 표준지 3의 상황

  (1) 소재지 및 면적: S시 C동 176번지, 200㎡

  (2) 용도지역: 일반상업지역

  (3) 이용상황 및 형상: 상업용, 가장형

  (4) 기타사항: 좌측(10m)도로는 도로로 개통 전으로 2025년 1월 20일부터 공사를 시작하였으나, 아직 완공되지 않은 것으로 확인된다.

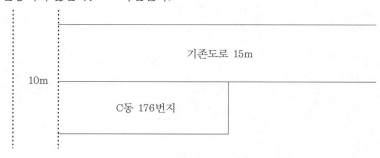

기존도로 15m

10m

C동 176번지

4. 표준지 4의 상황

  (1) 소재지 및 면적: S시 B동 101번지, 200㎡

  (2) 용도지역: 자연녹지지역, 개발제한구역

  (3) 이용상황 등: 주거나지, 세로(가), 부정형

  (4) 기타사항: 해당 표준지는 개발제한구역 지정 당시부터 지목이 대인 토지이다.

자료 2   거래사례 자료

기호	소재지	용도지역	이용상황	도로	형상	거래시점	거래금액(원/㎡)
1	A동	2종일주	주거용	세로(가)	가장형	2025.1.1	253,000
2	A동	2종일주	주거용	세로(가)	정방형	2022.12.2	250,000
3	A동	자연녹지	주거용	소로한면	정방형	2025.10.1	150,000
4	B동	개발제한	주거나지	소로한면	부정형	2025.7.1	140,000
5	C동	일반상업	상업용	중로한면	정방형	2025.10.1	500,000

해커스 감정평가사 **유지훈 감정평가실무** 2차 문제집 초급

자료 3　지가변동률(단위: %)

구분	2022년	2023년	2024년	2025.1.1 ~ 3.31	2025.4.1 ~ 6.30	2025.7.1 ~ 9.30	2025.10.1. ~ 2026.1.1
주거지역	2.300	2.350	1.800	0.200	0.100	0.200	0.300
상업지역	3.220	2.200	3.110	0.200	0.200	0.300	0.300
녹지지역	1.450	2.150	1.100	0.100	0.200	0.200	0.300

자료 4　요인비교 자료

1. 지역요인

구분	A동	B동	C동
평점	100	90	102

2. 개별요인

(1) 도로조건(각지는 한면에 비해 5% 우세)

구분	중로	소로	세로	맹지
평점	100	95	90	60

(2) 형상

구분	정방형	가장형	세장형	부정형
평점	100	95	90	80

(3) 기타 개별요인

구분	표1	표2	표3	표4	거1	거2	거3	거4	거5
평점	100	97	101	102	100	103	101	99	97

02

감정평가사 B씨는 국토교통부장관으로부터 아래와 같은 2필지에 대한 표준지공시지가의 조사평가를 의뢰받았다. 조사된 자료를 활용하여 2026년 1월 1일을 공시기준일로 하는 표준지공시지가의 적정가격을 평가하시오. (10)

자료 1 대상표준지

일련번호	소재지	면적(㎡)	지목	용도지역	도로조건	형상 지세
1	A군 B면 C리 23	120	전	농림지역	맹지	정방형 완경사
2	A군 B면 D리 50	2,000	대	제2종일반주거	세로(가)	정방형 평지

자료 2 실지조사 사항

1. 일련번호 1

   현재 묘지로 이용 중이며, 주변은 밭작물을 주로 경작하는 田지대이다.

2. 일련번호 2

   현재 초등학교부지로 이용 중이며, 주변은 단독주택지대를 이루고 있다.

자료 3 A군 지가변동률(%)

구분	용도지역		
	주거지역	공업지역	농림지역
2025.1.1 ~ 3.31	0.800	0.800	0.500
2025.4.1 ~ 6.30	1.500	1.800	1.200
2025.7.1 ~ 9.30	1.200	1.500	1.000
2025.10.1 ~ 2026.1.1	1.000	1.200	0.800

자료 4 인근지역 거래사례

1. 거래사례(1)

   (1) 소재지, 면적: B면 C리 190, 150㎡

   (2) 이용상황 등: 임야로서 묘지로 사용 중이다.

   (3) 거래시점: 2025년 4월 1일

   (4) 용도지역: 농림지역

   (5) 거래내역: 매수인은 거래토지를 9,000원/㎡에 구입하였으며 이는 묘지로 사용가능한 임야의 일반적인 가격수준이다.

2. 거래사례(2)

    (1) 소재지, 면적: B면 C리 13,500㎡

    (2) 이용상황 등: 밭작물을 주로 재배하는 전이다.

    (3) 거래시점: 2025년 10월 1일

    (4) 용도지역: 농림지역

    (5) 거래내역: 정상적인 거래로 거래금액은 12,000원/㎡이다.

3. 거래사례(3)

    (1) 소재지, 면적: B면 D리 80, 310㎡

    (2) 이용상황 등: 주거용 부지로 현재 나지상태이다.

    (3) 거래시점: 2025년 10월 1일

    (4) 용도지역: 제2종일반주거지역

    (5) 거래내역: 145,000원/㎡에 정상적으로 거래되었다.

자료 5   기타자료

1. 개별요인

구분	표1	표2	거1	거2	거3
평점	100	100	101	99	102

2. 공공용지는 일반토지보다 30% 낮은 가격 수준으로 형성되어 있으며, 분묘기지권이 결부됨에 따른 감가율은 25%인 것으로 조사되었다.

03 주어진 자료를 이용하여 대상 표준지의 2026년 1월 1일자 공시지가를 평가하시오. (10)

주어진 자료를 이용하여 대상 표준지의 2026년 1월 1일자 공시지가를 평가하시오. (10)

자료 1 표준지의 수익가격 평가모형

$$P_L = \left(a - B \times \frac{y-g}{1-\left[\frac{1+g}{1+y}\right]^n}\right) \times \frac{1-\left[\frac{1+g}{1+y}\right]^n}{y-g} + \frac{P_L(1+g)^n}{(1+y)^n}$$

P_L: 토지의 수익가격, a: 토지건물에 귀속되는 상각 전 순수익, B: 건물평가액,

y: 투자수익률, g: 임대료 변동률, 단 y>g n: 건물의 경제적 잔존 내용연수

$a - B \times \dfrac{y-g}{1-\left[\frac{1+g}{1+y}\right]^n}$: 토지에 귀속되는 순수익

$\dfrac{P_L(1+g)^n}{(1+y)^n}$: 보유기간 말 토지가치 현가

자료 2 투자수익률(y) 산정방법

투자수익률은 임대동향 조사결과 추계된 하위시장별 · 상권별 소득수익률에 임대료 변동률을 합하여 결정한다.

$y = 소득수익률\left(\dfrac{a_n}{V_N}\right) + 임대료 변동률(g)$

자료 3 각 변수의 제시

1. 대상부동산의 순수익: 100,000,000원
2. 대상부동산에 적용할 소득수익률: 8%
3. 임대료 변동률: 2%
4. 시장이자율 및 일시금의 운용이율: 6%
5. 건물평가액: 1,000,000,000원
6. 건물의 경제적 잔존 내용연수: 50년
7. 토지면적: 1,000㎡

04

객관적인 감정평가액의 근거로서 가장 설득력 있는 것은 시장참가자의 행태가 직접적인 금액으로 표현되는 거래사례이다. 그러나 어떠한 물건의 경우에는 거래사례가 존재하지 않거나, 그 물건의 특성에 의하여 시장성보다는 수익성과 비용성에 기초한 가격자료를 구하는 것이 더 합당하다. 특수토지의 개념을 기술하고, 2026.1.1을 공시기준일로 하여 대상표준지의 적정가격을 결정하시오. (10)

자료 1 대상물건의 개요

1. 소재지: 충청남도 예산군 D면 S리 377번지
2. 면적: 3.5㎡
3. 대상토지는 광천지로서, 심도는 320m, 용출량은 330톤/일, 용출온천수의 온도는 45℃로 조사되었음.

자료 2 표준지공시지가(공시기준일: 2025.1.1)

일련 번호	소재지	면적 (㎡)	지목	공시지가 (원/㎡)	지리적 위치	이용상황 용도지역	주위환경	도로 교통	형상 지세
44810 -1590	S동 377	3.5	광	74,000,000	덕산온천 관광지 1차지구내	광천지 계획관리	온천휴양 지대	맹지	세장형 평지
44810 -1621	S동 388	1	광	74,700,000	덕산온천 관광지 1차지구내	광천지 계획관리	온천휴양 지대	맹지	가장형 평지

자료 3 인근지역 내 표준광천지

1. 소재지: 충청남도 예산군 D면 S리 400
2. 면적: 3.5㎡
3. 최근에 개발된 표준광천지는 심도 300m, 용출량 350톤/일, 온도는 41℃이며, 일일 판매량은 189톤/일로 조사되었음.
4. 개발비용
   1) 허가 및 지질조사비용: 5,000,000원
   2) 착정 및 그라우팅: 60,000,000원
   3) 펌프(수중모터)시설: 20,000,000원
   4) 배관 및 저수조시설: 15,000,000원
   5) 일반관리비 및 이윤: 15,000,000원
   6) 토지매입가격: 5,000,000원/㎡

5. 수익 및 비용
   1) 온천수 판매단가: 625원/톤
   2) 양탕비용: 310원/톤
   3) 환원율: 10%

자료 4 온도에 따른 용출량 보정률

온도	보정률	
45℃ 미만	0.8	
50℃ 미만	0.9	

자료 5 용출량 지수

용출량	지수	
282톤 미만	2.5	
334톤 미만	3.0	

자료 6 지가변동률

최근 1년간 인근지역 내 지가는 1% 상승한 것으로 조사되었음.

05

감정평가사 A씨는 「부동산 가격공시에 관한 법률」에 의거하여 2026년 1월 1일을 기준으로 하는 표준주택가격 조사·산정을 의뢰받았다. 제시된 물음에 답하시오. (25)

(물음 1) 제시된 자료에 의해 표준주택가격을 산정하시오.

(물음 2) 표준주택의 토지가치를 산정하시오.

자료 1 ▍ 대상표준주택

1. 토지: 서울시 관악구 신림동 786번지, 대, 300㎡
2. 건물: 위 지상 시멘트벽돌조 단독주택 3층, 연면적 450㎡
3. 도로조건 등: 소로한면, 세장형, 완경사
4. 용도지역: 제2종일반주거지역

자료 2 ▍ 거래사례 자료

1. 사례(1)
   (1) 토지: 서울시 관악구 신림동 736번지, 대 280㎡
   (2) 건물: 위 지상 철근콘크리트조 단독주택 3층, 연면적 420㎡
   (3) 도로조건 등: 소로한면, 가장형, 평지
   (4) 용도지역: 제2종일반주거지역
   (5) 거래시점: 2025년 6월 7일
   (6) 거래가격: 465,000,000원

2. 사례(2)
   (1) 토지: 서울시 관악구 신림동 800번지, 대 310㎡
   (2) 건물: 위 지상 시멘트벽돌조 단독주택 3층, 연면적 465㎡
   (3) 도로조건 등: 소로한면, 가장형, 평지
   (4) 용도지역: 제2종일반주거지역
   (5) 거래시점: 2025년 10월 3일
   (6) 거래가격: 480,000,000원

자료 3 ▍ 전세사례 자료

1. 토지: 서울시 관악구 신림동 790번지, 대 260㎡
2. 건물: 위 지상 시멘트벽돌조 단독주택 3층 중 1층 부분, 전체 연면적 390㎡, 전세면적은 각층 동일하다.
3. 도로조건 등: 소로한면, 가장형, 평지
4. 용도지역: 제2종일반주거지역
5. 전세기간: 2025년 9월 20일 ~ 2026년 9월 19일
6. 전세보증금: 60,000,000원

구분		대상	건설사례	거래사례1	거래사례2	전세사례
사용승인일		2024.8.1	2026.1.1	2022.5.1	2024.11.1	2024.9.1
구조 및 지붕		시멘트벽돌조 기와지붕	철근콘크리트조 슬래브지붕	철근콘크리트조 슬래브지붕	시멘트벽돌조 기와지붕	시멘트벽돌조 기와지붕
연면적(㎡)		450	595	420	465	390
방위		남향	남동향	남향	동향	동향
기준시점 장래보존연수	주체	49	-	52	49	49
	부대	14	-	12	14	14
건축비(원/㎡)			600,000			

※ 주체부분과 부대설비의 재조달원가 구성비는 7 : 3이다.
※ 감가수정은 정액법에 의한 만년감가에 의하되, 잔가율은 0이다.
※ 건설사례의 건축비는 관악구에 있어서 정상적이고 표준적이다.

기호	면적(㎡)	지목	이용상황	용도지역	도로교통	형상 지세	방위	공시지가(원/㎡)
1	400	대	주거나지	제2종 일반주거	세로(가)	정방형 평지	북향	720,000
2	210	대	주거용	제1종 전용주거	소로한면	세장형 평지	남향	850,000
3	290	대	주거용	제2종 일반주거	소로각지	가장형 평지	동향	860,000

1. 관악구 주거지역 지가변동률(%)

2025.5	2025.6	2025.7	2025.8	2025.9	2025.10	2025.11	2025.12
0.654 (1.466)	1.000 (2.481)	0.773 (3.273)	-0.345 (2.917)	0.555 (3.488)	0.978 (4.500)	0.0000 (4.500)	0.034 (4.535)

※ 2026년도 지가변동률은 보합세이다.

2. 건축비지수

2025.1.1	2025.4.1	2025.7.1	2025.10.1
103	105	108	109

자료 7 **요인비교 자료**

1. 토지요인
   (1) 지역요인
      관악구 신림동의 지역요인은 동일하다.
   (2) 개별요인
      1) 도로

중로	소로	세로(가)	세로(불)
100	95	90	85

      ※ 각지는 한면에 비해 5% 우세함.
      2) 형상

정방형	가장형	세장형	부정형
100	97	95	90

      3) 지세

평지	저지	완경사	급경사
100	97	93	87

      4) 방위

남향	남동향	동향	서향	북향
100	97	95	90	85

2. 건물요인
   (1) 건물구조

통나무	철근	철골	벽돌	목조	블럭	경철	석회
2.11	1.79	1.57	1.39	1.18	1.0	0.98	0.63

   (2) 지붕구조

슬래브	기와
1.0	0.95

   (3) 내용연수

철근 및 철골	벽돌	블럭	목조
55	50	45	40

   ※ 단, 부대설비는 모두 15년이다.

자료 8 **단독주택 층별효용비**

1층	2층	3층
100	95	105

1. 일시금 운용이율 및 시장이자율은 연 12%이다.

2. 관악구는 현재 매매가격 대비 전세보증금의 비율이 약 45%인 것으로 조사되었으며, 전세보증금환산가격 산정 시 보증금은 지가변동률과 건축비변동률의 산술평균값으로 변동함을 가정한다.

3. 주어진 사례자료는 모두 활용한다.

4. 토지, 건물 가치구성비를 적용함에 있어 건물가치를 추계한 후 이를 기초로 가치구성비를 구하며, 전세사례 활용 시에는 구성비를 적용하지 않는다.

01 감정평가사 A씨는 택지개발사업에 편입된 공원구역 등 내의 토지에 대하여 보상평가액을 산정하고자 한다. 주어진 자료를 바탕으로 2026.7.7을 가격시점으로 하는 토지의 보상평가액을 결정하시오. (10)

자료 1 **대상물건**

1. 토지조서

기호	소재지	지목	편입면적(㎡)	이용상황	공법상 제한	형상 지세	도로
1	A시 B동	전	5,000	전	집단시설지구	부정형 완경사	세로(가)
2	A시 B동	임야	10,000	임야	공원구역	부정형 완경사	세로(불)
3	A시 C동	전	900	전	도시공원	부정형 완경사	세로(가)

2. 토지 세부사항 자료

기호1, 2 토지의 인근지역은 2023년 12월에 자연공원법상 공원구역으로 지정 고시되었으며, 대상토지의 용도지역은 자연녹지지역, 지목 및 이용상황은 토지조서상 내용과 동일하다. 기호 3 토지 전체는 2023년 5월에 도시공원으로 지정되었으며, 지정 대상토지는 자연녹지지역 내 지목과 이용상황이 전이다. 그리고 기호3 토지는 도시공원 지정 당시 도시계획시설도로에 400㎡가 저촉된 상태였다.

자료 2 **표준지공시지가(2026.1.1)**

기호	소재지	면적	지목	이용상황	공법상 제한	공시지가(원/㎡)
1	A시 B동	15,000	임야	임야	공원구역	3,000
2	A시 B동	4,500	전	전	공원구역	12,000
3	A시 C동	1,000	임야	임야	도시공원	7,000
4	A시 B동	3,000	전	전	집단시설지구	20,000
5	A시 B동	2,500	전	전	자연녹지지역	35,000
6	A시 B동	18,000	임야	임야	자연녹지지역	18,800
7	A시 C동	1,000	전	전	자연녹지지역	45,000

※ 상기 표준지는 모두 자연녹지지역 내에 있으며, 기호 4는 공원구역 내 집단시설지구임.

1. A시 지가변동률(%)

구분	2025년	2026년 1 ~ 4월	2026년 5월
녹지지역	1	0.5	0.1
전	2	1	0.5
임야	0.8	0.1	0.03

2. 지역요인 비교 분석

B동은 C동에 비해 30%열세이다.

3. 개별요인 비교치

구분	대상	표준1	표준2	표준3	표준4	표준5	표준6	표준7
대상1	1.00	1.02	1.00	1.01	1.01	1.03	1.02	1.00
대상2	1.00	1.01	1.03	0.99	1.01	1.01	0.98	1.02
대상3	1.00	1.00	1.01	0.98	0.99	1.00	1.01	1.00

02

국방 · 군사시설사업에 편입된 토지의 보상액 산정을 위하여 다음의 자료를 수집하였다. 주어진 자료를 바탕으로 보상평가액을 결정하시오. (10)

자료 1   감정평가 의뢰내용

1. 소재지: P시 H구 J동 200번지
2. 토지: 대, 주거나지, 400㎡
3. 용도지역: 제1종일반주거지역
4. 가격시점: 2026년 7월 7일
5. 실시계획 승인 · 고시일(사업인정의제일): 2025년 5월 1일
6. 해당 토지는 도시계획시설도로에 80㎡가 저촉된다.

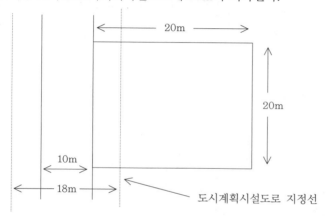

※ 도시계획시설도로에 대한 지형도면의 고시: 2025년 2월 20일

자료 2   표준지공시지가

기호	소재지	면적(㎡)	지목	이용 상황	용도 지역	도로 교통	형상 지세	공시지가(원/㎡)	
								2025.1.1	2026.1.1
1	J동 100	300	대	주거용	제1종 일반주거	소로각지	장방형 평지	1,300,000	1,350,000
2	J동 200	480	대	주상복합	제1종 일반주거	중로한면	정방형 평지	1,520,000	1,570,000

※ 표준지2는 도시계획시설도로에 10% 저촉된다. (저촉감가율: 30%)

자료 3   지가변동률(P시 주거지역, %)

2025년 누계	2026년 1월 ~ 4월	2026년 5월
3	-1.5	0.8

1. 개별요인(도로교통, 형상 제외)

구분	대상	표준지1	표준지2
평점	100	102	95

2. 도로교통

구분	광대로	중로각지	중로한면	소로각지	소로한면
평점	100	95	90	85	80

3. 형상

구분	정방형	장방형	부정형
평점	100	95	85

03

감정평가사인 당신은 K시로부터 공익사업에 편입되는 토지에 대한 보상평가를 의뢰받고 공부조사와 실지조사를 마친 후 다음과 같은 자료를 수집하였다. 제시된 자료를 바탕으로 대상토지에 대한 적정한 손실보상액을 결정하시오. (15)

자료 1   감정평가 의뢰내역

1. 대상사업: 산업단지개발사업
2. 의뢰인: K시장
3. 사업인정고시일: 2026년 2월 1일
4. 가격시점: 2026년 7월 1일
5. 특이사항: K시장은 토지손실보상액의 단가 사정은 중앙토지수용위원회 재결평가 시의 기준으로 요청하였다.

자료 2   대상물건

1. 소재지 등

   K시 S동 350번지, 대, 600㎡

2. 이용상황

   현재 나지상태이나, 주위 토지의 표준적 이용으로 보아 상업용으로 이용함이 가장 타당한 것으로 판단된다.

3. 대상은 지형도면이 고시된 도시계획시설도로에 그림과 같이 저촉되어 있다.

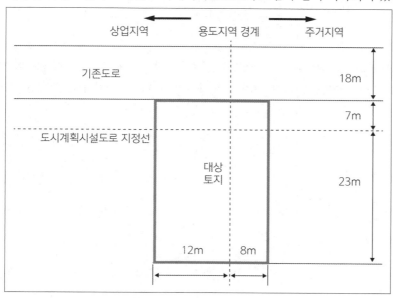

자료 3 　 표준지공시지가(공시기준일: 2026.1.1)

기호	소재지	지목	이용상황	용도지역	도로교통	형상 · 지세	공시지가(원/㎡)
1	K시 S동 111	대	상업용	상업지역	중로한면	정방형 평지	1,000,000
2	K시 S동 230	대	상업용	주거지역	소로한면	정방형 평지	500,000

자료 4 　 지가변동률(단위: %)

구분	2026.1.1 ~ 2026.2.1	2026.1.1 ~ 2026.7.1
주거지역	(-)0.110	1.020
상업지역	(-)0.371	(-)0.140

자료 5 　 가치형성요인 및 기타사항

1. 가격시점 현재 도시계획시설도로의 기능 · 개설예정시기 등과 대상토지의 위치 · 형상 등을 고려할 때, 계획도로 폭의 확대로 인한 증가분의 50% 정도만 기타요인으로 반영하기로 한다.

2. 개별요인

구분	대상	표준지1	표준지2	비고
평점	100	98	97	도로조건 제외

3. 도로조건

구분	광대로	중로	소로
평점	105	100	95

4. 단가산출 기준
   중앙토지수용위원회가 의뢰한 재결평가 업무 시 토지 등의 단가 산출기준 준수 요청(중토위 58342-12025): 토지 등의 단가는 100원 단위까지 산출할 것. (다만, 토지 등의 가액이 100원 단위 이하인 경우에는 10원 단위까지 산출)

04   다음 자료를 참고하여 보상사례를 참작한 그 밖의 요인 보정치를 산출하시오. (5)

자료 1   기본적 사항

1. 대상물건: 서울시 관악구 봉천동 100번지 토지
2. 용도지역: 제2종일반주거지역
3. 이용상황: 주거나지
4. 사업인정고시일: 2025년 3월 3일
5. 가격시점: 2026년 7월 7일

자료 2   비교표준지(2025년 1월 1일 기준)

구분	소재지	면적(㎡)	지목	이용상황	용도지역	공시지가(원/㎡)
비교표준지	봉천동	100	대	주거나지	일반주거	100,000

자료 3   인근 보상사례

1. 보상사례(1)
   (1) 소재지: 서울시 관악구 봉천동 120
   (2) 가격시점: 2026년 6월 21일
   (3) 감정평가액: 170,000원/㎡
   (4) 용도지역 및 이용상황: 제2종일반주거지역, 주거나지
   (5) 기타사항: 대상과 동일한 사업으로 인한 보상사례이다.

2. 보상사례(2)
   (1) 소재지: 서울시 관악구 신림동 40
   (2) 가격시점: 2025년 1월 21일
   (3) 감정평가액: 160,000원/㎡
   (4) 용도지역 및 이용상황: 제2종일반주거지역, 주거나지
   (5) 기타사항: 해당 사업과 무관한 인근의 공익사업으로 인한 보상사례이다.

3. 보상사례(3)
   (1) 소재지: 서울시 관악구 신림동 30
   (2) 가격시점: 2025년 3월 15일
   (3) 감정평가액: 165,000원/㎡
   (4) 용도지역 및 이용상황: 제2종일반주거지역, 주거나지
   (5) 기타사항: 해당 사업과 무관한 인근의 공익사업으로 인한 보상사례이다.

1. 지역요인

   봉천동과 신림동은 인근지역에 속한다.

2. 개별요인

구분	대상	비교표준지	사례(1)	사례(2)	사례(3)
평점	100	99	101	102	100

자료 5   기타사항

1. 최근 몇 년간 지가는 보합세이다.
2. 그 밖의 요인 보정치는 소수점 둘째자리까지 산출하되, 이하는 절사한다.

05 공익사업에 편입되는 토지에 관한 보상액을 관련규정에 의거하여 산정하시오. (30)

자료 1 평가의뢰내역

1. 사업명: 택지개발촉진법에 의한 택지개발사업
2. 가격시점: 2026.7.7
3. 택지개발지구 지정고시일: 2025.9.30
4. 택지개발사업 실시계획 승인고시일: 2026.1.20

자료 2 평가대상자료

기호	소재지	지번	지목	면적(㎡)		용도지역	실제 이용상황	비고
				공부	편입			
1	A시 B동	10-1	도	200	200	2종일주 자연녹지		2026년 1월 20일 토지세목추가고시
2	〃	11-1	전	300	300	2종일주		
3	〃	12-1	전	150	150	자연녹지		
4	〃	38-2	대	30	30	2종일주		
5	〃	58	답	850	850	자연녹지		
6	〃	135	도	300	300	〃		
7	〃	245	도	450	450	〃		
8	〃	250	도	125	125	자연녹지 개발제한		

* 기호1 토지는 각각의 용도지역에 따른 공법상제한을 동일한 비율로 받는 것으로 판단함.
* 기호4 토지의 도시계획시설도로 결정 이후 도로로 이용되고 있으나 개별요인(소로한면, 가장형)의 변화는 없으며 인근의 표준
적 이용은 단독주택임.

자료 3 인근지역의 표준지공시지가 현황

기호	소재지	지번	면적 (㎡)	지목	이용상황	용도지역	도로 교통	형상	공시지가(원/㎡)	
									2025.1.1	2026.1.1
1	A시 B동	40	150	대	단독주택	2종일주	세로 (가)	가장형	100,000	110,000
2	〃	50	250	전	전	자연녹지	세로 (가)	부정형	40,000	45,000
3	〃	69	330	답	답	자연녹지	소로 한면	세장형	60,000	63,000
4	〃	70-1	250	전	전	자연녹지 / 개발제한구역	세로 (가)	세장형	42,000	49,000
5	〃	80	350	대	단독주택	자연녹지	맹지	세장형	35,000	38,000

* 표준지(1)은 전체면적의 30%가 도시계획시설도로에 저촉됨. (저촉부분 15% 감가)

평가의뢰된 토지의 내용

1. 기호1 토지는 도로개설 당시의 소유자가 자기토지의 편익을 위하여 스스로 설치하고 사도법상의 개설허가를 받은 도로로서 "인근토지(도로로 이용되지 않았을 경우에 예상되는 인근지역에 있는 표준적인 이용상황의 토지로서 지리적으로 가까운 것. 이하 인근토지)"는 단독주택으로 이용된다.

2. 기호2 토지는 도로개설 당시 토지소유자가 자기토지의 편익을 위하여 스스로 설치한 도로였으나, 가격시점 현재 도로로 이용되지 않는다. 해당 택지개발사업을 위하여 2021년 2월 1일부로 자연녹지지역에서 제2종일반주거지역으로 용도지역이 변경되었다. (기호1, 2 토지는 계획된 택지개발사업구역의 면적부족으로 확장된 것이다)

3. 기호3 토지는 지적공부상으로 도로로 구분되어 있지 아니한 상태에서 가격시점 현재 사실상 통행에 이용되고 있으나 소유자의 의사에 의하여 법률적·사실적으로 통행을 제한할 수 있다. 인근지역은 전으로 이용된다. 지적 분할에 따라 지번이 변경된 토지를 추가고시한 것이다.

4. 기호4 토지는 종전 38-1(지목: 대)의 일부였으나, 도시계획시설도로로 시설결정이 되고, 사실상 불특정다수인의 통행에 이용되고 있다. 그러나 아직 도시계획사업이 시행된 것은 아니며, 인근은 모두 주거용으로 이용 중이다.

5. 기호5 토지는 농어촌도로정비법 제2조의 규정에 의한 농어촌도로의 부지이다. 현재 인근지역은 답으로 이용되고 있으며, 세로(가), 부정형인 토지이다.

6. 기호6 토지는 토지소유자가 자기토지의 편익을 위하여 스스로 도로로 설치한 이후에 해당 사업과는 관계없이 도시관리계획에 의한 도로로 결정되었다. 인근토지는 단독주택으로 이용된다.

7. 기호7 토지는 구 농어촌발전특별조치법에 의한 정주생활권개발사업의 시행으로 설치된 도로이다. 인근지역은 답으로 이용 중이다.

8. 기호8 토지는 불특정 다수인의 통행에 이용되고 있는 사실상의 사도가 도시계획시설사업에 의하여 다시 확장된 경우로서 그 확장부분에 해당한다. 인근지역은 수십년간 전으로 이용 중이다.

자료 5 **시점수정 자료**

1. 지가변동률(A시)(%)

구분	용도지역				이용상황			
	주거	상업	공업	녹지	전	답	대	임야
2025년 누계	-2.00	-2.50	-2.75	-1.75	-1.50	-1.10	-1.85	-1.00
2026년 1~3월	-0.40	-0.55	-0.70	-0.30	-0.50	-0.40	-0.50	-0.10
2026년 4월	0.01	0.1	0.00	-0.22	-0.22	0.33	1.00	-0.33
2026년 5월	0.01	0.02	0.00	0.01	-0.15	0.25	1.00	-0.30

2. 생산자물가지수

2024년 12월	2025년 12월	2026년 5월	2026년 6월
110.4	119.5	121.3	122.0

자료 6 요인비교 자료

1. 도로접면

구분	광대한면	중로한면	소로한면	세로(가)
광대한면	1.00	0.94	0.86	0.83
중로한면	1.07	1.00	0.92	0.89
소로한면	1.16	1.09	1.00	0.96
세로(가)	1.21	1.13	1.04	1.00
맹지	1.40	1.30	1.20	1.15

2. 형상

구분	정방형	장방형	사다리형	부정형	자루형
정방형	1.00	0.98	0.98	0.95	0.90
장방형	1.02	1.00	1.00	0.95	0.90
사다리형	1.02	1.00	1.00	0.97	0.92
부정형	1.05	1.05	1.03	1.00	0.95
자루형	1.11	1.11	1.09	1.06	1.00

3. 기타

구분	일반	도로	공원	운동장
일반	1.00	0.85	0.60	0.85

자료 7 기타사항

1. 별도의 조건이 주어지지 않은 대상토지와 "인근토지"는 중로한면, 정방형으로 판단함.
2. 감정평가방법은 토지보상법령 및 감정평가실무기준에 따를 것. (각 기준 비율의 최고치를 적용할 것)
3. 해당 토지의 감정평가방법과 비교표준지 선정사유를 간략히 기재할 것.

06 감정평가사 A씨는 H전력으로부터 송전선 통과로 인한 송전선로부지의 공중부분 사용에 따른 손실보상액 평가를 의뢰받았다. 아래 자료를 바탕으로 다음의 물음에 답하시오. (25)

(물음 1) 송전선로부지 설정을 위한 토지보상평가 시, ① 전주 및 철탑 등의 설치를 위한 토지의 보상평가방법과 ② 송전선로부지의 공중부분 사용에 따른 사용료의 평가방법을 약술하시오.

(물음 2) 송전선로부지의 사용기간이 5년인 경우 보상액을 평가하시오.

(물음 3) 송전선로부지의 사용기간이 영구적일 경우 보상액을 평가하시오.

(물음 4) 영구적으로 송전선로부지로 사용 중에 있는 대상토지가 공익사업에 편입되는 경우의 보상액을 평가하시오.

자료 1   평가의뢰내용

1. 대상물건: A시 B동 100번지, 대 600㎡
2. 가격시점: 2026.7.7

자료 2   대상물건의 내용

1. 대상물건이 소재하는 지역은 도시계획상 일반상업지역으로 주위에는 상가 및 사무실용 건물 등이 혼재한다.
2. 대상토지는 현재 나지상태로서 소로와 중로에 접한 각지이며 장방형 평지로 상업용 건부지로 이용함이 최유효이용이라 판단된다.

자료 3   표준지공시지가(2026.1.1)

기호	소재지	면적(㎡)	지목	이용상황	용도지역	형상 지세	도로교통	공시지가(원/㎡)
1	B동 52	600	대	상업용	일반상업	정방형 평지	중로한면	1,900,000
2	B동 57	600	대	상업용	일반주거	정방형 평지	중로한면	2,000,000
3	B동 80	500	대	주거용	일반상업	정방형 평지	중로한면	1,800,000
4	C동 30	450	대	상업용	일반상업	정방형 평지	중로한면	1,950,000

자료 4 대상토지 개황도

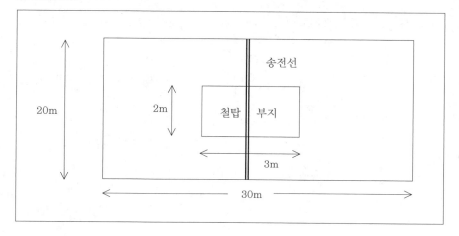

자료 5 지가변동률(%)

2026.1 ~ 3월	2026.4월	2026.5월
1.000	0.450	0.500

자료 6 층별효용비율 산정자료

1. 인근지역 및 대상토지의 최유효이용 상정 건축내역(단위: ㎡)

층	지하1	지상1	2	3	4	5	계
바닥면적	400	450	450	450	450	450	2,650
전유면적	340	360	380	380	380	380	2,220

2. 인근지역 상업용 건물의 임대내역

층	지하1	지상1	2	3	4	5
전유면적(㎡)	330	350	370	370	370	370
실질임대료(천원/년)	11,880	15,050	14,800	12,210	12,210	12,210

자료 7 건축가능층수 판단자료

1. 고압전선과 건축물의 접근조건
   (1) 대상토지의 20m 상공으로 송전선(55,000V)이 통과하게 된다.
   (2) 전압 35,000V 이하: 이격거리 3m
   (3) 전압 35,000V 초과: 이격거리 3m에 35,000V를 넘는 매 10,000V마다 15cm씩 이격한다.

2. 건물의 층별 높이는 4m인 것으로 조사된다.

자료 8 입체이용배분율표

구분	고층시가지	중층시가지	저층시가지	주택지	농지 · 임지
건축물 등 이용률	0.80	0.75	0.75	0.70	0.80
지하부분 이용률	0.15	0.10	0.10	0.15	0.10
그 밖의 이용률	0.05	0.15	0.15	0.15	0.10
상하배분비	1 : 1	1 : 1	2 : 1	3 : 1	4 : 1

※ 그 밖의 이용저해율은 상하배분 최고치를 적용함.

자료 9 추가 보정률 자료

1. 송전선로요인: 10%

2. 개별요인: 9%

3. 그 밖의 요인: 5%

4. 영구적으로 사용 시에는 상기 외의 3% 더 가산한다.

자료 10 지역 및 개별요인

1. 지역요인

   C동은 B동보다 3% 열세하다.

2. 개별요인

   (1) 도로: 각지는 한면보다 5% 우세하다.

   (2) 형상: 정방형은 장방형보다 5% 우세하다.

   (3) 지세: 평지는 완경사지보다 5% 우세하다.

자료 11 기타사항

1. 토지의 기대이율: 연 6%

2. 할인율: 연 8%

3. 구분지상권의 이용에 따른 필요제경비는 없는 것으로 판단된다.

4. 송전선로의 폭은 50cm이다.

5. 철탑부지(6㎡)에 대한 보상은 이미 이루어진 상황이다.

6. 송전선로부지 이외 부분의 토지는 송전선로의 통과로 인한 저해요인이 없는 것으로 본다.

7. 각종 저해율은 백분율로 소수점 셋째자리에서 반올림하여 산정한다.

8. 송전선로부지 면적 산출기준

> 1. 송전선로의 양측 최외선으로부터 수평으로 3m를 더한 범위안의 직하 토지의 면적으로 함을 원칙으로 한다.
> 2. 택지 및 택지예정지로서 당해 토지의 최유효이용을 상정한 건축물의 최고높이가 전압별 측방이격거리(3m에 35,000V를 넘는 10,000V 또는 그 단수마다 15cm를 더한 값의 거리를 말한다)의 전선 최하높이보다 높은 경우에는 송전선로의 양측 최외선으로부터 그 이격거리를 수평으로 더한 범위안에서 정한 직하 토지의 면적으로 한다.

07

감정평가사 A씨는 ○○시로부터 "도시철도 ○호선 2-3공구"에 편입되는 B씨 토지에 대한 보상평가를 의뢰받았다. 주어진 자료를 바탕으로 적정한 보상평가액을 결정하시오. (저해율 산정 각 과정은 소수점 이하 넷째자리에서 반올림) (10)

자료 1 감정평가 의뢰내용

1. 사업명: 도시철도 ○호선 2-3공구 건설공사
2. 감정평가 목적: 지하터널구간으로 구분지상권 설정
3. 가격시점: 2026.7.7
4. 의뢰토지: ○○시 D구 C동 251-2번지, 대, 1,100㎡ 중 B씨 지분 1/2

자료 2 수집자료

1. 도시계획사항

   일반상업지역, 방화지구, 도시철도 저촉

2. 비교표준지

기호	소재지	면적	지목	이용 상황	용도 지역	도로 교통	형상 지세	2026년 공시지가
37	D구 C동 254-8	452	대	상업용	일반상업	광대한면	가장형 평지	6,000,000

   ※ 표준지는 대상지와 동일 노선상에 소재하여 지역요인은 동일하다.

3. 지가변동률

   2026.1.1 ~ 7.7 동안 지가는 2.5% 하락하였다.

4. 지역개황

   상업지역의 대로변은 상업·업무용 복합용도 건물들이 주종을 이루고 있으며, 관할 구청에 문의 결과, 건축허가 가능 용적률은 1,000%이고, 건폐율은 50%이었다.

5. 토지의 이용상황

   지상 16층 지하 1층 철근콘크리트조의 상업업무용 복합빌딩 소재하며 1층부터 4층까지는 판매시설, 5층 이상은 사무실이다. 아울러 해당 건물의 경제적 내용연수는 60년이며 장래보존연수가 42년이다.

6. 기타

   대상토지의 개별요인은 비교표준지와 동일하다.

1. 입체이용률배분표

해당지역 이용률구분	고층시가지 800% 이상	중층시가지 550 ~ 750%	저층시가지 200 ~ 500%
건축물 등 이용률(α)	0.8	0.75	0.75
지하부분 이용률(β)	0.15	0.10	0.10
그 밖의 이용률(γ)	0.05	0.15	0.15
(γ)의 상하배분비율	1 : 1 ~ 2 : 1	1 : 1 ~ 3 : 1	1 : 1 ~ 3 : 1

※ 이용저해 심도가 높은 토피 20m 이하의 경우에는 (γ)의 상하배분비율을 최고치로 적용한다.

2. 층별효용비율표

층별	고층 및 중층시가지		저층시가지				주택지
	A형	B형	A형	B형	A형	B형	
20	35	43					
19	35	43					
18	35	43					
17	35	43					
16	35	43					
15	35	43					
14	35	43					
13	35	43					
12	35	43					
11	35	43					
10	35	43					
9	35	43	42	51			
8	35	43	42	51			
7	35	43	42	51			
6	35	43	42	51			
5	35	43	42	51	36	100	
4	40	43	45	51	38	100	
3	46	43	50	51	42	100	
2	58	43	60	51	54	100	100
지상1	100	100	100	100	100	100	100
지하1	44	43	44	44	46	48	-
2	35	35	-	-	-	-	-

※ 각 층의 전용면적은 동일한 것으로 본다.
※ 이 표의 지수는 건물가치의 입체분포와 토지가치의 입체분포가 동일한 것을 전제로 한 것이다.
※ A형은 상층부 일정 층까지 임대료 수준에 차이를 보이는 유형이며, B형은 2층 이상이 동일한 임대료 수준을 나타내는 유형이다.

3. 건축가능층수 기준표(단위: 층)

건축구분 \ 토피(m)	10	15	20	25
지상	12	15	18	22
지하	1	2	2	3

4. 심도별 지하이용저해율표

한계심도(M) \ 토피심도(m)	40m P	40m β×P (0.15×P)	35m P	35m β×P (0.10×P)	30m P	30m β×P (0.10×P)	30m β×P (0.15×P)	20m P	20m β×P (0.10×P)
0 ~ 5 미만	1.000	0.150	1.000	0.100	1.000	0.100	0.150	1.000	0.100
5 ~ 10 미만	0.875	0.131	0.857	0.086	0.833	0.083	0.125	0.750	0.075
10 ~ 15 미만	0.750	0.113	0.714	0.071	0.667	0.067	0.100	0.500	0.050
15 ~ 20 미만	0.625	0.094	0.571	0.057	0.500	0.050	0.075	0.250	0.025
20 ~ 25 미만	0.500	0.075	0.429	0.043	0.333	0.033	0.050		
25 ~ 30 미만	0.375	0.056	0.286	0.029	0.617	0.017	0.025		
30 ~ 35 미만	0.250	0.038	0.143	0.014					
35 ~ 40 미만	0.125	0.019							

※ 토피심도의 구분은 5m로 하고, 심도별 지하이용률은 일정한 것으로 본다.

5. 한계심도

토지이용의 한계심도는 고층시가지 40m, 중층시가지 35m, 주택지 30m이다.

6. 토피

지하철 공사로 인해 대상부동산의 토피는 지하 10m로 본다.

08 다음 자료를 이용하여 개간비 및 개간지에 대한 보상액을 평가하시오. (10)

자료 1 ┃ 대상부동산

1. 대상토지: A시 B면 C리 100번지, 지목 임야
2. 용도지역: 생산관리지역
3. 도로 등: 세로(불), 완경사
4. 면적: 1,000㎡

자료 2 ┃ 인근지역 표준지공시지가(2026.1.1)

기호	소재지	지목	면적(㎡)	이용상황	용도지역	도로교통	형상지세	공시지가(원/㎡)
1	C리	임야	1,200	임야	생산관리	맹지	부정형 완경사	2,500
2	C리	전	800	전	생산관리	세로(불)	부정형 완경사	6,000
3	C리	전	900	전	농림	세로(불)	부정형 평지	4,500

자료 3 ┃ 개별요인

대상	표준지1	표준지2	표준지3
100	95	100	95

자료 4 ┃ 기타자료

1. 대상토지는 D씨가 2014년 A시 B군으로부터 적법한 허가를 득하고 개간하여 D씨가 현재까지 경작 중에 있는 현황 전임.
2. 가격시점: 2026.7.7
3. B군 생산관리지역 지가변동률(2026.1.1 ~ 7.7): (+)5%
4. 가격시점 기준 개간에 통상 필요한 비용 상당액은 3,700원/㎡임.

09 사업시행자 A씨는 공익사업의 시행을 위하여 일단의 토지를 협의취득하였으나 추후 계획의 변경으로 인하여 아래의 토지가 더 이상 공익사업에 필요하지 않게 되었다. 이에 종전의 토지소유자가 환매권을 행사하여 환매금액 협의를 하게 됨에 따라 이에 대한 평가가 의뢰되었다. 아래의 자료를 이용하여 환매금액을 평가하시오. (10)

자료 1 대상토지

1. 협의취득일: 2016년 10월 1일
2. 협의취득액: 110,000원/㎡
3. 환매당시의 용도지역 및 이용상황: 제2종일반주거지역, 잡종지(300㎡)
4. 협의취득당시의 용도지역 및 이용상황: 자연녹지지역, 잡종지(300㎡)
5. 환매권 행사일: 2026년 7월 7일

자료 2 인근지역 표준지공시지가

기호	지목	이용상황	용도지역	도로교통	2016.1.1	2017.1.1	2025.1.1	2026.1.1
1	잡	잡종지	제2종일반주거	소로한면	140,000	150,000	550,000	560,000
2	잡	잡종지	자연녹지	세로(가)	110,000	114,000	120,000	140,000
3	임	임야	자연녹지	세로(가)	100,000	105,000	110,000	110,000

※ 상기의 표준지는 해당 사업과 무관한 인근지역의 표준지임.
※ 기호1 토지는 2021년 1월 용도지역이 자연녹지지역에서 제2종일반주거지역으로 변경되었음.

자료 3 지가변동률(%)

구분	주거지역	녹지지역	잡종지
2016 누계	5.12	4.55	2.00
2017 누계	6.02	4.01	3.65
2018 누계	3.58	3.54	1.39
2019 누계	4.93	4.62	2.79
2020 누계	5.57	5.28	3.96
2021 누계	3.25	3.64	3.08
2022 누계	4.20	3.50	5.04
2023 누계	7.54	5.09	3.27
2024 누계	5.17	4.75	3.30
2025 누계	3.365	3.280	2.644
2026년 1 ~ 4월	2.058	2.954	2.258
2026년 5월	0.343	0.285	0.376

자료 4 　개별요인 비교

구분	대상	표준지1	표준지2	표준지3
평점	100	95	90	70

자료 5 　기타사항

해당 지역은 2021년 1월 해당 사업과 무관하게 용도지역이 자연녹지지역에서 제2종일반주거지역으로 용도지역 변경이 있었음.

10
감정평가사 A씨는 2026년 7월 20일자로 중앙토지수용위원회로부터 평가의뢰를 받고 사전조사 및 실지조사를 통하여 자료를 수집하였다. 이 자료를 활용하여 다음 물음에 대해 답하시오. (30)

(물음 1) 가격시점을 정하고 그 이유를 설명하시오.

(물음 2) 의뢰된 토지의 평가 시 적용할 적용공시지가를 선택하고 그 이유를 설명하시오.

(물음 3) 의뢰된 토지의 평가 시 적용할 비교표준지를 선정하고 선정사유를 설명하시오.

(물음 4) 의뢰된 토지의 평가 시 적용할 시점수정치를 결정하고 그 사유를 설명하시오.
(백분율로 소수점 넷째자리에서 반올림)

(물음 5) 의뢰된 토지의 보상평가액을 산정하시오.

자료 1   평가의뢰내역

1. 공익사업명: ○○일반산업단지 조성사업
2. 사업시행자: 서울특별시
3. 산업단지 지정고시일: 2024년 10월 20일
4. 토지 등 세목고시일: 2025년 4월 20일
5. 산업단지실시계획 승인고시일: 2026년 1월 20일
6. 수용재결일: 2026년 7월 7일
7. 이의재결일: 2026년 8월 24일
8. 감정평가 목적: 이의재결

자료 2   의뢰물건내역

1. 토지조서

기호	소재지	지목	편입면적(㎡)	용도지역	실제이용상황
1	K시 A군 100	대	170	일반상업	상업나지
2	K시 A군 213	대	120	제2종일반주거	단독주택
3	K시 A군 213-1	대	150	제2종일반주거	단독주택
4	K시 A군 360	대	260	제2종일반주거 / 근린상업	주거나지
5	K시 A군 산687	임야	1,500	자연녹지	
6	K시 A군 산712	임야	1,615	자연녹지	

2. 지장물조서

기호	소재지	종류	구조 및 규격	면적(㎡)
1	K시 A군 213, 213-1	단독주택	철근콘크리트조 단층	170

자료 3 　토지에 관한 조사사항

1. 기호(1) 토지
    (1) 전체면적(300㎡) 중 일부(170㎡)만이 편입되며, 편입 후 잔여토지의 가치하락이 발생하는 것으로 조사되었다.
    (2) 편입 전 토지는 중로각지, 정방형이며, 편입 후 잔여토지는 소로한면, 부정형이다.

2. 기호(2) 및 기호(3) 토지
    (1) 하나의 건물(지장물 기호 1) 부지로 이용 중이다.
    (2) 각각의 토지는 소로한면, 세장형이며, 일단지로는 소로한면, 정방형이다.

3. 기호(4) 토지
    (1) 면적의 60%는 제2종일반주거지역에, 40%는 근린상업지역에 속한다.
    (2) 전체토지는 소로한면, 가장형이다.

4. 기호(5) 토지
    (1) 전부 도시공원법상의 도시공원에 속한다.
    (2) 전체 토지는 세로(가), 부정형이다.

5. 기호(6) 토지
    (1) 전부 수도법상의 상수원보호구역에 속한다.
    (2) 전체 토지는 세로(가), 자루형이다.

자료 4 인근지역 표준지공시지가

기호	소재지	면적(㎡)	이용상황	용도지역	도로교통	형상	공시지가(원/㎡)		
							2024.1.1	2025.1.1	2026.1.1
1	A군 320	165	주거나지	일반상업	소로한면	가장형	1,050,000	1,100,000	1,110,000
2	A군 206	320	상업용	일반상업	중로각지	정방형	1,370,000	1,410,000	1,450,000
3	A군 92	450	주상복합	근린상업	소로각지	정방형	820,000	850,000	860,000
4	A군 20	260	단독주택	근린상업	소로한면	가장형	650,000	680,000	690,000
5	A군 47	250	주거나지	2종일주	세로(가)	가장형	700,000	740,000	750,000
6	A군 산888	1,480	임야	자연녹지	세로(가)	부정형	9,800	10,000	12,000
7	A군 산915	1,550	임야	자연녹지	세로(가)	부정형	6,600	7,000	7,100
8	A군 산697	1,700	임야	자연녹지	세로(가)	부정형	6,200	6,500	6,600

※ 표준지(7)은 전부 도시공원에 속함.
※ 표준지(8)은 전부 상수원보호구역에 속함.

자료 5 지가변동률(%)

구분	주거지역	상업지역	공업지역	녹지지역
2024년	6.800	7.020	5.050	6.000
2025년	5.550	6.780	4.230	5.960
2026년 5월	1.405 (3.433)	1.050 (4.082)	0.908 (3.431)	1.205 (2.723)
2026년 6월	2.000 (7.406)	1.080 (6.789)	1.400 (5.959)	1.500 (5.359)
2026년 7월	1.805 (9.345)	1.505 (8.396)	1.030 (7.050)	1.050 (6.465)

※ 상단은 해당 월 지가변동률이며, 하단은 해당 월까지 누계임.

자료 6 생산자물가지수

2023년	2024년		2025년		2026년			
12월	1월	12월	1월	12월	1월	4월	5월	6월
110	111	117	118	121	123	125	126	127

1. 도로교통

구분	중로각지	중로한면	소로각지	소로한면	세로(가)
중로각지	1.00	0.95	0.91	0.87	0.83
중로한면	1.05	1.00	0.95	0.91	0.87
소로각지	1.10	1.05	10.00	0.95	0.91
소로한면	1.15	1.10	1.05	1.00	0.95
세로(가)	1.20	1.15	1.10	1.05	1.00

2. 형상

구분	정방형(가장형)	세장형	자루형	부정형
정방형(가장형)	1.00	0.95	0.98	0.86
세장형	1.05	1.00	0.93	0.90
자루형	1.12	1.07	1.00	0.96
부정형	1.16	1.11	1.04	1.00

3. 규모

구분	150㎡ 미만	150㎡ 이상 230㎡ 미만	230㎡ 이상 400㎡ 미만	400㎡ 이상
평점	0.85	0.93	1.00	0.98

자료 8   기타자료

공익사업을 위한 토지 등의 취득 및 보상에 관한 법률 등 관련법령의 규정, 판례 기타 감정평가 일반이론, 절차 및 방법 등을 준수하여 평가한다.

11

감정평가사 A씨는 택지개발사업에 편입된 토지에 대한 보상평가를 의뢰받았다. 다음 자료를 이용하여 각 물음에 대하여 답하시오. (30)

(물음 1) 각 대상토지의 적용공시지가를 선택하고, 선택사유를 약술하시오.

(물음 2) 각 대상토지의 비교표준지를 선정하고, 선정사유를 약술하시오.

(물음 3) 각 대상토지의 시점수정치를 결정하고, 결정이유를 설명하시오.

자료 1 감정평가 의뢰내역

1. 사업명: 택지개발촉진법에 의한 택지개발사업
2. 가격시점: 2026.7.4
3. 택지개발지구의 지정에 관한 주민 등의 의견청취 공고일: 2024.9.21
4. 택지개발지구 지정고시일: 2025.10.30
5. 택지개발사업 실시계획 승인고시일: 2026.5.2

자료 2 감정평가 의뢰물건내역

1. 토지조서

기호	소재지	지번	지목	면적(㎡) 공부	면적(㎡) 편입	용도지역	실제이용상황	비고
1	A시 B동	10	대	200	200	2종일주 자연녹지	주거용 건축물부지	2026년 2월 20일 토지세목 추가고시
2	〃	10-1	전	300	300	2종일주	채소경작	
3	〃	11-1	대	300	300	2종일주	20㎡를 시금치경작	
4	〃	38-2	대	30	30	2종일주	도로	
5	〃	58	전	850	850	자연녹지	무허가건축물부지 (물건기호1)	
6	〃	135	답	300	300	〃	잡종지	
7	〃	235	전	875	875	〃	무허가건축물부지 (물건기호2)	
8	〃	245	전	450	450	〃	가설건축물부지 (물건기호3)	
9	〃	산300	임야	250	250	〃		

2. 물건조서

기호	소재지 및 지번	물건 종류	구조 및 규격	면적(m²) 공부	면적(m²) 편입	실제이용상황
1	A시 B동 58	주택	벽돌조 슬라브지붕 단층	95	95	무허가건축물 '88.10 건축
2	A시 B동 235	주택	〃	80	80	무허가건축물 '91.10 건축
3	A시 B동 245	점포	경량철골조 판넬지붕 단층	200	200	2015년 3월 허가를 득하고 건축한 가설 건축물로 현재 식당(허가필)으로 사용 중

자료 3 표준지공시지가

기호	소재지	지번	면적 (m²)	지목	이용 상황	용도 지역	도로 교통	형상 지세	공시지가(원/m²) 2025.1.1	공시지가(원/m²) 2026.1.1
가	A시 B동	40	150	대	단독 주택	2종 일주	세로 (가)	가장형 평지	100,000	110,000
나	〃	50	250	전	전	2종 일주	세로 (가)	부정형 평지	40,000	45,000
다	〃	69	330	답	목장 용지	자연 녹지	소로 한면	세장형 평지	60,000	63,000
라	〃	70-1	250	전	전	〃	세로 (가)	세장형 평지	42,000	49,000
마	〃	80	350	답	답	〃	맹지	세장형 저지	35,000	38,000
바	〃	140	300	대	단독 주택	〃	세로 (가)	가장형 평지	70,000	80,000
사	〃	산200	1,200	임	자연림	〃	맹지	부정형 완경사	7,000	7,500
아	〃	산250	90	묘	묘지	보전 녹지	맹지	부정형 완경사	6,000	6,500
자	〃	산40	2,500	임	자연림	개제 자녹	세로 (불)	부정형 급경사	3,500	4,000

자료 4 대상토지의 내용

1. 기호(1) 토지는 제2종일반주거지역과 자연녹지지역에 걸치는 토지로서, 토지 중 10㎡가 자연녹지지역에 걸쳐 있음. 소로한면에 접하며, 정방형 평지임. 대상토지는 계획된 택지개발사업구역의 면적부족으로 확장된 것임.

2. 기호(2) 토지는 해당 택지개발사업을 위하여 2025년 10월 30일부로 자연녹지지역에서 제2종일반주거지역으로 용도지역이 변경되었으며, 대상토지는 계획된 택지개발사업구역의 면적부족으로 확장된 것임.

3. 기호(3) 토지는 조성된 나대지로서 현재 전으로 이용 중이나, 주위는 기존주택지대임. 또한 이 토지는 해당 택지개발사업구역에 기 포함된 것으로서, 당초 토지세목고시와 지번이 변경된 것을 추가고시한 것임.

4. 기호(4) 토지는 종전 38번지(주거용)의 일부였으나, 도시계획시설도로로 시설결정이 되고, 사실상 불특정 다수인의 통행에 이용되고 있음. 그러나 아직 도시계획시설사업이 시행된 것은 아님.

5. 기호(5) 토지는 세로(가)에 접하며, 부정형, 평지임.

6. 기호(6) 토지는 종전의 노면보다 약 1.5m 저지인 답이었으나, 1994년 10월경에 허가 없이 매립하여 현재는 노면과 평탄한 간이건물(창고)부지로 이용되고 있음.

7. 기호(9) 토지는 2024년 5월 축사신축을 위하여 형질변경허가를 득하고 착공한 뒤, 2025년 11월 형질변경 완료하였으나 해당 사업으로 인해 사용승인을 득하지 못하였음.

자료 5 시점수정 자료

1. 지가변동률(A시)

구분	용도지역				이용상황			
	주거	상업	공업	녹지	전	답	대(주거용)	임야
2025년 누계	-2.00	-2.50	-2.75	-1.75	-1.50	-1.10	-1.85	-1.00
2026년 1~4월	-0.40	-0.55	-0.70	-0.30	-0.50	-0.40	-0.50	0.10
2026년 5월	-0.03	-0.04	-0.05	-0.02	-0.06	-0.06	-0.03	0.02

2. 생산자물가지수

2024년 12월	2025년 12월	2026년 6월	2026년 7월
110.4	119.5	122.0	122.3

감정평가사 A씨는 다음 물건에 대한 보상평가를 의뢰받아 사전조사 및 실지조사를 한 후 다음과 같은 자료를 정리하였다. 대상토지에 대한 적정한 보상액을 결정하시오. (20)

자료 1   사업의 개요

1. 가격시점: 2026년 7월 7일
2. 국방군사시설사업 실시계획 승인고시일: 2025년 5월 1일

자료 2   토지조서

기호	소재지	지목	면적		용도지역	이용상황	비고
			지적	편입			
1	A시 B읍 K리	전	90	90	계획관리	도로	미지급용지
2	A시 B읍 S리	전	700	700	계획관리	주거용	무허가건축물부지
3	A시 B읍 S리	전	120	120	계획관리	잡종지	형질변경

1. 기호(2) 토지상의 건축물은 1988년 1월 20일 건축된 건축면적 150㎡의 주택이다.
2. 기호(3) 토지는 1994년 1월 8일에 불법으로 형질변경이 이루어졌다.

자료 3   표준지공시지가 현황

기호	소재지	면적(㎡)	지목	용도지역	이용상황	공시지가(원/㎡)	
						2025.1.1	2026.1.1
1	A시 B읍 K리	200	대	계획관리지역	주거용	440,000	500,000
2	A시 B읍 S리	250	전	계획관리지역	전	90,000	100,000
3	A시 B읍 S리	200	전	계획관리지역	잡종지	150,000	160,000
4	A시 B읍 S리	300	대	계획관리지역	주거나지	400,000	420,000

자료 4   지가변동률(%)

기간	계획관리지역	대	전
2025년	1.801	1.230	1.046
2026년 5월	0.600 (2.125)	0.200 (3.258)	0.500 (1.015)

※ 상단은 해당 월 지가변동률이며, 하단은 해당 월까지 누계임.

자료 5 지역요인 및 개별요인

1. 지역요인

   S리는 K리와 지역적 요인이 달라 비교가 불가능하다.

2. 개별요인

대상1	대상2	대상3	표준지1	표준지2	표준지3	표준지4
100	99	98	100	98	95	99

자료 6 기타 사항

1. K리는 5년 전 토지구획정리사업으로 표준적 이용이 주거용으로 바뀌었으며, 해당 사업의 환지비율은 70%이다.
2. B읍 표준지에는 국도개설 개발사업으로 인한 개발이익 25%가 포함되어 있다.
3. 해당 지역의 건폐율은 20%이다.

감정평가사 A씨는 중앙토지수용위원회로부터 도로확장공사에 편입된 토지에 대한 이의재결을 위한 평가를 의뢰받았다. 다음 제시된 자료를 활용하고 보상관련법규의 제 규정 및 관련판례의 해석 등을 참작하여 보상액을 결정하시오. (15)

자료 1 사업개요 등

1. 사업명: xx도로확장공사
2. 도로구역 결정을 위한 주민 등의 의견청취공고일: 2024년 11월 8일
3. 도로구역의 결정고시일: 2025년 10월 31일
4. 재결일: 2026년 7월 7일
5. 평가시점: 2026년 7월 16일
6. 이의재결예정일: 2026년 7월 21일

자료 2 의뢰물건 내용

1. 토지조서

기호	소재지	면적(㎡)		지목	이용상황	용도지역	도로교통	형상 지세
		공부	편입					
1	A시 B동 110	450	450	대	단독주택	2종일주	소로한면	세장형 평지
2	A시 B동 120	200	200	전	도로	2종일주	-	부정형 완경사
3	A시 B동 250	300	300	답	단독주택	2종일주	소로한면	정방형 평지

※ 해당 토지조서상의 기호(1) 및 기호(2)의 용도지역은 종전 택지개발사업에 따른 사업 절차의 일환으로 용도지역이 자연녹지지역에서 제2종일반주거지역으로 변경되었다.

2. 대상토지의 조사사항
   (1) 기호1 토지는 사업 확장의 필요성이 인정되어 2026년 2월 28일에 추가로 세목고시 된 토지이다.
   (2) 기호2 토지는 새마을사업의 일환으로 개설된 도로로서 편입당시의 용도지역은 자연녹지지역이고 도로조건은 맹지 상태였다.
   (3) 기호3 토지는 종전에 시행된 택지개발사업의 부지로서 보상금이 지급되지 아니한 토지로서 편입당시의 답으로 이용 중이었으며, 소로한면, 정방형, 평지였다. 본 토지는 공익사업의 시행자가 적법한 절차를 거치지 아니하여 아직 공익사업의 부지로 취득하지 못한 단계에서 공익사업을 시행하여 토지의 현실적인 이용상황이 변경되어 현재는 주택부지로 이용 중이다.

자료 3 인근지역의 표준지공시지가

기호	소재지	면적 (㎡)	지목	이용상황	용도지역	도로교통	형상지세	공시지가(원/㎡) 2025.1.1	공시지가(원/㎡) 2026.1.1
1	A시 B동 111	330	대	단독주택	2종일주	소로각지	세장형 평지	230,000	240,000
2	A시 B동 122	150	대	단독주택	자연녹지	세로(가)	가장형 평지	100,000	110,000
3	A시 B동 225	250	전	전	자연녹지	세로(가)	부정형 평지	36,000	38,000
4	A시 B동 423	350	답	답	자연녹지	소로한면	세장형 저지	30,000	32,000
5	A시 B동 530	280	전	전	2종일주	맹지	부정형 완경사	138,000	140,000

자료 4 시점수정 자료

1. A시 지가변동률(%)

용도지역	2025년 누계	2026.1 ~ 4	2026.5
녹지지역	3.352	1.945	0.351
주거지역	2.685	1.682	0.265

2. 생산자물가지수

2024.12	2025.12	2026.5	2026.6
110.4	119.5	121.3	122.0

자료 5 요인비교 자료

1. 도로접면(각지는 한면에 비해 5% 우세)

광대한면	중로한면	소로한면	세로(가)	맹지
116	109	100	96	80

2. 형상

정방형	가장형	세장형	부정형
102	100	98	95

3. 지세

평지	완경사	저지
100	95	93

14 「공익사업을 위한 토지 등의 취득 및 보상에 관한 법률」 시행령 제17조 제1항에 근거하여 공정감정원은 보상평가 타당성조사 전문기관으로 지정되었다. 당신은 공정감정원 타당성조사단장으로서 보상평가의 적정성 제고와 국민의 재산권 보호에 기여하고자 한다. 이하, 의뢰사항에 대한 타당성 조사를 행하시오. (20)

자료 1 대상토지의 내역

소재지	중랑구 M동 산50	면적(㎡)	241
지목 및 이용상황	전 / 주거용	용도지역	자연녹지
도로조건	세로(가)	형상 및 지세	부정형 완경사
기타	도시계획시설공원		

자료 2 감정평가 내역 등

1. 사업 개요

   중랑구 M동 산50번지 일대의 면목약수터지구 입구에서 시행될 도시계획시설공원 조성사업으로 보상비 29억, 공사비 25억 등 총 54억원의 시비 예산을 투입하여 109,635㎡(33,220평) 규모로 조성할 예정임.

2. 사업 절차

   1) 2025년 5월 21일: 공원조성계획 수립
   2) 2025년 6월 25일: 공원 조성을 위한 도시계획사업 실시계획고시
   3) 2025년 7월부터 2026년 11월까지: 토지 및 건물에 대한 보상완료 예정
   4) 2026년 12월 말: 착공 예정

3. 의뢰사항

   1) 약수터 공원 조성사업에서 주거용 대지로 이용되는 토지의 보상평가로서, 4개(협의2 + 재결2) 감정기관의 비교표준지 선정, 지가변동률 적용 및 그 밖의 요인 적용 기준이 상이하여 중앙 토지수용위원회에서 타당성 조사를 의뢰함.
   2) 타당성 조사 내용을 고려한 각 감정평가액 산출근거 등을 검토하여 적정성 여부를 판단하되,「공익사업을 위한 토지 등의 취득 및 보상에 관한 법률」 등의 법적 근거를 함께 제시하여야 함.

4. 감정평가 내역

1) 토지단가(원/㎡)

이용상황	협의평가(2025.7.3)		재결평가(2026.10.25)	
	A감정	B감정	C감정	D감정
주거용	281,000	302,000	324,000	308,000

2) 비교표준지 선정

구분	표준지 소재지	지목/이용상황	용도지역	공법상 제한	공시지가 (원/㎡)
A감정	중랑구 M동	전/전	자연녹지	도시계획 시설공원	(2025.1.1) 70,000
B감정	노원구 W동	전/주거	자연녹지	도시계획 시설공원	(2025.1.1) 160,000
C감정	노원구 W동	대/주거	자연녹지	-	(2026.1.1) 192,000
D감정	노원구 W동	대/주거	자연녹지	-	(2025.1.1) 190,000

3) 지가변동률 적용

구분	지가변동률
A감정	중랑구 녹지지역
B감정	노원구 녹지지역
C감정	중랑구 녹지지역
D감정	노원구 녹지지역

4) 그 밖의 요인 보정을 위한 보상사례 선정

구분	보상사례 소재지	지목/이용상황	용도지역	공법상 제한	감정평가액 (원/㎡)
A감정	노원구 W동	대/주거	자연녹지	도시계획 시설공원	288,000 (2025.3.3)
B감정	노원구 W동	대/주거	자연녹지	도시계획 시설공원	277,000 (2025.3.8)
C감정	노원구 W동	대/주거	자연녹지		302,000 (2026.8.1)
D감정	노원구 W동	대/주거	자연녹지		304,000 (2025.3.22)

1. A감정

구분	내용	
비교표준지 선정	- 중랑구 M동 인근에 자연녹지, 주거용 표준지가 없어 자연녹지, 전으로 공원 저촉된 표준지를 기준함. - 사업인정고시일 전의 시점을 공시기준일로 하는 공시지가로서, 대상토지에 관한 협의 당시 공시된 공시지가 중에서 해당 사업인정고시일에 가장 가까운 시점의 2025년 공시지가를 선택함.	
시점수정	대상토지가 소재한 중랑구 녹지지역의 지가변동률을 적용함.	
가치형성요인 비교	인근지역에서 비교표준지를 선정한 경우로서 지역요인이 같으므로 개별요인만을 비교하며, 가로조건·접근조건·환경조건·획지조건·행정적조건·기타조건 등에 관한 사항을 비교함.	
그 밖의 요인 보정	자연녹지, 도시계획시설공원 저촉된 주거용으로 주위환경 등이 유사한 노원구 W동 내의 2025년 3월 보상사례를 참작하여 그 밖의 요인 보정치를 산정함.	

2. B감정

구분	내용	
비교표준지 선정	- 중랑구 M동 인근에 자연녹지, 주거용 표준지가 없어 인접지역인 노원구 W동 자연녹지, 주거용으로 공원 저촉된 표준지를 기준함. - 사업인정고시일 전의 시점을 공시기준일로 하는 공시지가로서, 대상토지에 관한 협의 당시 공시된 공시지가 중에서 해당 사업인정고시일에 가장 가까운 시점의 2025년 공시지가를 선택함.	
시점수정	비교표준지가 소재하는 노원구 녹지지역의 지가변동률 적용함.	
가치형성요인 비교	지역요인 및 개별요인 비교는 대상토지의 용도지역·지구·구역 및 실제 이용상황 등을 기준으로 주택지대로 분류하고, 가로조건·접근조건·환경조건·획지조건·행정적조건·기타조건 등에 관한 사항을 비교함.	
그 밖의 요인 보정	자연녹지, 도시계획시설공원 저촉된 주거용으로 주위환경 등이 유사한 노원구 W동 내의 2025년 3월 보상사례를 참작하여 그 밖의 요인 보정치를 산정함.	

3. C감정

구분	내용	
비교표준지 선정	- 중랑구 M동 인근에 자연녹지, 주거용 표준지가 없어 인접지역인 노원구 W동 자연녹지, 주거용으로 공원저촉 없는 표준지를 기준함. - 대상토지의 가격시점 당시에 공시된 공시지가 중에서 가격시점에 가장 가까운 2026년 공시지가를 선택함.	
시점수정	대상토지가 소재하는 중랑구 녹지지역 지가변동률을 적용하되, 비교표준지가 소재하는 노원구의 지가변동률과 1% 이상(3.2%) 차이가 있어 이를 그 밖의 요인으로 보정함.	
가치형성요인 비교	지역요인 및 개별요인의 비교는 대상토지의 용도지역·지구·구역 및 실제 이용상황 등을 기준으로 주택지대로 분류하고, 가로조건·접근조건·환경조건·획지조건·행정적조건·기타조건 등에 관한 사항을 비교함.	
그 밖의 요인 보정	자연녹지, 도시계획시설공원 미저촉된 주거용으로 주위환경 등이 유사한 노원구 W동 내의 2026년 8월 보상사례를 참작하여 그 밖의 요인 보정치를 산정함.	

4. D감정

구분	내용
비교표준지 선정	- 중랑구 M동 인근에 자연녹지, 주거용 표준지가 없어 인접지역인 노원구 W동 자연녹지, 주거용으로 공원저촉 없는 표준지를 기준함. - 사업인정고시일 전의 시점을 공시기준일로 하는 공시지가로서, 대상토지에 관한 재결 당시 공시된 공시지가 중에서 해당 사업인정고시일에 가장 가까운 시점의 2025년 공시지가를 선택함.
시점수정	비교표준지가 소재하는 노원구 녹지지역의 지가변동률 적용함.
가치형성요인 비교	지역요인 및 개별요인의 비교는 대상토지의 용도지역·지구·구역 및 실제 이용상황 등을 기준으로 주택지대로 분류하고, 가로조건·접근조건·환경조건·획지조건·행정적조건·기타조건 등에 관한 사항을 비교함.
그 밖의 요인 보정	자연녹지, 도시계획시설공원 미저촉된 주거용으로 주위환경 등이 유사한 노원구 W동 내의 2025년 3월 보상사례를 참작하여 그 밖의 요인 보정치를 산정함.

자료 4 기타사항

사업시행자는 대상토지의 불법형질변경을 주장하고 있으며, 토지소유자는 적법한 형질변경을 주장하고 있으나, 양 측 모두 불법 또는 적법에 대한 명확한 증거는 제시하지 못하고 있는 상태임.

11 물건 보상평가

01 감정평가사 A씨는 관악구로부터 도로확장공사에 편입되는 아래 물건에 대한 보상평가를 의뢰받았다. 보상제법령에 의거하여 보상액을 평가하시오. (15)

자료 1 ┃ 사업의 개요

1. 사업명: 관악구 신림지구 도로확장공사
2. 도시계획시설 결정고시일: 2024년 12월 1일
3. 도시계획시설 실시계획고시일: 2025년 6월 15일
4. 수용재결일: 2026년 7월 7일

자료 2 ┃ 대상물건에 대한 자료

1. 토지조서

기호	소재지	지목	용도지역	도로교통	형상/지세	공부면적(㎡)	편입면적(㎡)
1	신림동 55-5	대	제1종일반주거	소로한면	정방형/평지	300	200

2. 물건조서

기호	소재지	물건종류	구조	공부면적(㎡)	편입면적(㎡)	비고
1	신림동 55-5	주택	벽돌조 스레트지붕	120	40	

자료 3 ┃ 인근지역의 표준지공시지가

기호	소재지	면적	지목	용도지역	도로	형상/지세	2025.1.1	2026.1.1
1	신림동 58	300	대	제1종일반주거	소로	정방형/평지	300,000	335,000
2	신림동 42	160	대	제1종일반주거	세로	정방형/평지	200,000	220,000

자료 4 ／ 가격시점 현재 대상건축물의 자료

1. 재조달원가: 500,000원/㎡(사용승인일자 2016.4, 내용연수 40년)
2. 각종 비용자료
   (1) 해체비: 50,000원/㎡
   (2) 재축비: 250,000원/㎡
   (3) 자재운반비: 40,000원/㎡
   (4) 시설개선비: 10,000원/㎡
   (5) 철거비: 해체비의 30%
   (6) 보수비: 재축비의 60%(보수면적은 편입면적의 2배임)

자료 5 ／ 시점수정 자료

1. 지가변동률(%)

	주거지역	전	대
2025년	2.54	3.33	0.22
2026년 1 ~ 4월	1.24	2.12	0.9
2026년 5월	0.50	0.78	0.35

2. 생산자물가지수

2024.12	2025.1	2025.12	2026.1	2026.5	2026.6
80	90	100	110	120	130

3. 건설공사비지수

2016.4	2026.6
150	250

자료 6 ／ 개별요인 비교

대상	표준지1	표준지2
105	100	95

자료 7 ／ 기타사항

건축물의 경우 잔여부분은 단독효용이 있다.

02 강원도 지방국토관리청은 경춘선의 복선화 공사에 따른 택지수요의 증가에 따라 택지개발 사업을 시행하고자 이에 편입되는 지장물에 대하여 수용재결을 위한 보상평가를 의뢰하였다. 감정평가사 A씨는 사전조사 및 실지조사를 통하여 다음과 같은 자료를 수집하였다. 아래 자료와 관련보상규정에 의거하여 의뢰물건의 보상액을 평가하시오. (15)

자료 1 사업의 개요

1. 사업의 종류: 강원도 춘천시 거두지구 택지개발사업
2. 가격시점: 2026.7.7
3. 주민의견청취를 위한 공고공람일: 2025.10.1
4. 택지개발지구 지정고시일: 2026.3.15

자료 2 의뢰물건(지장물 조서)

기호	소재지	물건종류	구조, 규격	면적(㎡)	비고
1	B동 130	주거용 건축물	블럭조슬라브지붕	100	무허가건축물 2003.10건축
2	A동 130	창고용 건축물	블럭조슬레이트지붕	150	일부편입(50㎡) 2004.11건축
3	B동 139	사과나무	수령 1년	100주	미성숙과수
4	B동 130	향나무	H: 4.0m W: 1.8	30주	

※ 지장물조서(2) 건축물의 보수면적은 70㎡임.

자료 3 건축물 보상자료

1. 건축공법 등의 발달로 인하여 건축물은 공히 이전이 가능한 것으로 판단되며, 이전하는 데 소요되는 비용은 다음과 같다.
   (1) 블럭조 슬라브지붕
      • 해체비: 40,000원/㎡
      • 운반비, 보충자재비: 각 30,000원/㎡
      • 재축비: 80,000원/㎡
      • 부대비용: 20,000원/㎡
      • 시설개선비: 지장물 조서(1)의 경우 건축물의 효용증진을 위해서 층고를 1m 높이는 데 소요되는 추가비용이 10,000,000원, 건축 관련 법령의 개정으로 인한 건축설비의 추가설치비용이 15,000,000원인 것으로 조사되었다.
   (2) 블럭조 슬레이트지붕
      • 철거비: 10,000원/㎡
      • 해체 및 운반비: 30,000원/㎡
      • 재축비: 50,000원/㎡
      • 보충자재비: 20,000원/㎡
      • 부대비용: 15,000원/㎡
      • 보수비: 100,000원/㎡

2. 가격시점 건축물의 재조달원가

구분	재조달원가(원/㎡)	경제적 내용연수	잔가율
블럭조 슬라브지붕	300,000	45	10%
블럭조 슬레이트지붕	200,000	40	0

3. 거래사례 자료

  (1) 소재지 등: 춘천시 B동 151번지, 블록조 슬라브지붕(주택) 연면적 125㎡

  (2) 거래시점: 2026.5.15

  (3) 거래금액: 110,000,000원(토지 : 건물 가격구성비는 3 : 1)

  (4) 사용승인일자: 2009.10.1

자료 4   수목 관련자료

수종	굴취비	운반비	상하차비	식재비	재료비	부대비용	수목가격(원/주)
향나무	8,700	1,500	1,700	20,000	1,500	6,500	40,000
사과나무	9,000	1,500	1,700	21,000	1,800	7,000	55,000

※ 향나무의 경우는 이식적기인 반면, 사과나무의 경우에는 계절적으로는 이식적기는 아니나, 이식이 가능함. 성숙한 사과나무의 경우 연간수익은 20,000원/주임.

자료 5   생산자물가지수

2025.9	10	11	12	2026.1	2	3	4	5	6	7	8
112	112.5	112.8	113	115	115.5	117.8	119.4	120.9	122	123	124.8

자료 6   기타사항

거래사례와 주거용 건축물의 개별요인은 동일하며, 수목의 경우 고손율은 10%이다.

03 복숭아나무 30주 보상액을 다음 자료를 이용하여 결정하시오. (10)

자료 1 가격자료 등

1. 정부임금단가: 보통인부 22,300원, 조경공 35,500원
2. 구역화물자동차운임: 34,070원(4.5톤 30㎞ 이내)
3. 가격시점: 2026년 7월 7일

자료 2 복숭아나무 주당 이전비 산정자료

굴취		4.5톤 운반비	상하 차비	식재		재료비	부대비용	수익액	수목 가격
조경공	보통인부	0.015	1,017	조경공	보통인부	(굴취비 + 식재비) × 0.1	전체이전비의 20%	11,000	52,000
0.19	0.02			0.23	0.14				

자료 3 수종별 이식적기 및 고손율

	이식적기	고손율
일반사과	2월 하순 ~ 3월 하순	15% 이하
왜성사과	2월 하순 ~ 3월 하순, 11월	20% 이하
복숭아	2월 하순 ~ 3월 하순, 11월	15% 이하

04

감정평가사 A씨는 공업단지 조성사업지구 내에 편입되는 농작물의 보상평가를 의뢰받았다. 수집된 자료를 분석하여 대상농작물의 보상액을 결정하시오. (5)

자료 1 대상농작물

1. 작물종류: 고추
2. 대상면적: 1,500㎡
3. 가격시점: 2026년 8월 31일

자료 2 관련자료

1. 지난 7년간 평균 총수입

년	총수입	비고
7년 전	32,000,000	
6년 전	19,000,000	풍작이 현저함
5년 전	33,000,000	
4년 전	45,000,000	흉작이 현저함
3년 전	47,000,000	흉작이 현저함
2년 전	35,000,000	
1년 전	20,000,000	풍작이 현저함

2. 농업경영비(월초 기준, 단위: 천원)

기준일	7월	8월	9월	10월	11월	12월
농업경영비	8,901	5,243	5,104	5,150	5,120	5,110

3. 가격시점 기준 풋고추로서 상품화 가능 가액: 2,030,000원

4. 시장이자율은 연 12%이며 현가 시 월할계산한다.

5. 기타

파종기	6월 초
발아기간	1개월
성장기간	5개월
수확기간	1개월(수확실현시점은 월말)

6. 매년 총수익은 연말에 실현됨을 가정한다.

(주)영진건설은 일단의 국민임대주택단지 조성사업의 시행을 위해 다음의 분묘이장비 결정을 감정평가사 A씨에게 의뢰하였다. 관련 규정을 참조하여 분묘이장비를 결정하시오. (10)

자료 1   평가의뢰내역

1. 소재지: 강원도 서부 산간벽지
2. 의뢰봉분: 개인묘지로 유연합장 면적 30㎡의 봉분
3. 분묘조성일: 2008년 6월 1일
4. 가격시점: 2026년 7월 7일

자료 2   이장비 산정자료

항목		금액
4분판		5,000원/매
마포		45,000원/필
전지		150원/장
제례비		30,000원/회
인부임	제조부문 보통인부 임금단가	20,000원/일
	공사부문 보통인부 임금단가	30,000원/일
	염사	200,000원/일
운구차량비		별도제시

※ 전지 1권 = 20장

자료 3   운구차량비

유연분묘 25인승의 횡성군에서 원주시립화장장까지의 운구차 운임기준값은 254,000원이며, 강원 동부에서 이장할 경우 통상 30%를 가산함이 평가관행이다. 본건의 경우 원거리임을 감안해 최대치인 50%까지 가산하여 적용함이 타당시 된다.

자료 4   석물

1. 대상 묘지에는 비석 1개, 상석 1개, 인물상이 2개 있으며, 각 석물에는 좌향이 표시되어 있다.
2. 석물이전비(원/일, 개)

구분	석물해체비	운반비 (차량운반비 포함)	손상비	각자비
제조부문임금단가	20,000	30,000	50,000	40,000
공사부문임금단가	25,000	30,000	55,000	45,000

3. 석물의 제작설치비(원/개)

비석	400,000
상석 및 인물상	300,000

자료 5 이전보조비 관련

이전보조비는 1기당 500,000원이다.

자료 6 기타물건

동 분묘구역 안에 있는 잔디, 석축 등에 관한 보상액은 다음과 같다.

잔디	100,000원
석축	150,000원

06

감정평가사 A씨는 국토의 계획 및 이용에 관한 법률에 따른 도로확장공사에 편입되는 토지 및 지장물에 대한 보상평가를 의뢰받았다. 관련법령에 의거 적정한 보상액을 평가하시오. (30)

자료 1   사업의 개요

1. 사업명: S시 A구 도로확장공사
2. 도시계획시설 결정고시일: 2025년 9월 25일
3. 도시계획시설 실시계획고시일: 2026년 2월 15일
4. 수용재결일: 2026년 7월 7일

자료 2   평가의뢰물건내용

1. 토지조서

기호	소재지	지목	면적(㎡)		용도지역	도로교통	형상/지세
			공부	편입			
1	A구 B동 36	대	160	160	제2종일반주거	세각(불)	가장형/평지
2	A구 B동 54	대	300	220	제2종일반주거	세로(가)	정방형/평지
3	A구 B동 66	대	220	220	일반상업	중로한면	정방형/평지

2. 물건조서

기호	소재지	종류	구조, 지붕, 층	면적(㎡)		사용승인일
				공부	편입	
1	A구 B동 36	단독주택	벽돌조 슬라브지붕 2층	140	140	2021.5.20
2	A구 B동 54	단독주택	벽돌조 슬라브지붕 1층	120	40	2018.11.15
3	A구 B동 66	상가	벽돌조 슬라브지붕 2층	230	230	2022.4.28

자료 3   평가의뢰물건에 대한 조사사항

1. 기호(1) 토지는 토지소유자와 건축물소유자가 달라 토지소유자에게 임대료를 지급하고 있으며 지상건축물은 모두 건축물소유자 명의로 등기된 상태이다.
2. 기호(2) 토지는 일부가 편입되며, 잔여지 부분은 소로한면, 가장형, 평지가 된다. 또한 토지와 건축물의 잔여부분은 단독으로 효용가능성이 있다고 판단된다. 잔여건축물을 보수할 경우 보수면적은 편입면적의 2배이다.

자료 4 **인근지역 표준지공시지가**

기호	소재지	면적	지목	이용 상황	용도지역	도로 교통	형상 지세	공시지가(원/㎡)	
								2025.1.1	2026.1.1
1	A구 B동	300	대	단독 주택	제2종 일반주거	소로 한면	부정형 평지	600,000	620,000
2	A구 B동	160	대	단독 주택	제2종 일반주거	소로 한면	부정형 평지	540,000	566,000
3	A구 B동	180	대	주상용	제2종 일반주거	중로 한면	정방형 완경사	630,000	665,000
4	A구 B동	260	대	상업용	일반상업	중로 한면	사다리 평지	1,000,000	1,050,000

자료 5 **거래사례**

A동 30번지(제2종일반주거지역)에 소재하는 단독주택으로 2015년 5월 20일에 건축되었다. 건축물은 벽돌조 슬라브지붕 2층으로 연면적 160㎡이다. 건축물만의 가격은 78,400,000원이며 거래시점은 2026년 1월 10일이다. 또한 사례 건축물은 대상 기호(1)과 개별요인이 유사하다.

자료 6 **가격시점 현재 건축물 관련 자료**

1. 재조달원가
   (1) 주택: 650,000원/㎡
   (2) 상가: 600,000원/㎡

2. 내용연수: 40년

3. 각종 비용자료
   (1) 해체비: 65,000원/㎡
   (2) 재축비: 320,000원/㎡
   (3) 자재운반비: 50,000원/㎡
   (4) 시설개선비: 15,000원/㎡
   (5) 철거비: 해체비의 30%
   (6) 보수비: 재축비의 60%

1. 지가변동률(A구, %)

구분	2025년도	2026.2 (누계)	2026.5 (누계)
주거지역	2.125	1.058 (1.100)	1.210 (2.235)
상업지역	3.324	1.067 (1.134)	1.100 (2.398)

2. 생산자물가지수

2024.12	2025.1	2025.12	2026.1	2026.2	2026.3	2026.4	2026.5	2026.6
120	121	126	125	126	128	131	133	134

3. 건설공사비지수

2026년 1월	가격시점	
128	134	

1. 도로교통

중로각지	중로한면	소로각지	소로한면	세각(가)	세로(가)	세각(불)	세로(불)
110	106	103	100	98	95	90	85

2. 형상

정방형	장방형	사다리형	부정형	자루형
110	100	95	90	85

3. 지세
완경사는 평지보다 5% 열세이다.

4. 토지면적

면적(㎡)	150 미만	150 ~ 200	200 ~ 270	270 ~ 350
평점	75	80	90	100

1. 인근지역 표준지공시지가는 해당 사업지구 안에 소재하며, 해당 공익사업으로 인한 지가의 영향은 없다.
2. 해당 사업으로 인해 토지 기호(2)의 잔여지 단가는 하락하였다.
3. 기호(1)과 기호(3) 건축물은 이전이 불가능하다.

12 권리 보상평가 등

01 다음과 같이 서울시의 공익사업으로 인하여 일시 휴업하게 되는 개인사업장에 대한 보상 평가액을 결정하시오. (15)

(물음 1) 휴직보상의 대상이 있는 경우 휴직보상액

(물음 2) 임시영업소를 설치하여 영업을 계속하는 경우의 보상액

자료 1 대상부동산

1. 소재지: 서울시 관악구 신림동 100번지
2. 토지: 대, 1,500㎡, 소로한면, 장방형, 평지
3. 건축물: 위 지상 철근콘크리트조 단층건물 연면적 900㎡
4. 공익사업의 시행고시일: 2025년 7월 1일
5. 휴업기간: 4개월
6. 휴직기간: 2026년 9월 1일 ~ 12월 31일
7. 대상영업은 2016년 8월 1일 관악구청에 영업신고를 행한 적법한 영업임.
8. 가격시점: 2026년 7월 1일

자료 2 과거 영업이익 자료(단위: 천원)

구분	2021년	2022년	2023년	2024년	2025년
영업이익	95,000	99,000	106,000	110,000	70,000

자료 3 비용자료

1. 인건비
   (1) 소유자(1인): 18,000,000원/년(최근 5년간 동일함)
   (2) 해당 사업장에서 2003년부터 계속 근무한 소유자외 근로자(5인): 1인당 12,000,000원/년
   (3) 소유자 외 근로자 중 휴업기간 동안 정상적으로 근무해야 할 최소 인원 수: 2명
   (4) 근로기준법상 평균임금: 2,900,000원/월
   (5) 근로기준법상 통상임금: 2,000,000원/월
2. 제조부문 보통인부 임금단가: 25,000원/일
3. 3인가구 도시근로자가구 월평균 가계지출비: 2,500,000원/월
4. 인건비 외 고정적 비용: 9,000,000원/년

5. 영업시설 및 재고자산의 이전비용: 4,000,000원
6. 재고자산의 이전에 따른 감손상당액: 300,000원
7. 이전 광고비 및 개업비 등 기타비용: 200,000원

자료 4   임시영업소 설치자료

1. 임시영업소 설치비용
   신축비용: 100,000원/㎡, 해체비용: 30,000원/㎡, 해체 시 발생자재가치: 10,000원/㎡
2. 임시영업소 설치면적: 토지(500㎡), 건물(300㎡)
3. 임시영업소 설치를 위한 토지 임차료: 매월 5,000원/㎡
4. 임시영업소 운영 시 이전비 및 기타비용: 3,000,000원

자료 5   기타자료

1. 공익사업 시행의 고시로 인해 영업이익이 감소되었다고 판단된다.
2. 소유자 외 근로자 5인은 소득세법에 의한 소득세가 원천징수된 자이다.
3. 영업휴업손실 산정 시의 인건비 상당액은 3,000,000원으로 한다.
4. (자료 2) 과거 영업이익은 자가노력비가 공제된 후의 금액이다.

02 공익사업으로 인하여 일시 휴업하게 되는 개인영업장에 대한 보상평가액을 결정하시오. (20)

자료 1 대상자료

1. 영업장 소재지: P시 B구 104번지, 대 700㎡
2. 건물: 위 지상 철근콘크리트조 단층 500㎡, 2018년 5월 1일 신축
3. 가격시점: 2026년 7월 1일
4. 해당영업은 수산물 가공 판매업으로 2018년 8월 1일자로 P시장에 영업신고를 하였다.

자료 2 과거 3년간의 영업에 관한 자료

구분	4기	5기	6기
매출	200,000,000	207,000,000	222,400,000
매출원가	130,000,000	139,600,000	149,000,000
매출총이익	70,000,000	67,400,000	73,400,000
일반관리비	40,000,000	36,900,000	42,300,000
영업이익	30,000,000	30,500,000	31,100,000

자료 3 제7기(2025.7.1 ~ 2026.6.30) 수정 전 잔액시산표

현금및현금성자산	1,836,000	외상매입금	52,280,000
유가증권	500,000	예수금	70,000
외상매출금	25,794,000	미지급금	180,000
받을어음	13,500,000	대손충당금	50,000
이월상품	2,350,000	퇴직급여충당부채	1,000,000
선급금	170,000	건물감가누계액	7,000,000
전신전화가입권	500,000	차량운반구감가누계액	5,716,000
임차보증금	10,000,000	비품감가누계액	3,696,000
영업보증금	40,000,000	자본금	40,000,000
부도어음	1,000,000	매출	237,400,000
건물	60,000,000		
차량운반구	9,500,000		
비품	10,000,000		
매입	154,700,000		
급료	22,000,000		
복리후생비	1,270,000		
여비교통비	620,000		
통신비	780,000		
수도광열비	429,000		
세금공과	533,000		
잡비	130,000		
보험료	1,760,000		

1. 기말상품재고액: 2,700,000원

2. 급료미지급액: 2,000,000원

3. 부도어음 1,000,000원이 2023년 12월 1일 대손으로 확정되었으나 6기에 장부 정리를 하지 않았다.

4. 매출채권 잔액의 5%를 대손설정한다.

5. 보험료 미경과액: 390,000원

6. 감가상각

   (1) 차량운반구: 상각률 40%(정률법)

   (2) 비품: 상각률 20%(정률법)

   (3) 건물: 정액법 내용연수 50년, 최종잔가율은 없으며 만년감가에 의한다.

자료 5   비용 등 제반사항에 관한 자료

1. 급료지급사항은 아래와 같다.

구분	급료(월)	
관리직(1명)	500,000원/1인	
영업직(3명)	500,000원/1인	

2. 이전비용 등

   (1) 영업시설 해체비: 500,000원

   (2) 영업시설 운반비: 200,000원

   (3) 영업시설 설치비: 1,500,000원

   (4) 상품운반비: 100,000원

   (5) 이전에 따른 상품감모손실: 재고액의 5%

3. 통계법에 의한 3인가구의 도시근로자가구 월평균 가계지출비는 2,500,000원이다.

4. 사업시행자가 피고용인에 대한 휴직보상을 별도로 하였다.

5. 영업직 중 2명은 휴직보상의 대상자이고, 나머지는 휴업기간 중에도 휴직하지 아니하고 정상적으로 근무하여야 할 최소인원이다.

6. 관리직 1명은 소유자 본인의 인건비이다.

7. 휴업기간 중의 고정적 비용에서 해당 영업에 해당되는 것은 인건비, 보험료, 감가상각비만으로 한다.

자료 6   건물자료

철근콘크리트조로서 이전이 불가능하여 별도의 취득보상이 행하여졌다.

1. 영업주(소유자)는 임시영업소를 설치하여 영업을 계속하고자 한다.

2. 임시영업소를 설치하기 위한 대지면적은 200㎡이고 임차료는 월 10,000원/㎡이다.

3. 임시영업소 신축비용 등은 아래와 같으며 150㎡를 필요로 한다.

    (1) 신축비용: 100,000원/㎡

    (2) 해체비용: 200,000원/㎡

    (3) 해체 시 발생폐자재대: 40,000원/㎡

4. 임시영업소 이전 시 이전비 등: 1,000,000원

03

감정평가사 A씨는 제주시장으로부터 조천 도시계획시설도로사업에 편입되는 영업에 대한 보상평가를 의뢰받았다. 물건조서별 각 영업에 대한 보상기준을 설명하고, 영업에 대한 보상액을 결정하시오. (15)

자료 1 해당 평가에 관한 사항

1. 공익사업명: 조천 도시계획시설도로사업
2. 사업시행자: 제주시장
3. 도시계획시설 결정고시일: 2024.3.20
4. 도시계획시설 실시계획고시일: 2026.3.20
5. 보상계획공고일: 2026.4.19
6. 가격시점: 2026.6.30

자료 2 공통자료(기호1 ~ 8)

조사된 영업상황은 다음과 같다.

1. 영업개시일: 2023.1.2
2. 영업행위 관련 허가 또는 신고 이행 여부: 영업개시 당시 부가가치세법 제8조 규정에 의한 사업자등록은 되어 있으며, 조사사항 외에는 별도의 허가·신고 등은 하지 않은 것으로 조사되었다.
3. 최근 3년간 연간 평균소득: 36,000,000원이며 최근 3년간 연간 평균소득에는 영업자의 연간 자가노력비 상당액 12,000,000원이 포함되어 있다.
4. 이전 시 적정 휴업기간: 4개월
5. 휴업기간 중 고정적 비용 계속지출예상액: 4,000,000원
6. 영업시설 및 재고자산 등의 이전비: 3,600,000원이며 이는 이전 이후 규모에 맞게 추가시설분 시설비 600,000원이 포함되어 있다.
7. 재고자산 이전에 따른 감손상당액: 700,000원
8. 기타 부대비용: 500,000원

자료 3 물건조서

기호	소재지	지번	물건의 종류	수량	상호	비고
1	조천읍 한수리	11	영업의 휴업	1식	A상회	무허가건축물
2	조천읍 한수리	12	영업의 휴업	1식	B상회	무허가건축물
3	조천읍 한수리	13	영업의 휴업	1식	C상회	무허가건축물
4	조천읍 한수리	14	영업의 휴업	1식	D상회	무허가건축물
5	조천읍 한수리	15	영업의 휴업	1식	E상회	사업인정 후 허가영업
6	조천읍 한수리	16	영업의 휴업	1식	F상회	무허가건축물, 무허가 영업
7	조천읍 한수리	17	영업의 휴업	1식	G상회	무허가건축물, 무허가 영업
8	조천읍 한수리	18	영업의 휴업	1식	H상회	무허가건축물, 무허가 영업
9	조천읍 한수리	19	영업의 휴업	1식	I상회	자유업

자료 4 도시근로자 월평균 가계지출비(통계청 자료)

인원수	2026.1/4	2026.2/4
1인	1,709,905	1,770,686
2인	2,185,680	2,074,077
3인	2,915,554	2,669,931
4인	3,201,063	3,083,879
5인	3,497,926	3,279,154
6인	4,088,779	3,287,643
7인	4,564,554	3,591,035
8인	5,040,329	3,894,426

자료 5 영업에 대한 조사사항

1. 기호1, 2

   자유업에 해당하며 건축물 소유자가 영업을 행하고 있다. 기호1은 1988.1.7 건축되었으나, 기호2는 1991.4.8 건축되었다.

2. 기호3, 4

   자유업에 해당하며 건축물 임차인이 영업을 행하고 있다. 기호3은 1988.1.6 건축되었으나 기호4는 1991.4.8 건축되었다.

3. 기호5

   신고업종이나 영업개시 당시 별도의 신고를 하지 아니한 채, 2025.6.1에야 신고를 하고 현재 소유자가 영업 중이다.

4. 기호6, 7, 8

   허가업종이나 무허가로 소유자가 직접 영업 중이다. 기호6, 7은 모두 1988.12.1, 기호8은 1990.8.1에 각
   각 건축된 무허가건축물 내 영업으로 조사되었다. 특히 기호7의 경우 이미 배우자가 동일사업지구 내에서
   영업보상액을 지급받은 것으로 확인되었다.

5. 기호9

   자유업에 해당하는 영업으로 소유자가 직접 영업을 행하였으나, 규모가 작아 매월 2,000,000원의 영업이
   익을 확인하였으며 기타 내용은 공통자료와 같다.

04 농업손실보상에 대한 평가에 관하여 다음 물음에 답하시오. (10)

(물음 1) 농업손실보상 대상인 농지로 보지 아니하는 토지에 대해 약술하시오.

(물음 2) 다음 토지에 대한 농업손실에 대한 보상평가액을 결정하시오.

자료 1 　 감정평가 의뢰내역

1. 사업명: 평택비전 택지개발사업
2. 사업시행자: 한국토지공사
3. 택지개발지구 지정고시일: 2025.3.4
4. 택지개발계획 승인고시일: 2026.1.23
5. 가격시점: 2026.7.1

자료 2 　 토지조서

일련 번호	소재지	지목	면적		실제 이용상황	비고 (재배작물)
			공부	편입		
1	경기도 평택시 비전2동 15	전	500	400	전	마늘
2	경기도 평택시 비전2동 20	전	800	800	과수원	복숭아

자료 3 　 실지조사사항

1. 토지조서의 일련번호(1) 토지는 2025년 3월까지는 마늘을 재배하였으나 2025년 4월부터는 백합을 재배하고 있다.
2. 토지조서의 일련번호(2) 토지의 복숭아나무는 과수목 보상으로 5,000,000원이 이미 지급되었다.

자료 4 　 도별 농가평균 단위경작면적당 농작물수입

1. 농축산물표준소득표(평택시가 속한 경기도의 것임)

작물명	농축산물소득자료				비고
	총수입(원)	경영비(원)	자가노력비(원)	소득(원)	
마늘	2,576,000	611,000	376,000	1,965,000	연 1기작
백합	14,448,000	8,740,000	1,475,000	5,780,000	연 1기작
복숭아	2,860,000	801,000	907,000	2,059,000	연 1기작

2. 전국 및 도별 농가평균 농작물수입

지역명	농작물소득자료(기준: 10a)				비고
	총수입(원)	경영비(원)	자가노력비(원)	소득(원)	
전국	6,016,000	2,511,000	1,211,000	3,505,000	
경기도	7,317,000	2,809,000	1,420,000	4,508,000	
강원도	5,268,000	2,258,000	1,102,000	3,010,000	
충청북도	5,579,000	2,459,000	1,003,000	3,120,000	
충청남도	6,058,000	2,758,000	1,301,000	3,300,000	

05
남해안에 위치한 통영시 일대에 새로운 수출자유지역이 설치됨으로 인하여 대규모의 간척사업 대상지역이 확정됨에 따라 이 사업에 편입되는 지역에서의 어업관련행위 등은 불가능하게 되었다. 다음의 주어진 자료를 활용하여, 지급할 적정한 손실보상액을 결정하시오. (15)

자료 1　해당 평가에 관한 사항

1. 해당 공익사업의 근거법률: 수출자유지역설치법
2. 가격시점: 2026년 7월 7일
3. 감정평가 목적: 어업권 등의 어업손실 평가
4. 처분일: 2026년 1월 15일
5. 피보상자

피보상자	어업종류	면허일자
A씨	피조개양식업	2020년 2월 1일자로 10년간 면허

자료 2　과거수입 및 경비자료

1. 과거수입

기간	어획량(kg)	판매단가(kg)
2022.1.1 ~ 12.31	5,600	17,000
2023.1.1 ~ 12.31	8,900	16,000
2024.1.1 ~ 12.31	5,800	18,000
2025.1.1 ~ 12.31	6,000	19,000
2026.1.1 ~ 7.7	2,400	30,000

※ 2026년 초 이상기온에 따른 적조피해로 인해 가격시점까지 생산량이 부족하여 수산물에 대한 공급이 수요를 따르지 못하게 되었고, 이로 인해 수산물가격 상승의 원인이 되었다. 다만, 이로 인해 어업경비에 미치는 영향은 없는 것으로 판단된다.

2. 어업경비
가격시점 기준 1년 소급한 대상어장의 어업경비는 28,000,000원인데, 여기에는 A씨 본인 인건비 9,000,000원이 포함된 금액이다.

자료 3　대상어업의 2020년 7월 1일 투자당시 시설투자내역

1. 어선
   (1) 어선의 규모는 110톤이다.
   (2) 가격시점 현재 적정 재조달원가: 1,000,000원/톤
   (3) 내용연수: 15년

2. 양식장시설: 250,000,000원(내용연수 20년)

3. 하역시설: 80,000,000원(내용연수 10년)

4. 부대시설: 50,000,000원(내용연수 20년, 잔가율 10%)

5. 감가수정은 정액법을 적용한다.

자료 4 수산물계통출하판매가격의 전국평균변동률

2023.1.1 ~ 12.31	2024.1.1 ~ 12.31	2025.1.1 ~ 12.31	2026.1.1 ~ 7.7
2%	3%	1.7%	0.9%

자료 5 기타사항

1. 양식장의 종합환원율: 연 15%

2. 정기예금 이자율: 연 3%

3. 양식시설 및 하역시설, 부대시설의 건설비 상승률: 연간 연 5%

4. 어선, 어구, 시설물에 대하여 A씨의 보상신청이 있었다.

06 감정평가사 A씨는 정부의 어선감척사업으로 인해 허가어업이 취소되는 경우의 어업손실 액 평가를 의뢰받았다. 관련 법규를 근거로 이하 제시된 자료를 활용하여 적정한 손실보 상액을 결정하시오. 단, 가격시점은 2026년 7월 1일이다. (10)

자료 1 꽃게 어획량 관련자료(단위: 톤)

기간	대상어장	동일규모동종어업 (가)	동일규모동종어업 (나)
2022.1.1 ~ 12.31	-	30	31
2023.1.1 ~ 12.31	-	12	15
2024.1.1 ~ 12.31	34	32	34
2025.1.1 ~ 12.31	28	30	32
2026.1.1 ~ 6.30	14	15	16

※ 2023년도에는 적조 등 해양환경의 변화로 어획량이 전년도에 비해 1.5배 이상으로 감소하였다.

자료 2 꽃게 수산물별 판매가격(단가: 만원/톤, 판매량: kg)

구분	24.6	24.7	24.8	24.9	24.10	24.11	24.12	25.1	25.2	25.3	25.4
단가	700	720	700	710	730	730	720	730	740	740	740
판매량	2,400	2,400	2,400	2,500	2,600	2,600	2,700	2,600	3,000	3,200	2,800
구분	25.5	25.6	25.7	25.8	25.9	25.10	25.11	25.12	26.1	26.2	26.3
단가	740	750	750	750	100	100	50	100	150	250	350
판매량	2,600	2,600	2,600	2,500	100	100	10	200	1,000	2,000	2,000
구분	26.4	26.5	26.6								
단가	460	760	760								
판매량	2,500	2,500	2,400								

※ 2025년 9월부터 몇 달간 납꽃게 파동으로 판매가격이 전년도에 비하여 1.5배 이상으로 하락한 바 있다.

자료 3 어선, 어구에 관한 자료

1. 총톤수: 20톤
2. 기관: 디젤 60HP

구분	선체	기관	어구 기타
재조달원가	1,500,000원/톤	300,000원/HP	5,000,000
유효장래보존연수	10년	5년	3년
실제경과연수	5년	5년	5년
최종잔가율	20%	10%	5%
감가수정(만년)	정액법	정률법	정률법

※ 선체, 기관, 어구 등 모두에 대해 보상청구가 있었고, 가격시점에 상기 시설물을 매각할 경우 시장가치의 40% 정도만이 회수 가능하다.

1. 평년어업경비

   가격시점 현재 인건비를 제외한 해당 어업의 어업경영에 필요한 경비(감가상각비 포함)는 130,000,000 원으로 조사되었다. 인건비는 60,000,000원(본인 인건비 20,000,000원 포함)이다.

2. 수산물계통출하 판매가격의 전국평균변동률

   2025년 7월 1일부터 2026년 6월 30일까지의 수산물계통출하판매가격의 전국평균변동률은 6.5%이다.

07

일단의 공업단지 조성사업에 편입되는 광업권이 소멸하는 경우, 다음 광업권에 대한 보상 평가액을 구하시오. (10)

자료 1   평가의뢰내용

1. 소재지: 강원도 태백시 화전동 산10
2. 광산종류: 석탄광산
3. 가격시점: 2026년 7월 7일

자료 2   가격시점의 자산가액(단위: 원)

구분	장부가액	평가액	처분가능가격	이전비
토지	18,000,000	58,000,000	58,000,000	-
건축물	10,000,000	8,000,000	8,000,000	9,000,000
기계기구	28,000,000	20,000,000	15,000,000	10,000,000
구축물	2,000,000	1,000,000	1,000,000	1,000,000
차량운반구	2,000,000	1,500,000		0
공구비품 등	1,000,000	500,000	200,000	100,000

※ 토지를 제외하고는 모두 이전·전용 가능함.

자료 3   대상광산의 수익산정 자료

1. 매장량
   (1) 확정광량: 4,200,000톤
   (2) 추정광량: 2,400,000톤
2. 월간 생산량: 30,000톤(150,000원/톤)
3. 가행월수: 12개월
4. 가채율

	확정광량	추정광량
석탄광 가채율	70%	43%

5. 석탄판매가격: 150,000원/톤
6. 연간 제경비
   (1) 채광비: 36,960,000,000원
   (2) 선광제련비: 3,336,000,000원
   (3) 판매관리비: 4,920,000,000원
   (4) 감가상각비: 540,000,000원
   (5) 운영자금이자: 144,000,000원

1. 장래소요기업비는 상각전 제경비의 12%로 예상되며 가행년도 말에 일괄 지급하는 것으로 가정한다.

2. 전년도 광업부분 상장법인의 배당률은 29%이며 법인세율은 20%이다.

3. 1년 만기 정기예금 이자율은 연 11.5%이다.

4. 현가화에 필요한 할인율은 연 12.5%를 적용한다.

08

택지개발사업 사업시행지역에 편입된 대상 지역의 토지 등에 대한 보상액을 산정하였으나 생활보상의 일부가 누락되어 사업인정(2026년 4월 1일) 후의 1차 협의가 결렬되었다. 토지소유자 및 이해관계인들의 주장내용을 참작하여 추가되어야 하는 적정한 보상액을 개인별로 결정하되, 가격시점은 2026년 7월 7일이다. (20)

자료 1   개인별 협의 결렬 사유

1. A씨
   (1) 주장내용
   2016년 2월에 건축된 무허가건축물 소유자로서 주거용으로 이용 중인 해당 건물에 대해 이전이 불가능하여 물건의 가격으로 보상액을 지급하였는데 그 보상금만으로는 인근지역에 대체 주거건축물을 확보할 수 없다며 주거용 건축물의 비준가액 특례를 적용하여 보상금을 다시 산정해 줄 것을 주장한다. 해당 건축물의 연면적은 150㎡이고 재조달원가 450,000원/㎡, 내용연수 40년의 조적조 슬래브지붕 단층이다.
   (2) 인근지역의 주거용 건축물 거래사례

거래시점	면적	구조	경과연수 / 내용연수	거래금액	비고
2026.6.20	180㎡	조적조	13/40	62,000,000원	대상건축물보다 5% 우세함.

   * 건축비는 최근 1년간 보합세임.

2. B씨
   5년 전에 인근 시에서 살다가 산업단지조성사업지구에 소유하던 주택이 편입되어 보상금을 지급받고 이곳으로 이사왔다. 토지는 원래 소유하고 있던 것으로 건축물만을 신축하였는데 건축비용은 총 150,000,000원이 소요되었다. 연면적 120㎡, 철근콘크리트조 슬래브지붕 단층으로 내용연수는 40년이다. 가격시점 현재 해당 건축물에 대한 평가액은 130,000,000원이며 토지의 평가액은 300,000,000원이다. B씨는 연로하신 부모님 두 분과 자녀 둘, 부인과 함께 살고 있으며 계속된 이사로 인한 불편을 호소하며 이웃주민과는 동등한 보상을 받을 수 없다고 주장하고 있다.

3. C씨
   (1) 주장내용: C씨는 전입신고를 하지 않은 채 A씨 소유의 주택에 함께 거주하며 사업인정고시일 이전 6개월 동안 A씨 자녀의 가정교사로 지내왔다. 해당 사업으로 사업지구 밖의 타 지역으로 이사를 할 수밖에 없어 이사비 지급을 요구하고 있다.
   (2) 이사비 기준: 주택 건평 점유면적 기준 33㎡ 미만에 해당하며, 해당 면적에는 임금 3인분에 차량운임 (대당 50,000원) 1대분이 지급된다. 한편 포장비는 임금과 차량운임 합의 15%이다.

4. D씨

사업시행자는 해당 사업지구 내 주거용 건축물 소유자를 위한 이주대책을 수립하였으나 D씨는 이주정착지 외의 다른 지역에서 살기를 원하고 있다. 이에 D씨는 이주대책에 갈음하는 별도의 추가 보상금을 주장하고 있으며 D씨 소유 토지의 평가액은 100,000,000원, 건축물 평가액은 85,000,000원이다.

5. E씨

E씨는 3년 전 해당 지역으로 이주해 친구 H씨의 집에 세들어 살면서 H씨의 농경지를 빌려 인삼경작을 하고 있다. 친구 H씨와 협의하여 농업손실보상금을 전액 E씨가 받기로 합의하였다. E씨의 가구원수는 4인이며, 경작하고 있는 농지의 면적은 900㎡이다. 한편 해당 지역이 속한 도별 연간 농가평균 단위경작면적당 농작물 총수입은 22,000원/㎡이다.

6. F씨

F씨는 해당 사업의 시행으로 영위하던 농업을 계속할 수 없게 되어 타 지역으로 이주하게 된 영세농민이다. 그동안 타인의 농지를 빌려서 경작을 하였으며 무상으로 빌려왔던 터라 영농손실보상액도 해당지역 거주농민인 소유자가 전액 지급받는 것으로 합의를 해주어 지급받을 보상금이 전혀 없다. 이에 F씨는 이농비의 지급을 주장하고 있으며 F씨의 가족은 모두 5인이다.

자료2 임금단가

1. 제조부문 보통인부 임금단가: 40,000원/일
2. 공사부문 보통인부 임금단가: 55,000원/일

자료3 전국평균가계비 및 농가인구수

1. 가구원수별 가구당 월평균 가계수지

		가계지출	소비지출	기타지출
2인	전가구	1,500,000	1,300,000	250,000
	근로자가구	1,700,000	1,400,000	320,000
3인	전가구	2,050,000	1,750,000	270,000
	근로자가구	2,000,000	1,650,000	330,000
4인	전가구	2,250,000	1,960,000	280,000
	근로자가구	2,300,000	2,000,000	330,000
5인	전가구	2,700,000	2,450,000	290,000
	근로자가구	2,750,000	2,400,000	330,000

2. 농가경제조사통계의 연간 전국평균 가구당 가계수지

지역	농업총수입	가계지출	소비지출
전국	27,322,313	28,461,350	19,890,841
경기도	31,092,836	38,966,602	28,480,011
강원도	24,782,290	23,673,621	18,481,612
충청북도	22,148,808	25,665,284	19,473,614
충청남도	30,960,396	32,453,658	20,946,543
전라북도	25,167,761	24,727,498	18,048,573
전라남도	25,784,594	23,206,221	16,670,275
경상북도	27,158,697	23,765,121	17,278,196
경상남도	27,537,689	29,165,567	18,071,800
제주도	34,177,180	36,459,432	26,455,466

※ 가구당 전국 농가인구는 4인 기준임.

MEMO

여지훈 |

약력

연세대학교 법학학사

현 | 세경 감정평가법인㈜ 대표이사
현 | 서울특별시 민간투자사업 평가위원
현 | 해커스 감정평가사 감정평가실무 전임 교수
전 | 한국부동산원 서울중부지사 부동산공시처 및 타당성심사처 등
전 | 감정평가법인 공감 본사 이사, 경인지사장
전 | 표준지공시지가, 표준주택가격, 공동주택가격 검수 및 심의위원

저서

해커스 감정평가사 여지훈 감정평가실무 2차 기본서
해커스 감정평가사 여지훈 감정평가실무 2차 핵심요약집
해커스 감정평가사 여지훈 감정평가실무 2차 문제집 초급
PASS 감정평가실무 이론편(리북스)
PASS 감정평가실무 이론편 핸드북(리북스)
PASS 감정평가실무 기출편(리북스)
PASS 감정평가실무 문제편 초급(리북스)
PASS 감정평가실무 문제편 중급(리북스)
PASS 감정평가실무 문제편 고급(리북스)
비상 감정평가사 법전(좋은책)

2026 대비 최신판

해커스 감정평가사

여지훈
감정평가실무

2차 문제집 [초급]

초판 1쇄 발행 2025년 3월 28일

지은이	여지훈 편저
펴낸곳	해커스패스
펴낸이	해커스 감정평가사 출판팀
주소	서울특별시 강남구 강남대로 428 해커스 감정평가사
고객센터	1588-2332
교재 관련 문의	publishing@hackers.com
	해커스 감정평가사 사이트(ca.Hackers.com) 1:1 고객센터
학원 강의 및 동영상강의	ca.Hackers.com
ISBN	979-11-7244-891-2 (13360)
Serial Number	01-01-01

저작권자 ⓒ 2025, 여지훈

이 책의 모든 내용, 이미지, 디자인, 편집 형태는 저작권법에 의해 보호받고 있습니다. 서면에 의한
저자와 출판사의 허락 없이 내용의 일부 혹은 전부를 인용, 발췌하거나 복제, 배포할 수 없습니다.

한 번에 합격!
해커스 감정평가사 ca.Hackers.com

🏛 해커스 감정평가사

• 여지훈 교수님의 **본 교재 인강**(교재 내 할인쿠폰 수록)
• 해커스 스타강사의 **감정평가사 무료 특강**

정상급 교수진과
교육그룹 1위 해커스*가 만든
해커스 감정평가사

한번에 합격! 해커스

* [교육그룹 1위 해커스] 한경비즈니스 선정 2019 한국브랜드선호도 교육(교육그룹) 부문 1위 해커스

2026 대비 최신판

해커스 감정평가사

여지훈
감정평가실무 2차 문제집 [초급]

답안편

해커스 감정평가사

해커스 감정평가사

여지훈
감정평가실무 2차 문제집 [초급]

답안편

해커스

해커스 감정평가사

ca.Hackers.com

목차

답안편 [책 속의 책]

해커스 감정평가사
ca.Hackers.com

해커스 감정평가사
여지훈 감정평가실무
2차 문제집 초급

답안편

해커스 감정평가사

ca.Hackers.com

Chapter 01 화폐의 시간가치

CH1-1〉(10)

Ⅰ.개요
화폐의 시간가치에 유의하여 물음에 답함

Ⅱ.각 물음

1. $10,000 \times \dfrac{1.12^5 - 1}{0.12} =$ 122,997

2. $10,000 \times 1.12 \times \dfrac{1.12^5 - 1}{0.12} =$ 137,757

3. $10,000 \times \dfrac{0.12}{1.12^5 - 1} =$ 813

4. $10,000 \times \dfrac{0.12}{1.12^5 - 1} \times \dfrac{1}{1.12} =$ 726

5. $10,000 \times \dfrac{1.12^5 - 1}{0.12 \times 1.12^5} =$ 36,048

6. $10,000 \times 1.12 \times \dfrac{1.12^5 - 1}{0.12 \times 1.12^5} =$ 40,373

7. $10,000 \times \dfrac{0.12 \times 1.12^5}{1.12^5 - 1} =$ 2,774

8. $10,000 \times \dfrac{0.12 \times 1.12^5}{1.12^5 - 1} \times \dfrac{1}{1.12} =$ 2,477

-끝-

- 1 -

CH1-2〉(5)

Ⅰ.(물음1)
$100,000,000 \times [1 - \dfrac{1.08^9 - 1}{1.08^{25} - 1}] =$ 91,975,000

Ⅱ.물음(2)
$300,000,000 \times \dfrac{0.1/12 \times (1 + 0.1/12)^{60}}{(1 + 0.1/12)^{60} - 1} =$ 6,374,000

-끝-

CH1-3〉(10)

Ⅰ.개요
상환비율(P) 공식으로 물음에 답함

Ⅱ.(물음1)

1.산식
$P = \dfrac{MC_{(n, r\%)} - r}{MC_{(t, r\%)} - r}$

2.상환비율
$P = \dfrac{0.144 - 0.136}{\dfrac{0.136 \times (1 + 0.136/4)^{48}}{(1 + 0.136/4)^{48} - 1} - 0.136} =$ 0.23395(23%)

- 2 -

Ⅲ.물음(2)
완전상환 시까지의 기간을 X
$P = \dfrac{0.144 - 0.136}{\dfrac{0.136 \times (1 + 0.136/4)^{4x}}{(1 + 0.136/4)^{4x} - 1} - 0.136} = 1$

∴ X = 21.61년

-끝-

CH1-4〉(5)

Ⅰ.개요
화폐의 시간가치에 유의하여 현금등가액을 산정함

Ⅱ.현금등가액
$400,000,000 \times (0.2 + 0.3 \times \dfrac{1}{1.01^3} + 0.5 \times \dfrac{1}{1.01^5}) =$ 386,764,000

-끝-

CH1-5〉(5)

Ⅰ.(물음1)
$30,000,000 \times \dfrac{1.01^{60} - 1}{1.01^{240} - 1} =$ 2,477,000

- 3 -

Ⅱ.물음(2)
$30,000,000 \times \dfrac{1.01^{240} \times 0.01}{1.01^{240} - 1} \times \dfrac{(1 + 0.1/12)^{60} - 1}{0.1/12 \times (1 + 0.1/12)^{60}}$

= 15,547,000

-끝-

CH1-6〉(5)

Ⅰ.개요
현금지급액과 대출원리금을 합산하여 현금등가액을 산출함

Ⅱ.현금지급액: 280,000,000

Ⅲ.대출원리금

1.월 저당지급액의 현가 합
$50,000,000 \times \dfrac{0.01 \times 1.01^{96}}{1.01^{96} - 1} \times \dfrac{(1 + 0.1/12)^{36} - 1}{0.1/12 \times (1 + 0.1/12)^{36}}$

= 25,185,000

2.보유기간 말 미상환액의 현가
$50,000,000 \times [1 - \dfrac{1.01^{96} - 1}{1.01^{96} - 1}] \times \dfrac{1}{(1 + 0.1/12)^{36}}$

= 27,097,000

3.대출원리금
1 + 2 =   52,282,000

- 4 -

Ⅳ.현금등가액

    Ⅱ + Ⅲ =   332,282,000

                                    -끝-

CH1-7)(5)

Ⅰ.개요

  현금지급액과 월 저당지급액의 현가 합을 합산하여 현금등가액을 결정함

Ⅱ.월 저당지급액의 현가 합

$$50,000,000 \times \frac{0.08/12 \times (1+0.08/12)^{72}}{(1+0.08/12)^{72}-1} \times \frac{(1+0.1/12)^{72}-1}{0.1/12 \times (1+0.1/12)^{72}}$$

$$= 47,321,000$$

Ⅲ.현금등가액

  200,000,000 + 47,321,000 = 247,321,000

                                    -끝-

해커스 감정평가사

ca.Hackers.com

Chapter 02 토지의 감정평가

CH2-1)(20)

Ⅰ.감정평가 개요
·토지의 일반거래 목적 평가
·기준시점: 26.7.7

Ⅱ.공시지가기준가액
1.비교표준지 선정
1)선정
1종전주, 주거용인   <#2>

2)제외
#1, 4는 이용상황 상이, #5는 도로조건 상이, #3은 면적 상이

2.그 밖의 요인 보정
1)감정평가사례 기준 대상토지가액
760,000 × 1.00043 × 1 × (1 × 1.1 × 0.93)

                 ·)시   지   형   향   도

                             = @777,814

·) 시점(26.7.1 ~ 7.7 지가): 1 + 0.00192 × 7/31

- 1 -

2)표준지 기준 대상토지가액
660,000 × 1.01213 × 1 × (1 × 1 × 0.93)

                 ·)시   지   형   향   도

                             = @621,245

·) 시점(26.1.1 ~ 7.7 지가): 1.00982 × (1 + 0.00192 × 37/31)

3)그 밖의 요인 보정치
777,814 ÷ 621,245 =   1.25

3.공시지가기준가액
660,000 × 1.01213 × 1 × (1 × 1 × 0.93)
× 1.25 =   @777,000

Ⅲ.비준가액
1.거래사례 선정
1)선정
1종전주, 주거용인   <#4>

2)제외
#1는 면적 상이, #2는 3년 이전 거래, #3은 지역요인 비교 불가, #5는 특수한 사정 개입, #6은 배분법 적용 불능

- 2 -

2.사례토지 시장가치
100,000,000 + 100,000,000

       현금   승계저당현가

$$\times \frac{0.05/12 \times (1+0.05/12)^{36}}{(1+0.05/12)^{36}-1} \times \frac{(1+0.06/12)^{36}-1}{0.06/12 \times (1+0.06/12)^{36}}$$

                               = 198,517,000

3.비준가액
198,517,000 × 1 × 1.00229 × 1.05 ×

                 사   ·)시   지

(1 × 0.93 × 1) × 1/250 =   @777,000

 형   향   도   면

·) 시점(26.6.1 ~ 7.7 지가): 1 + 0.00192 × 37/31

Ⅳ.감정평가액 결정
1.합리성 검토(감칙§12②)
공시지가기준가액과 비준가액이 동일하여 공시지가기준가액의 합리성 인정되므로, 감칙§14에 따른 토지 감정평가의 주된 방법인 공시지가기준가액으로 결정함

2.감정평가액
@777,000 × 200㎡ =   155,400,000
                                 -끝-

- 3 -

CH2-2)(15)

Ⅰ.감정평가 개요
·토지의 일반평가
·기준시점(감칙§9②)
가격조사완료일인   <26.7.7>

Ⅱ.공시지가기준가액
1.비교표준지 선정: <#3>
용도지역, 이용상황, 면적 등이 동일·유사
(#1 이용상황 상이, #2 용도지역 상이,
#4 공법상 제한, 면적 상이로 제외)

2.공시지가기준가액
3,800,000 × 1.05829 × 1 × (100/105 ×

                ·1)   ·2)시   지   도

90/100) × 1.00 =   @3,450,000

      개   그

·1) 나지상정이므로 사권설정은 고려 안함
·2) 시점(26.1.1 ~ 7.7 상입): 1.05201 × (1 + 0.005 × 37/31)

- 4 -

III.비준가액

1.거래사례 선정: <#1, 3>

용도지역, 이용상황, 면적 등이 동일·유사

(#2 최유효이용 미달로 배분법 적용불가,

#4 용도지역 상이로 제외)

2.#1 기준

1)사례토지 시장가치

2,300,000,000 + 50,000,000 - 20,000,000

$\underset{\text{철거비}}{\qquad}\qquad\underset{\text{잔재가치}}{\qquad}$

= 2,330,000,000

2)비준가액

2,330,000,000 × 1 × 1.01706 × 1 × (1 ×

$\qquad\qquad\qquad\underset{\text{사}}{}\quad\underset{\text{*)시}}{}\qquad\underset{\text{지}}{}\quad\underset{\text{도}}{}$

90/102) × 1/580 =   @3,610,000

$\qquad\underset{\text{개}}{}\qquad\underset{\text{면}}{}$

*) 시점(26.4.1 ~ 7.7 상업): 1.006 × 1.005 × (1 + 0.005 × 37/31)

3.#(3) 기준

1)사례토지 시장가치

(1)현금등가액

$$1,350,000,000 + 3,000,000,000 \times \frac{0.05 \times 1.05^{10}}{1.05^{10} - 1}$$

$\qquad\underset{\text{현금}}{}\qquad\qquad\qquad\underset{\text{저당대부현가}}{}$

$$\times \frac{1.06^7 - 1}{0.06 \times 1.06^7} = \qquad 3,518,830,000$$

(2)토지가치

(1) - 1,500,000,000 =   2,018,830,000

$\qquad\underset{\text{건물}}{}$

2)비준가액

2,018,830,000 × 1 × 1.04471 × 1 ×

$\qquad\qquad\qquad\qquad\underset{\text{사}}{}\quad\underset{\text{*)시}}{}\qquad\underset{\text{지}}{}$

(100/105 × 90/99) × 1/550 = @3,320,000

$\underset{\text{도}}{}\qquad\underset{\text{개}}{}\qquad\underset{\text{면}}{}$

*) 시점(26.2.1 ~ 7.7 상업)

1.015 × 1.012 × 1.006 × 1.005 × (1 + 0.005 × 37/31)

IV.토지가치

1.합리성 검토(감칙§12②)

공시지가기준가액이 각 비준가액 사이의 적

정 범위 내 위치하여, 공시지가기준가액의 합

리성 인정되므로, 감칙§14에 따른 토지감정

평가의 주된 방법인 공시지가기준가액으로

결정함

- 5 -   - 6 -

2.토지가치

@3,450,000 × 600㎡ =   2,070,000,000

-끝-

CH2-3>(5)

I.감정평가 개요

조성원가법으로 토지가치를 평가함

II.공사완료시점 토지가치(26.5.15)

1.소지매입비

@400,000 × 2,000㎡ × 1.0121

$\qquad\qquad\qquad\qquad\underset{\text{*)시}}{}$

= 985,914,000

*) 시점(24.8.15 ~ 26.5.15): 투하자본이자율

2.조성공사비

@150,000 × 2,000㎡ × (0.3 × 1.0116 +

0.3 × 1.0112 + 0.4) =   326,946,000

3.제세공과금 및 수급인이윤

5,000,000 + @150,000 × 2,000 ㎡ × 0.1

= 35,000,000

4.소계: 1,347,860,000

III.기준시점 기준 토지가치

1,347,860,000 × 1.00174

$\qquad\qquad\qquad\underset{\text{*)시}}{}$

=1,350,205,000

(@900,000)

*) 시점(26.5.15 ~ 7.7 지가)

(1 + 0.001 × 17/31) × (1 + 0.001 × 37/31)

-끝-

CH2-4>(20)

I.감정평가 개요

분양수입 현가에서 개발비용 현가를 차감하

는 개발법으로 토지가치를 평가함

II.분양수입 현가

1.기본적 사항의 확정

1)분양택지면적

6,000 × (1 - 0.25) =   4,500㎡

- 7 -   - 8 -

2)분양필지 수

200㎡ 22필지, 100㎡ 1필지   ∴ 23필지

2.분양단가(26.10.7, 조성 후 기준)

1)비교표준지 선정: <#3>
대상의 조성 후 물적 사항과 가장 유사

2)그 밖의 요인 보정

(1)사례 선정: <#2>
사정개입이 없는 정상 거래사례

(2)사례 기준 대상토지가액

$670,000 × 1 × 1.00026 × 1 × (90/92 ×$
　　　　　　·1)사　·2)시　　지　　　　개

$80/80) =$　　　　　　　　　@655,605
　도

·1) 철거비 고려 여부: 매도자 부담이므로 철거비는 고려 안함

·2) 시점(26.6.15 ~ 10.7 지가): $1 + 0.00007 × 115/31$

(3)표준지 기준 대상토지가액

$600,000 × 1.00074 × 1.05 × (90/100 ×$
　　　　　　시　　　지　　　개

— 9 —

$80/85) =$　　　　　　　　　@534,042
　도

· 시점(26.1.1 ~ 10.7 지가): $1.00045 × (1 + 0.00007 × 129/31)$

(4)그 밖의 요인 보정치

$655,605 ÷ 534,042 = 1.22$ (∴ 1.20 적용)

3)분양단가

$600,000 × 1.00074 × 1.05 × (90/100 ×$

$80/85) × 1.20 =$　　　　　　@641,000

3.총 분양수입 현가

1)총 분양수입

$@641,000 × [200㎡ × 22필지 + 100㎡ ×$

$(1 - 0.15)] =$　　　　　　2,874,885,000
　　　감가율

2) 현가

1) $× (0.1/1.01^2 + 0.4/1.01^3 + 0.5/1.01^6)$
　　　　　　　　　　　　$= 2,752,094,000$

— 10 —

Ⅲ.개발비용 현가

1.조성공사비

$@100,000 × 6,000㎡ × 1/3 × (1/1.01 +$

$1/1.01^2 + 1/1.01^3) =$　　　588,197,000

2.공공시설 부담금

$5,000,000 × 23필지 × 1/1.01$

　　　　　　　　　$= 113,861,000$

3.판매관리비

$2,874,885,000 × 0.05 × 1/1.01^4$

　　　　　　　　　$= 138,135,000$

4.정상이윤

$@100,000 × 6,000㎡ × 0.1 × 1/1.01^6$

　　　　　　　　　$= 56,523,000$

5.소계   896,716,000

Ⅳ.토지가치의 결정

$2,752,094,000 - 896,716,000$

　　　　　　　　　$= 1,855,378,000$

　　　　　　　　　(@309,000)
　　　　　　　　　　　　-끝-

— 11 —

CH2-5)(20)

Ⅰ.감정평가 개요
감칙§14① 공시지가기준법을 주된 방법으로 적용하되, 감칙§11, 12 의거 거래사례비교법과 토지잔여법으로 그 합리성을 검토함

Ⅱ.공시지가기준가액

1.비교표준지 선정: <#1>
공법상 제한, 이용상황 등이 동일·유사
(#2 용도지역 상이, #3 공법상 제한 상이, #4 이용상황 상이)

2.공시지가기준가액

$920,000 × 1.00149 × 1 × (1 × 1 × 1) × 1$
　　　　　·시　　　지　도　형　세　그

　　　　　　　　　$= @921,000$

· 시점(26.1.1 ~ 7.7 지가): $1.00143 × (1 + 0.00025 × 7/30)$

Ⅲ.비준가액
1.사례토지 시장가치

— 12 —

$$200,000,000 \times (0.5 + 0.3/1.01^3 + 0.2/1.01^6)$$

현금등가

+ @5,000 × 240㎡ =　　　　197,117,000

예상철거비

2.비준가액

197,117,000 × 1 × 1.00062 × 1 ×

사　　　·)시　　지

(100/105 × 1 × 1) × 1/197 =　　@954,000

도　　　형　세　　면

·) 시점(26.4.1 ~ 7.7 지가)

1.00013 × 1.00018 × 1.00025 × (1 + 0.00025 × 7/30)

Ⅳ.수익가액(토지잔여법)

1.사례 상각 후 순수익

1)총수익

(30,000,000 + 80,000,000 × 3층) × 0.12

= 32,400,000

2)총비용

(1)감가상각비

①건물가치

– 13 –

$$@480,000 \times \frac{112 + 5 \times 6/12}{112} \times 43/45 \times 340㎡$$

·)시　　　잔　　　면

= 159,428,000

·) 시점(25.1.1 ~ 25.7.7 건축비)

월할계산하며 15일 미만은 1월로 보지 않음

②감가상각비

159,428,000 × 1/43 =　　　　3,708,000

(2)기타

32,400,000 × 0.45 =　　　　14,580,000

(3)소계

(1) + (2)=　　　　18,288,000

3)순수익

1) - 2) =　　　　14,112,000

2.사례건물 귀속순수익

159,428,000 × 0.055 =　　　　8,769,000

3.사례토지 귀속순수익

– 14 –

---

1 - 2 =　　　　5,343,000

4.대상토지 기대순수익

5,343,000 × 1 × 1 × 1 × (1.05 × 1.25 ×

사　시　지　도　　　형

1.05) × 240/160 =　　　　11,045,000

세　　　면

5.대상토지 수익가액

11,045,000 ÷ 0.05 =　　　220,900,000

(@920,000)

Ⅴ.감정평가액 결정

1.합리성 검토(감칙§12②)

공시지가기준가액이 비준가액 및 수익가액
과 유사하여, 공시지가기준가액의 합리성이
인정되므로, 감칙§14①에 따른 토지 감정평
가의 주된 방법인 공시지가기준가액으로 결
정함

2.감정평가액

@921,000 × 240㎡ =　　　221,040,000

-끝-

– 15 –

CH2-6)(25)

Ⅰ.감정평가 개요

총수익과 순수익 산정 시 직접법과 간접법
의 활용에 유의하여 토지잔여법을 적용함

Ⅱ.대상 상각 후 순수익

1.총수익

1)직접법

120,000,000 × (12월 + 0.1) + 10,000,000

$$+ 300,000,000 \times \frac{1.1^{10} \times 0.1}{1.1^{10} - 1} + 1,000,000 \times$$

12=　　　　1,522,824,000

2)간접법

(1)사례 선택

대상과 위치·물적 유사성 등이 있으며, 최
유효이용인 신규임대사례인　　　<#가>

(2)사례 총수익

$$1,400,000,000 \times (1 + \frac{12}{12} \times 0.1)$$

= 1,540,000,000

– 16 –

(3)대상 총수익

$1,540,000,000 \times 1.01435 \times \frac{95}{100} \times \frac{100}{97} \times$

시　　　　지　　토개

$\frac{98}{97} \times \frac{2,000}{1,900} = \qquad 1,627,014,000$

건개　　임대면적

*) 시점(26.4.1 ~ 7.7 신규실질임대료): $\frac{106}{103+3\times3/6}$

3)결정

대상의 직접적인 효용을 반영하는 직접법과 인근의 표준적인 상황을 반영하는 간접법 모두를 고려해 1,580,000,000로 결정함

2.순수익

1)직접법

(1)총수익　　　　　　　　　　1,580,000,000

(2)총비용

①제외항목

부가물 설치비용, 취득세, 등기비용, 양도소득세, 자기자금이자상당액, 소득세, 동산세금, 법인세

---

②첨가항목

감가상각비

③총비용

$400,000,000 + 10,000,000 + 50,000,000$

$\times (1 - \frac{1.05^5 - 1}{0.05} \times \frac{0.1}{1.1^5 - 1}) + 2,000,000$

$+ 3,150,000,000 \times 1/45 +$

$1,580,000,000 \times 0.08 + 55,000,000$

$= 668,146,000$

(3)상각 후 순수익

(1) - (2) = 　　　　　　　　911,854,000

2)간접법

(1)사례 선택

대상과 위치·물적 유사성 등이 있고, 신규 순임대사례인　　　　　　　　　　<#다>

(2)사례 상각 후 순수익

$(54,000 - 19,000) \times 12월 \times 2,250㎡$

$= 945,000,000$

---

(3)대상상각 후 순수익

①요인비교

(가)토지

$1.03863 \times \frac{95}{100} \times \frac{100}{93} \times \frac{1,200}{1,300} = \qquad 0.979$

시　　지　　개　　면

*) 시점(26.1.1 ~ 7.7 지가)

$1.01501 \times 1.02182 \times (1 + 0.00607 \times 7/30)$

(나)건물

$1.03140 \times \frac{0.90}{0.87} \times \frac{98}{95} \times \frac{2,000}{2,250} = \qquad 0.978$

시　　잔　　개　　면

*) 시점(26.1.1 ~ 7.7 건축비): $1.01 \times 1.02 \times (1 + 0.005 \times 7/30)$

②순수익

$945,000,000 \times 1 \times (0.5 \times 0.979 + 0.5$

사　토순구　　　　건순구

$\times 0.978) = \qquad 924,683,000$

3)결정

대상의 비용항목을 세세하게 고려하였으며, 간접법에 의해 적정성 지지되는 직접법에 따라 911,854,000로 결정함

Ⅲ.대상토지가치

1.기대순수익

$911,854,000 - 3,150,000,000 \times 0.13$

$= 502,354,000$

2.시장가치

$502,354,000 \div 0.12 = \qquad 4,186,283,000$

$(@3,490,000)$

-끝-

CH2-7)(35)

Ⅰ.감정평가 개요

최유효이용에 현저히 미달하는 토지의 평가로서 나지상정가치에서 건부감가를 차감하여 가치를 결정함

Ⅱ.최유효이용의 판정

대상부동산은 ①주위환경이 상업지대이며, ②공법상 제한 역시 상업지역으로 지상 3층 규모의 상업용으로 이용함이 최유효이용으로 판단됨

Ⅲ.나지상정 공시지가기준가액

1.비교표준지 선정

1)선정: <#2>

2)배제 사유

#1, 4, 5, 8은 용도지역 상이, #3, 7은 이용상황 상이, #6은 지역요인 비교 불가

2.그 밖의 요인 보정

1)사례 선정

(1)선정: <#2>

(2)배제 사유

#1은 시점수정 불가, #3은 용도지역 상이, #4는 지역요인 비교 불가

2)거래사례 기준 대상토지가액

(1)사례토지 시장가치

①현금등가액

$$2,500,000,000 \times (0.2 + \frac{0.2}{1.01} + \frac{0.6}{1.01^2})$$
$$= 2,465,494,000$$

②건물가치

@800,000 × 1,250㎡ =   1,000,000,000

③토지가치

① - ② =   1,465,494,000

(2)거래사례 기준 대상토지가액

$$1,465,494,000 \times 1 \times 1.00054 \times \frac{100}{95} \times (1$$
$$\quad \text{사} \quad \text{*)시} \quad \text{지} \quad \text{도}$$
$$\times 1 \times 1) \times 1/550 = \quad @2,806,288$$
$$\text{형} \quad \text{세} \quad \text{면}$$

*) 시점(25.12.11 ~ 26.7.7 지가)

(1 + 0.00007 × 21/31) × 1.00006 × 1.00008 × 1.00011
× 1.00009 × 1.00008 × 1.00006 × (1 + 0.00006 × 7/30)

3)표준지 기준 대상토지가액

$$2,900,000 \times 1.00049 \times 1 \times (0.83 \times 0.9 \times 1)$$
$$\quad \text{*)시} \quad \text{지} \quad \text{도} \quad \text{형세}$$
$$= \quad @2,167,361$$

*) 시점(26.1.1 ~ 7.7 지가)

1.00006 × 1.00008 × 1.00011 × 1.00009 × 1.00008 × 1.00006 ×
(1 + 0.00006 × 7/30)

4)그 밖의 요인 보정치

2,806,288 ÷ 2,167,361 =   1.29

3.공시지가기준가액

$$2,900,000 \times 1.00049 \times 1 \times (0.83 \times 0.9$$
$$\times 1) \times 1.29 = \quad @2,800,000$$

Ⅳ.나지상정 비준가액

1.사례 선정

(1)선정: <#5>

(2)배제 사유

#6은 지역요인 비교 불가, #7은 배분법 적용 불가

2.사례토지 시장가치

$$1,200,000,000 + 500,000,000 \times [\frac{1}{3} \times$$
$$\qquad \text{현금} \qquad\qquad \text{원금상환분}$$
$$(\frac{1}{1.12} + \frac{1}{1.12^2} + \frac{1}{1.12^3}) + 0.1 \times (\frac{1}{1.12} + \frac{2}{3} \times \frac{1}{1.12^2}$$
$$\qquad\qquad\qquad\qquad \text{이자지급분}$$
$$+ \frac{1}{3} \times \frac{1}{1.12^3})] = \quad 1,683,384,000$$

3.비준가액

$$1,683,384,000 \times 1 \times 1.00028 \times 1 \times (1 \times$$
$$\qquad\qquad\qquad \text{사} \quad \text{*)시} \qquad \text{지} \quad \text{도}$$
$$1 \times 1) \times \frac{1}{600} = \quad @2,810,000$$
$$\text{형} \quad \text{세} \quad \text{면}$$

*) 시점(26.3.23 ~ 7.7 지가)

(1 + 0.00011 × 9/31) × 1.00009 × 1.00008 × 1.00006 ×
(1 + 0.00006 × 7/30)

Ⅴ.나지상정 수익가액(토지잔여법)

1.사례 선정

1)선정: <#2>

2)배제 사유

#1은 시점수정 불가, #3은 지역요인 비교 불가, #4는 이용상황 상이

2.사례 상각 전 순수익

1)총수익

$$21,260,000 \times 12월 + 100,000,000 \times 0.12$$
$$\qquad \text{지급} \qquad\qquad\qquad \text{보증금}$$
$$+ 50,000,000 \times \frac{0.12 \times 1.12^2}{1.12^2 - 1} \quad 296,705,000$$
$$\qquad\qquad \text{권리금}$$

2)총비용

(1)삭제항목

감가상각비, 법인세, 소득세, 장기차입금 이자, 자기자금이자 상당액

(2)총비용액

$15,000,000 + 8,000,000 + 4,000,000$
　　　유지　　　　　재산세　　　　보험

$+ 2,000,000 + 2,500,000 + 3,000,000$
　　　결손　　　　　공실　　　　공익비

$+ 1,000,000 =$　　　　　35,500,000
　　정상이자

(3)순수익

$(1) - (2) =$　　　　　261,205,000

3.사례건물 귀속순수익

$@800,000 × 1,300㎡ × 0.12$

　　　　　　　$= 124,800,000$

4.사례토지 귀속순수익

$2 - 3 =$　　　　　136,405,000

5.대상토지 기대순수익

$136,405,000 × 1 × 1.00049 × \frac{100}{95} × (1 ×$
　　　　　　　사　　　시　　　지　　　도

$0.9 × 1) × \frac{500}{460} =$　　　　　140,532,000
　　형　　　세　　　면

6.대상토지 수익가액

$140,532,000 ÷ 0.1 =$　　　　1,405,320,000
　　　　　　　(@2,810,000)

VI.대상부동산가치

1.나지상정 토지가치

제 시산가액 수준이 유사하므로, 성숙된 상업용지로서 수익성과 시장성 잘 반영한 수익가액과 비준가액에 의해 합리성지지되는 감칙§14 주된 방법인 공시지가기준가액으로 결정함

∴$@2,800,000 × 500㎡ =$　1,400,000,000

2.건부감가

$(100,000 - 20,000) × 500㎡ =$　40,000,000
　　철거비　　　잔재가치

3.대상부동산가치

$1 - 2 =$　　　　　1,360,000,000
　　　　　　　　　　-끝-

CH2-8)(10)

I.개요

노선가식 평가법으로 토지가액을 산출함

II.조건(1)

1.획지단가

1)기본단가

$1,000,000 × 0.85 =$　　　　@850,000
　　　　　깊가체

2)측면 가산단가

$600,000 × 0.95 × 0.1 =$　　　@57,000
　　　　　깊가체　　가산율

3)획지단가

$1) + 2) =$　　　　@907,000

2.감정평가액

$@907,000 × 800㎡$　　　725,600,000

III.조건(2)

1.획지단가

1)삼각지보정률

Max[면적보정률, 각도보정률]인　<0.93>

2)결정

$1,000,000 × 0.93 × 0.93 =$　　@865,000
　　　　깊가체　삼각지보정률

2.감정평가액

$@865,000 × (20 × 30 × 1/2)㎡$

　　　　　　　$= 259,500,000$

IV.조건(3)

1.획지단가

1)기본단가

$1,200,000 × 0.95 × 0.95 =$　@1,083,000
　　　　깊가체　•)삼각지보정률

•) Max[면적보정률 0.95, 각도보정률 0.93]

2)측면 가산단가

$700,000 × 1.0 × 0.95 × 0.1 =$　@67,000
　　　깊가체　•)삼각지보정률 가산율

•) Max[면적보정률 0.95, 각도보정률 0.95]

```
3)획지단가
  1) + 2) =                           @1,150,000

2.감정평가액
  @1,150,000 × 300㎡ =        345,000,000
                                    -끝-
```

해커스 감정평가사

ca.Hackers.com

Chapter 03 건물의 감정평가

CH3-1)(10)

Ⅰ.감정평가 개요
원가의 포함항목과 제외항목에 유의하여 재조달원가를 산정함

Ⅱ.신축 당시 재조달원가(22.1.1)
1.제외항목
1)항목
울타리공사비, 조경공사비, 마당공사비

2)이유
토지가치에 화체 또는 별도 구축물로서 제외

2.건축공사비
1,940,100,000 - (10,000,000 + 20,000,000
                    울타리   조경

+ 20,000,000) + 370,000,000
  마당   냉난방

+ (757,100,000 + 370,000,000) × 0.2
           개발업자 이윤

                          = 2,485,520,000

Ⅲ.재조달원가
2,485,520,000 × 1.03000 = 2,560,086,000
                         *)시

*) 시점수정(22.1 ~ 26.7 건설공사비): 103 ÷ 100

                              -끝-

CH3-2)(5)

Ⅰ.개요
각 내용연수법에 따른 적산가액을 비교함

Ⅱ.각 방법에 의한 적산가액
1.정액법
$100,000,000 \times (1 - 0.9 \times \frac{10}{10+40})$
                           = 82,000,000

2.정률법
$100,000,000 \times (1 - 0.15)^{10}$ = 19,687,000

3.상환기금법
$100,000,000 \times (1 - 0.9 \times \frac{0.15}{1.15^{50}-1} \times 10)$
                           = 99,875,000

- 2 -

Ⅲ.각 가액의 비교
10년이 경과된 시점에서의 가액은 "상환기금법 > 정액법 > 정률법"의 순서가 되고, 감가액은 그 역순이 됨

따라서 대상물건의 유형, 성격 등을 고려하여 적합한 방법을 적용해야 할 것임
                          -끝-

CH3-3)(5)

Ⅰ.감정평가 개요
증축부분의 내용연수 조정에 유의하여 건물의 원가법을 적용함

Ⅱ.공장 부분(1층)
$500,000/㎡ \times 600㎡ \times [0.8 \times (1 - 0.9 \times 6/35)$
                        주체

$+ 0.2 \times (1 - 0.9 \times 6/12)]$ = 235,971,000
          부대

- 3 -

Ⅲ.사무실 부분(2층)
$500,000/㎡ \times 600㎡ \times [0.8 \times \{1 - 0.9 \times$
                          주체

$4/(29 + 4)\} + 0.2 \times (1 - 0.9 \times 4/18)]$
         부대

                          = 261,818,000

Ⅳ.적산가액
Ⅱ + Ⅲ =   497,789,000
                          -끝-

CH3-4)(20)

Ⅰ.감정평가 개요
원가법으로 건물가치를 평가하되, 감가수정은 분해법을 적용함

Ⅱ.재조달원가
1.소모성 항목
(5,050,000 + 3,590,000 + 5,500,000 +
    지붕   바닥   천장

1,520,000 + 2,860,000 + 5,600,000 +
    도장   배관   전기설비

- 4 -

22 해커스 감정평가사 ca.Hackers.com

Panel 1 (page -5-)

3,150,000 + 13,850,000) × (1 + 0.27)

전기배선	난방	직접비	간접비

× 1.05^4 =   63,477,000

  ·)

·) 시점(22.7.7 ~ 26.7.7 건축비)

2.내구성 항목

1)제외항목

울타리 비용, 조경공사비용은 순수건축비와 무관하므로 제외

2)재조달원가

(187,730,000 - 41,120,000 - 3,500,000)

소모성항목	울타리,조경

× 1.27 × 1.05^4 =   220,918,000

3.재조달원가

1 + 2 =   284,395,000

Ⅲ.감가수정(분해법)

1.물리적 감가

1)치유 가능(재도장비용):   450,000

Panel 2 (page -6-)

2)치유불능

(1)소모성 항목

(63,477,000 - 350,000) × 4/15

  ·)   = 16,834,000

·) 재조달원가를 한도로 함

(2)내구성 항목

220,918,000 × 4/50 =   17,673,000

3)소계

1) + 2) =   34,957,000

2.기능적 감가

1)화장실

(1)타당성

500,000 × 7 - 1,500,000 > 0

∴ 치유 가능

(2)감가액

1,500,000 - 1,300,000 =   200,000

2)전기설비

(1)타당성

Panel 3 (page -7-)

$600,000 \times \dfrac{1.125^{11}-1}{0.125 \times 1.125^{11}} - 2,200,000 > 0$

∴ 치유 가능

(2)감가액

2,000,000 × 11/15 + 2,200,000 - 2,100,000 =   1,567,000

3)승강기

(1)타당성: 구조상 치유불능 감가

(2)감가액

2,000,000 × 7 - 5,000,000 =   9,000,000

4)소계

1) + 2) + 3) =   10,767,000

3.경제적 감가

1)종합환원율

0.6 × 0.06 + 0.4 × 0.125 =   0.086

2)감가액

121,000 ÷ 0.086 - 1,000,000 =   407,000

              토지귀속분

Panel 4 (page -8-)

4.감가수정액

1 + 2 + 3 =   46,131,000

Ⅳ.건물가치 결정

1.재조달원가: 284,395,000

2.감가수정액: 46,131,000

3.건물가치

1 - 2 =   238,264,000

-끝-

CH3-5)(10)

Ⅰ.감정평가 개요

대쌍비교법 및 금액수정법으로 치유불능 기능적 감가액을 구함

Ⅱ.배치계획에 따른 연임대료 손실액

1.사례 선택

배치계획 외에 다른 요인 유사한 <사례C>

왼쪽 상단 패널

2.경과연수 차이 보정

1)경과연수에 따른 연임대료 차이

경과연수 외 다른 요인이 유사한 A, C를 비교함

(4,750,000 - 4,350,000) ÷ 8년 =   50,000/년

2)34년 경과 시 C 임대료

4,350,000 - 50,000 × 2년 =   4,250,000

3.배치계획에 따른 연임대료 손실액

4,250,000 - 4,050,000 =   200,000

III.GRM

1.사례1

740,000,000/3,300,000 =   224

2.사례2

860,000,000/3,950,000 =   218

3.사례3

770,000,000/3,500,000 =   220

오른쪽 상단 패널

4.GRM

각 사례 결과 유사하여 상호 합리성이 인정되므로 모든 사례 고려하여 결정하되, 특히 최근 사례를 중시해 <220>으로 결정함

IV.기능적 감가액

1.연임대료 손실액: 200,000

2.연 GRM: 220

3.기능적 감가액

200,000 × 220 =   44,000,000

-끝-

CH3-6)(15)

I.감정평가 개요

건물평가의 주된 방법인 원가법을 적용하되, 거래사례비교법으로 그 합리성을 검토함

II.원가법

1.재조달원가

왼쪽 하단 패널

$(@1,500,000 × 121/400) × 1 × 99/100 × 850㎡$

평→㎡   시   개   면

= 381,831,000

2.적산가액

381,831,000 × (0.7 × 38/40 + 0.3 × 13/15)

= 353,194,000

III.거래사례비교법

1.사례 선정

대상과 물적 유사성 등이 인정되며, 배분법 가능한 <#1, 2> 모두 선정

2.사례(1) 기준

1)사례건물 시장가치

(1)사례토지가치

①비교표준지 선정

2종일주, 상업용인   <#2>

②토지가치

800,000 × 1.00303 × (100/105 × 100/95)

*)시   지

오른쪽 하단 패널

× 98/101 × 1 =   @781,000

개

*) 시점(26.1.1 ~ 4.1 주거)

1.001 × 1.0011 × 1.0009 × (1 + 0.00085 × 1/30)

(2)건물가치

850,000,000 - @781,000 × 500㎡

= 459,500,000

2)비준가액

459,500,000 × 1 × 0.961 × 99/98 × 850/950

시 *)잔   개   면

= 399,129,000

*) 잔가율: $\frac{(0.7 × 38/40 + 0.3 × 13/15)}{(0.7 × 39/40 + 0.3 × 14/15)}$

3.사례(2) 기준

1)사례건물 시장가치

(1)토지가치

@1,000,000 × 1.00369 × 450 =   451,661,000

*)시   면

*) 시점(26.1.1 ~ 4.24 주거)

1.001 × 1.0011 × 1.0009 × (1 + 0.00085 × 24/30)

(2)건물가치

880,000,000 - 451,661,000 =   428,339,000

2)비준가액

$428,339,000 \times 1 \times 0.925 \times 99/98 \times 850/870$

           시   *)잔   개   면

                          = 391,055,000

*) 잔가율: $\frac{(0.7 \times 38/40 + 0.3 \times 13/15)}{(0.7 \times 40/40 + 0.3 \times 15/15)}$

IV.감정평가액

1.각 시산가액

적산가액	#1 기준 비준가액	#2 기준 비준가액
353,194,000	399,129,000	391,055,000

2.합리성 검토 및 시산가액 조정(감칙§12②, ③)
감칙§15 적산가액 원칙이나 시장성 반영 미흡으로 합리성 적다 판단되므로, 이를 잘 반영한 각 비준가액에 50%씩 가중치를 두어 결정함

3.감정평가액: 395,000,000

-끝-

— 13 —

CH3-7)(15)

I.감정평가 개요
건물평가의 주된 방법인 원가법을 적용하되, 건물잔여법으로 그 합리성을 검토함

II.원가법
1.재조달원가

$(500,000 \times 121/400) \times 1 \times 99/100 \times 850㎡$

               *)시   개   면

                      = 127,277,000

*) 시점: 건축비 등 자료가 제시되지 않아 보합세로 봄(이하 동일)

2.적산가액

$127,277,000 \times (0.7 \times 38/40 + 0.3 \times 13/15) =$ 117,731,000

III.건물잔여법
1.사례 상각 후 순수익
1)총수익   = 74,000,000

$4,500,000 \times 12월 + @200,000 \times 1,000㎡ \times 0.1$

    지급임대료   보증금운용익

— 14 —

2)총비용
(1)유지비 및 공실상당액
①건물가치

$500,000 \times 121/400 \times 1 \times 101/100 \times$

                         시   개

$(0.7 \times \frac{39}{40} + 0.3 \times \frac{14}{15}) \times 1,000㎡$

       잔   면

                     = 147,034,000

②결정

① × (0.05 + 0.005) =   8,087,000

(2)대손준비비

$200,000 \times 12월 =$ 2,400,000

(3)조세공과금

                      2,500,000

(4)보험료

$1,500,000 - 3,000,000 \times \frac{0.1}{1.1^5 - 1}$

                      = 1,009,000

(5)감가상각비

$147,034,000 \times (0.7/39 + 0.3/14)$

                      = 5,790,000

— 15 —

(6)공익비 등

$1,000 \times 1,000㎡ \times 12월 =$ 12,000,000

(7)총비용

(1) + ··· + (6) =   31,786,000

3)순수익

1) - 2) =   42,214,000

2.사례토지 귀속순수익
1)토지가치
(1)비교표준지 선정
용도지역, 이용상황 등이 유사한   <#2>

(2)결정

$908,000 \times 1.00771 \times 1 \times (102/101 \times 1$

                  *)시   지   개   도

$\times 100/98) \times 400㎡ =$ 377,167,000

       형   면

*) 시점(26.1.1 ~ 4.1 주거)

$1.0021 \times 1.003 \times 1.0025 \times (1 + 0.0026 \times 1/30)$

— 16 —

(상단 좌)

2)순수익

1) × 0.08 =   30,173,000

3.사례건물 귀속순수익

42,214,000 - 30,173,000 =   12,041,000

4.대상건물 기대순수익

$12,041,000 × 1 × 1 × 0.961 × 99/101 × 850/1,000$

    사   시 ·)잔   개   임대면적

                       = 9,641,000

·) 잔가율

$(0.7 × 38/40 + 0.3 × 13/15)/(0.7 × 39/40 + 0.3 × 14/15)$

5.대상건물 수익가액

9,641,000 ÷ 0.12 =   80,342,000

Ⅳ.감정평가액 결정

1.합리성 검토 및 감정평가액 결정(감칙§12②)

수익가액은 계약임대료의 지행성으로 낮게 평가되거나 토지 및 건물환원율 적용 오류의 우려가 있어 합리성이 다소 부족하다고 판단됨

– 17 –

(상단 우)

생산가능한 건물의 비용성의 특성을 잘 반영하여 합리성 인정되는 감칙§15 원칙인 적산가액에 따라 117,731,000로 결정함

2.추가의견(과대개량 가능성)

상기 시산가액은 적산가액이 수익가액보다 훨씬 높게 산정되었음. 이는 가격의 차액만큼의 과대개량이 포함되어 있을 수 있음을 의미하므로 실지조사 시 이의 세밀한 조사가 요구됨

-끝-

CH3-8)(10)

Ⅰ.개요

소득접근법을 활용하여 비용접근법의 감가수정방법의 문제점을 분석함

Ⅱ.건물가액

1.소득접근법(건물잔여법)

1)대상 순수익

$[(20 × 12 + 30 × 24) × 12월 + (1,000$

– 18 –

(하단 좌)

$× 12 + 1,200 × 24) × 0.08] × 0.95 × 0.7$

                   = 9,831만

2)수익가액

$(9,831 - 800 × 45m × 0.08) ÷ (0.08 + 1/40)$

                   = 66,200만

2.비용접근법

$3 × 40,500㎡ × \frac{40}{25+40} =$ 74,770만

Ⅲ.감가수정법의 문제

①적산가액이 수익가액보다 8,570만원만큼 높게 산출됨

②이는 적산가액이 기능적 감가 또는 경제적 감가를 제대로 반영하지 못했기 때문으로 볼 수 있음

③참고로 과대 개량 여부도 고려할 수 있으나, 현재 대상부동산이 최고최선의 이용 상태에 있으므로 과대 개량은 아닌 것으로 판단됨

-끝-

– 19 –

(하단 우)

CH3-9)(15)

Ⅰ.감정평가 개요

개별물건 평가액 합으로 복합부동산의 가액을 결정하되, 회귀분석법을 활용한 건물가액 평가에 유의함

Ⅱ.토지가액

$952,000 × 1.06838 × 1 × 1.1 × 1$

      ·)시   지   개   그

                = @1,120,000

          (× 330㎡ = 369,600,000)

·) 시점(25.1.1 ~ 7.7 지가): $1.06628 × (1 + 0.00843 × 7/30)$

Ⅲ.건물가액

1.재조달원가

500,000 × 450㎡ =   225,000,000

2.감가율

1)사례건물가액

(1)사례#1 건물가액

①토지가액

– 20 –

$952{,}000 \times 1.06838 \times 1 \times 1 \times 1 \times 320㎡$

시　　　지　개　그　면

　　　　　　　　　　= 325,471,000

②건물가액

$(534{,}250{,}000 - ①)/440 =$ 　　　@474,000

　　　　　　　(방식 이하 동일)

(2)사례건물가액(단위: 천원)

1	2	3	4	5	6	7	8
474	450	298	400	454	372	422	390

2)회귀모형의 결정

$y = 481{,}656 - 11{,}865x$　$(R^2 > 90\%)$

3)연 감가율

$11{,}865 \div 481{,}656 =$ 　　　　0.0246

3.건물가액

$225{,}000{,}000 \times (1 - 0.0246 \times 6)$

　　　　　　　= 191,790,000

Ⅳ.감정평가액

Ⅱ + Ⅲ = 　　　　　　　566,520,000

-끝-

해커스 감정평가사
ca.Hackers.com

Chapter 04 토지와 건물의 일괄평가 등

CH4-1)(10)

Ⅰ.개요
총수익에서 총비용을 차감하여 순수익을 산정함

Ⅱ.총수익
1.지급임대료
$2,000,000 \times 12월 =$ 　24,000,000

2.보증금운용익
$2,000,000 \times 24월 \times 0.12 =$ 　5,760,000

3.일시금상각액
$2,000,000 \times 12월 \times \frac{0.12 \times 1.12^3}{1.12^3 - 1} =$ 　9,992,000

4.주차장 수입
$100,000 \times 12월 =$ 　1,200,000

5.지급시점 보정
$2,000,000 \times 0.12 =$ 　240,000

– 1 –

6.소계: 　41,192,000

Ⅲ.총비용
1.대손준비비
$24,000,000 \times 0.05 =$ 　1,200,000

2.보험료
$30,000,000 \times \left(\frac{0.12 \times 1.12^3}{1.12^3 - 1} - 1.05^3 \times \frac{0.12}{1.12^3 - 1} \right)$
$= 2,199,000$

3.조세공과금 　10,000,000

4.기타제경비(임대인 부담분)
$12,000,000 \times 0.7 =$ 　8,400,000

5.소계: 　21,799,000

Ⅳ.순수익
Ⅱ - Ⅲ = 　19,393,000
-끝-

– 2 –

CH4-2)(10)

Ⅰ.감정평가 개요
관리비의 수익과 비용의 처리에 유의하여 순수익을 산정함

Ⅱ.총수익
1.지급임대료
$1,000,000 \times 12월 =$ 　12,000,000

2.보증금운용익
$100,000,000 \times 0.15 =$ 　15,000,000

3.일시금상각액
$90,000,000 \times \frac{0.15 \times 1.15^6}{1.15^5 - 1} =$ 　26,848,000

4.지급시점 보정
$1,000,000 \times 0.15 =$ 　150,000

5.관리비
$500,000 \times 12월 =$ 　6,000,000

– 3 –

6.주차장 수입
$100,000 \times 12월 =$ 　1,200,000

7.소계: 　61,198,000

Ⅲ.총비용
1.손해보험료
$2,000,000 - 4,000,000 \times \frac{0.15}{1.15^5 - 1}$
$= 1,407,000$

2.조세공과금
$(500,000 - 200,000 - 100,000) \times 12월$
　　　법인세　　　소득세
$= 2,400,000$

3.유지관리비
$(600,000 - 100,000) \times 12월 =$ 　6,000,000
　　　부가사용료

4.대손준비비
$200,000 \times 12월 =$ 　2,400,000

5.관리비 중 실비
$300,000 \times 12월 =$ 　3,600,000

– 4 –

6.소계:	15,807,000

Ⅳ.순수익

Ⅱ - Ⅲ =	45,391,000

-끝-

CH4-3)(15)

Ⅰ.개요

4가지 환원율 산정방법을 병용하여 종합환원율을 결정함

Ⅱ.시장추출법

1.사례 선정

대상과 토지, 건물 가격구성비 및 장래보존연수가 유사한   <#1, 4>

2.대상 상각 후 환원율

1)사례 검토

(1)#1 기준

$$\frac{219,000}{2,000,000} - 1/4 \times 1/29 = \qquad 0.1009$$

(2)#4 기준

$$\frac{200,000}{1,800,000} - 1/4 \times 1/27 = \qquad 0.1019$$

2)결정: <0.1014>

유사하게 도출되어 상호 합리성 인정되므로 양자를 균형 고려해 결정함

3.환원율

0.1014 + 1/4 × 1/30 =   0.1097

Ⅲ.금융적 투자결합법

1.산식

$R = E/V \times R^E + L/V \times MC$

2.환원율

$R = 0.4 \times 0.17 + 0.6 \times \frac{0.09 \times 1.09^{20}}{1.09^{20}-1} = \qquad 0.1337$

Ⅳ.Ellwood법

1.산식

$R = y - L/V \times (y + p \times SFF - MC) \pm \triangle \times SFF$

2.각 변수

1)C계수

$$0.15 + \frac{1.09^{10}-1}{1.09^{20}-1} \times \frac{0.15}{1.15^{10}-1} - \frac{0.09 \times 1.09^{20}}{1.09^{20}-1}$$
$$= 0.0551$$

2)△ × SFF

$$0.1 \times \frac{0.15}{1.15^{10}-1} = \qquad 0.0049$$

3.환원율

0.15 - 0.6 × 0.0551 - 0.0049 =   0.1120

Ⅴ.부채감당법

1.산식

$R = DCR \times L/V \times MC$

2.환원율

$R = 1.2 \times 0.6 \times \frac{0.09 \times 1.09^{20}}{1.09^{20}-1} = \qquad 0.0789$

Ⅵ.환원율

(0.1097 + 0.1337 + 0.1120 + 0.0789) ÷ 4
$$= 0.1086$$

-끝-

CH4-4)(10)

Ⅰ.개요

자기자본환원율 산출 결과를 통해 지렛대효과를 설명함

Ⅱ.각 조건의 자기자본환원율

1.조건 A

$(12,500,000 - 90,000,000 \times \frac{0.09 \times 1.09^{15}}{1.09^{15}-1}) \div$
$(100,000,000 - 90,000,000) = \qquad 0.1335$

2.조건 B

$(12,500,000 - 50,000,000 \times \frac{0.09 \times 1.09^{15}}{1.09^{15}-1}) \div$
$(100,000,000 - 50,000,000) = \qquad 0.1259$

Ⅲ.결과가 의미하는 바

①동일한 NOI임에도 불구하고, 조건 A·B는 각기 다른 지분환원율을 가짐

②상기의 조건은 대부비율의 차이에 따른 것으로, 이는 <Leverage Effect>를 의미함

③즉, 차입금의 크기로 인해 지분투자자의 수익과 위험이 변하고 있음

-끝-

CH4-5)(5)

Ⅰ.개요

DCR법에 의한 종합환원율을 구한 후 지분배당률을 결정함

Ⅱ.종합환원율(DCR법)

1.산식

$R = DCR \times L/V \times MC$

2.결정

$1.3 \times 0.7 \times 0.135 =$ 0.1229

Ⅲ.지분배당률

1.산식(투자결합법)

$R = E/V \times R_E + L/V \times MC$

2.결정(R_E)

$0.1229 = 0.3 \times R^E + 0.7 \times 0.135$

∴ $R_E = 0.0947$

-끝-

CH4-6)(20)

Ⅰ.감정평가 개요

직접환원법으로 수익가액을 산정함

Ⅱ.대상부동산 상각 전 순수익

1.직접법

1)임대개시시점 기준(26.5.1)

(1)총수익

$15,000 \times (12월 + 6월 \times 0.12) \times 4,000㎡$

　　　　지급　　　보증금

$= 763,200,000$

(2)순수익

$763,200,000 - 130,000 \times 4,000㎡$

$= 243,200,000$

2)기준시점 기준

$243,200,000 \times 1.01^2 =$ 248,088,000

2.간접법

1)사례 선정

대상과 위치·물적 유사성 등이 있는 <#1, 2> 모두 선정

2)사례 1 기준

(1)요인 비교

①토지

$1 \times \frac{100}{98} \times \frac{1.000}{950} =$ 1.0741

지　　개　　면

②건물

$\frac{0.90}{0.88} \times \frac{98}{100} \times \frac{4.000}{3.500} =$ 1.1455

잔　　개　　임대면적

(2)순수익

$210,000,000 \times 1 \times 1.01^3 \times (0.4 \times 1.0741$

　　　　　　사　　시　　토순구

$+ 0.6 \times 1.1455) \times 1 =$ 241,665,000

건순구　　　　　품등

---

3)사례 2 기준

(1)요인 비교

①토지

$1 \times \frac{100}{102} \times \frac{1.000}{1.100} =$ 0.8913

지　　개　　면

②건물

$\frac{0.90}{0.92} \times \frac{98}{101} \times \frac{4.000}{4.200} =$ 0.9040

잔　　개　　임대면적

(2)순수익

$270,000,000 \times 1 \times 1.01^2 \times (0.4 \times 0.8913$

　　　　　　사　　시　　토순구

$+ 0.6 \times 0.9040) \times 1 =$ 247,587,000

건순구　　　　　품등

3.결정: <248,000,000>

간접법에 의한 순수익은 직접법에 의한 순수익을 지지하고 있으므로 대상의 개별성을 잘 반영한 직접법에 비중을 두어 결정함

Ⅲ.환원율

1.요소구성법
$$0.07 + (0.03 + 0.03 + 0.02 - 0.025) = \quad 0.125$$
순수　　위　　비　　관　　자

2.직접시장비교법

1)상각 후 환원율

(1)사례A
$$\frac{1}{46} - 0.55 \times \frac{210}{1,600} = \quad 0.1193$$

(2)사례B
$$\frac{1}{48} - 0.55 \times \frac{230}{1,800} = \quad 0.1163$$

(3)결정: <0.1178>
제 결과 유사하여 상호 합리성 인정되므로
양자 모두를 고려하여 결정

2)상각 전 환원율
$$0.1178 + 0.55 \times 1/45 = \quad 0.13$$

3.환원율
$$(0.125 + 0.13) \div 2 = \quad 0.1275$$

Ⅳ.수익가액의 결정
$$248,000,000 \div 0.1275 = \quad 1,945,098,000$$
-끝-

CH4-7)(20)

Ⅰ.감정평가 개요
ATCF모형 DCF법으로 투자가치를 결정함

Ⅱ.지분가치

1.매기 ATCF

1)현금흐름의 기초

(1)1기의 NOI
$$40,000,000 \times 0.95 \times 0.7 = \quad 26,600,000$$

(2)DS
$$250,000,000 \times 0.6 \times \frac{0.13 \times 1.13^{20}}{1.13^{20} - 1} = \quad 21,353,000$$

(3)감가상각비
$$150,000,000 \times 1/40 = \quad 3,750,000$$

(4)1기의 원금상환분

$$21,353,000 - 250,000,000 \times 0.6 \times 0.13$$
$$= 1,853,000$$

*) 1기의 원금상환분이 매기 대출이자율로 복리 증가함

2)매기 ATCF(단위: 천원)

구분	1기	2기	3기	4기	5기
NOI	26,600	27,930	29,326	30,793	32,332
(DS)	(21,353)		(좌동)		
BTCF	5,247	6,577	7,973	9,440	10,979
(TAX)	(838)				
ATCF	4,409	5,347	6,326	7,349	8,417
(감가상각비)	(3,750)		(좌동)		
원금상환분	1,853	2,094	2,366	2,674	3,021
과세표준*)	3,350	4,921	6,589	8,364	10,250

*) 과세표준: BTCF - 감가상각비 + 원금상환분

2.지분복귀가액

1)예상매도액
$$250,000,000 \times 1.2 = \quad 300,000,000$$

2)미상환 대출잔금
$$150,000,000 \times (1 - \frac{1.13^{5} - 1}{1.13^{20} - 1}) = \quad 137,992,000$$

3)양도소득세

(1)장부가액
$$250,000,000 - 3,750,000 \times 5 = \quad 231,250,000$$

(2)양도소득세
$$(300,000,000 - 231,250,000) \times 0.3$$
$$= 20,625,000$$

4)지분복귀가액
$$1) - 2) - 3) = \quad 141,383,000$$

3.지분가치
$$\frac{4,409천}{1.14} + \frac{5,347천}{1.14^{2}} + \frac{6,326천}{1.14^{3}} + \frac{7,349천}{1.14^{4}} + \frac{(8,417 + 141,383)천}{1.14^{5}}$$
$$= 94,404,000$$

Ⅲ.투자가치

1.지분가치: 94,404,000

2.저당가치
$$250,000,000 \times 0.6 = \quad 150,000,000$$

3.투자가치

1 + 2 =	244,404,000

-끝-

CH4-8)(20)

Ⅰ.감정평가 개요
직접환원법으로 수익가액을 산정함

Ⅱ.대상 기대순수익
1.사례 상각 전 순수익
1)총수익

23백만 × 12월 × 1.03 + 160백만 × 0.12

지급임대료   보증금운용익

$+ 80,000,000 \times \frac{0.12 \times 1.12^5}{1.12^5 - 1} =$ 325,673,000

권리금상각액

2)총비용
(1)보험료

$5,500,000 - 5,500,000 \times \frac{1.05^5 - 1}{0.05} \times \frac{0.12}{1.12^5 - 1}$

= 716,000

- 17 -

(2)총비용

(1) + 147,500,000 =	148,216,000

3)순수익

1) - 2) =	177,457,000

2.사례토지 · 건물 순수익 구성비율
1)토지 귀속순수익 비율
(1)토지가치
일반상업, 상업용인   <#1>

$1,400,000 \times 1.00047 \times 1 \times \frac{100}{102} \times 520㎡$

·)시   지   개   면

= 714,061,000

·) 시점(26.1.1 ~ 6.1 지가)

$1.00008 \times 1.00009 \times 1.00011 \times 1.00010 \times 1.00009 \times (1 + 0.00012 \times 1/30)$

(2)토지 귀속순수익

(1) × 0.12 =	85,687,000

(3) 토지 귀속순수익 비율

$\frac{85,687,000}{177,457,000} =$	0.483

- 18 -

2)건물 귀속순수익 비율

1 - 0.483 =	0.517

3.대상 기대순수익
1)요인비교
(1)토지

$1.00015 \times 1 \times \frac{97}{100} \times \frac{480}{520} =$ 0.896

·)시   지   개   면

·) 시점(26.6.1 ~ 7.7 지가): $1.00012 \times (1 + 0.00012 \times 7/30)$

(2)건물

$1 \times \frac{100}{102} \times \frac{2.460}{2.700} =$ 0.893

시   개   임대면적

2)순수익

$177,457,000 \times 1 \times (0.483 \times 0.896 +$

사   토순구

$0.517 \times 0.893) \times 1 =$ 158,726,000

건순구   품등

Ⅲ.환원율(kazdin의 투자결합법)
1.산식

- 19 -

$R = E/V \times R^e + L/V \times MC$

2.결정

$0.4 \times 0.135 + 0.6 \times \frac{0.12 \times 1.12^{20}}{1.12^{20} - 1} =$ 0.134

Ⅳ.수익가액

158,726,000 ÷ 0.134 =	1,184,522,000

-끝-

CH4-9)(45)

Ⅰ.감정평가 개요
1필지상에 2개 건물이 소재하는 특성에 유의하여 2방식으로 복합부동산 시장가치를 평가함

Ⅱ.개별평가액 합
1.토지
1)기본적 사항
①B건물은 A건물을 지원하는 역할을 하며, 주변환경을 고려해 이용상황은 상업용을 기준함

- 20 -

답안편

②도로는 후면도로가 차량통행 불가능으로 중로한면을 기준함

2)공시지가기준가액

(1)비교표준지 선정: <#4>

일반상업, 상업용이며, 동일 동 내 도로, 면적 등 가장 유사

(2)공시지가기준가액

$9,300,000 \times 1.00097 \times 1 \times (1 \times 1 \times 1) \times 1/0.9$

$\underset{\text{시}\quad\text{지}\quad\text{도}\quad\text{형}\quad\text{세}\quad\text{그}}{{}^{*)}}$

$= @10,300,000$

*) 시점(26.1.1 ~ 7.7 지가)

$1.00014 \times 1.00013 \times 1.00010 \times 1.00018 \times 1.00019$

$\times (1 + 0.00019 \times 37/31)$

3)비준가액

(1)거래사례 선정: <#1>

일반상업, 상업용이며, 동일 동 내 배분법 가능한 사례

(2)사례토지 시장가치

---

①현금등가

$15,000,000,000 \times (0.5 + \frac{0.3}{1.01^6} + \frac{0.2}{1.01^{12}})$

$= 14,401,551,000$

②건물가치

$1,600,000 \times \frac{99}{100} \times (0.8 \times \frac{47}{50} + 0.2 \times \frac{17}{20})$

$\times 3,500㎡ = \qquad 5,111,568,000$

③토지가치

① - ② = $\qquad 9,289,983,000$

(3)비준가액

$9,289,983,000 \times 1 \times 1.00029 \times 1 \times (\frac{100}{90}$

$\underset{\text{사}\quad\quad{}^{*)}\text{시}\quad\text{지}\quad\text{도}}{}$

$\times 1 \times 1) \times \frac{1}{1.000} = \qquad @10,300,000$

$\underset{\text{형}\quad\text{세}\quad\text{면}}{}$

*) 시점(26.5.21 ~ 7.7 지가)

$(1 + 0.00019 \times 11/31) \times (1 + 0.00019 \times 37/31)$

4)수익가액(토지잔여법)

(1)임대사례 선정: <#1>

일반상업, 상업용으로 사정개입 없는 사례

---

(2)사례 상각 전 순수익

①총수익

$80,000,000 \times 12월 + 2,000,000,000 \times \frac{0.12 \times 1.12^{12}}{1.12^2 - 1}$

$\underset{\text{지급}\qquad\qquad\qquad\text{권리금}}{}$

$= 2,143,396,000$

②총비용

㈀보험료

$20,000,000 \times 1.12 - 20,000,000 \times 0.5 \times$

$1.05 \times \frac{1.05^2 - 1}{0.05} \times \frac{0.12}{1.12^2 - 1} = \qquad 12,247,000$

㈁기타

$24,000,000 + 120,000,000 + 28,000,000$

$\underset{\text{유지}\qquad\quad\text{재산세}\qquad\quad\text{공실}}{}$

$+ 31,000,000 = \qquad 203,000,000$

$\underset{\text{정상이자}}{}$

㈂소계: 215,247,000

③순수익

① - ② =   1,928,149,000

---

(3)사례건물 귀속순수익

①건물가치

$1,600,000 \times \frac{101}{100} \times (0.8 \times \frac{48}{50} + 0.2 \times \frac{18}{20}) \times 2,400㎡$

$\underset{\text{개}\qquad\quad\text{잔}\qquad\qquad\text{면}}{}$

$= 3,676,723,000$

②귀속순수익

① × 0.15 =   551,508,000

(4)사례토지 귀속순수익

(2) - (3) =   1,376,641,000

(5)대상토지 기대순수익

$1,376,641,000 \times 1 \times 1.00023 \times 1 \times (1 \times$

$\underset{\text{사}\qquad\quad{}^{*)}\text{시}\qquad\text{지}\qquad\text{도}}{}$

$1 \times 1) \times \frac{1.300}{1.000} = \qquad 1,790,045,000$

$\underset{\text{형}\quad\text{세}\quad\text{면}}{}$

*) 시점(26.6.1 ~ 7.7 지가): $1 + 0.00019 \times 37/31$

(6)수익가액

$1,790,045,000 \div 0.13 = \qquad 13,769,577,000$

$(@10,600,000)$

5)토지가액

제 시산가액 수준 유사하여, 공시지가기준가

액의 합리성 지지하므로, 감칙§14의 주된

방법인 공시지가기준가액으로 결정함

$\therefore$ @10,300,000 × 1,300㎡ = 13,390,000,000

2.A건물

1)적산가액

$1,600,000 \times \frac{98}{100} \times (0.8 \times \frac{45}{50} + 0.2 \times \frac{15}{20})$

개　　　　　　잔

×1,000㎡ = 1,364,160,000

면

2)비준가액

(1)거래사례 선정: <#3>

대상건물과 물적 유사성이 인정되는 사례

(2)사례건물 시장가치

①현금등가

$2,500,000,000 + 4,500,000,000 \times \frac{0.1 \times 1.1^{10}}{1.1^{10}-1}$

$\times \frac{1.12^{10}-1}{0.12 \times 1.12^{10}} =$ 6,637,965,000

---

②토지가치

일반상업, 상업용이며 이화동 내 유사성

큰 표준지 <#2>

$7,200,000 \times 1.00094 \times 1 \times (1 \times 1 \times 1)$

·)시　　지　　도　　형　　세

÷ 0.9 × 650㎡ = 5,204,888,000

그　　　면

·) 시점(26.1.1 ~ 7.2 지가)

$1.00014 \times 1.00013 \times 1.00010 \times 1.00018 \times 1.00019$

$\times (1 + 0.00019 \times 32/31)$

③건물가치

① - ② = 1,433,077,000

(3)비준가액

$1,433,077,000 \times 1 \times 1 \times 0.944 \times \frac{98}{97} \times \frac{1,000}{990}$

사　시　·)잔　개　　　면

= 1,380,577,000

·) 잔가율: $\frac{0.8 \times 45/50 + 0.2 \times 15/20}{0.8 \times 47/50 + 0.2 \times 17/20}$

3)건물가치: <1,364,160,000>

비준가액이 합리성 지지하는 감칙§15 원칙

인 적산가액으로 결정함

3.B건물

$1,600,000 \times \frac{93}{100} \times (0.8 \times \frac{45}{50} + 0.2 \times \frac{15}{20})$

개　　　　　　잔

× 900㎡ = 1,165,104,000

면

4.개별평가액 합

1 + 2 + 3 = 15,919,264,000

Ⅲ.비준가액

1.거래사례 선정: <#4>

1필지 내 2개 건물이 있는 일체적 유사성

인정되는 사례

2.요인비교

1)토지

$1.00029 \times 1 \times (\frac{100}{105} \times \frac{100}{95} \times 1) \times \frac{1,300}{1,200} =$ 1.086

·)시　　지　　도　　형　　세　　면

·) 시점(26.5.22 ~ 7.7 지가)

$(1 + 0.00019 \times 10/31) \times (1 + 0.00019 \times 37/31)$

---

2)A건물

$1 \times 1 \times \frac{98}{98} \times \frac{1,000}{1,050} =$ 0.952

시　　잔　　개　　　면

3)B건물

$1 \times 1 \times \frac{93}{98} \times \frac{900}{850} =$ 1.005

시　　잔　　개　　　면

3.비준가액

$16,200,000,000 \times 1 \times (0.62 \times 1.086 +$

사　　토가구

$0.22 \times 0.952 + 0.16 \times 1.005) \times 1$

A건가구　　　　B건가구　　　　　　품등

= 16,905,672,000

Ⅳ.시장가치

1.합리성 검토(감칙§12②)

양 가액이 유사범위 내에 있어 비준가액이

개별평가액 합의 합리성을 지지한다고 판

단되므로 주된 방법인 감칙§7① 개별평가액

합으로 결정함

2.감정평가액: 15,919,264,000

-끝-

CH4-10)(10)

Ⅰ.감정평가 개요
감칙§16 의거 비교방식을 주된 방식으로 적용하되, 감칙§11·12 의거 원가·수익방식으로 그 합리성을 검토함

Ⅱ.비교방식
$130,000,000 \times 1 \times 1.001^6 \times 1 \times 85/100$
　　　　　사　　시　　지　　개

$\times 105/100 \times 97/100 \times 80/70 = 129,396,000$
　　층별　　　호별　　　면

Ⅲ.원가방식
1.전체 기초가액
$1,545,000,000 + 1,688,000,000$
　　　　　　　　= 3,233,000,000

2.적산가액
$3,233,000,000 \times 0.2008 \times 0.197$
　　　　　　　　= 127,890,000

Ⅳ.수익방식
1.대상 기대순수익
$20,490,000 \times (1 - 0.25) =$ 15,368,000

2.수익가액
$15,368,000 \div 0.12 =$ 128,067,000

Ⅴ.시장가치
1.합리성 검토(감칙§12②)
세 가액이 유사하여 적산가액과 수익가액이 합리성 지지하는 감칙§16 주된 방법에 의한 비준가액으로 결정함

2.시장가치: 129,396,000

-끝-

CH4-11)(20)

Ⅰ.대상물건의 확정
대상물건은 지식산업센터로서, 공업용 <구분소유 부동산>임

Ⅱ.대상물건의 특성
1.토지와 건물 부분의 일체 가치형성
「집건법」상 제한과 거래관행에 따라 대지사용권과 건물을 일체로 하여 가치가 형성되는 특성이 있음

2.층별·위치별 효용성
층·위치에 따라 효용이 달라지므로 층별·위치별로 달리 가치가 형성되는 특성이 있음

Ⅲ.감정평가액
1.거래사례비교법
1)사례 선정
동일 지식산업센터 거래사례인   <나>

2)배분법
$620백만 \times (1 - 0.15) =$ 527,000,000
　　　　　　내부시설

3)비준가액
$'2)' / 250 \times 1 \times 0.95 \times 100/102 \times 120/130$
　　　　시　　외부　　내부　　　층효비

$\times 1 \times 240 =$ 435,000,000
위효비 전유

2.원가법
1)전체 집합건물 가치
(1)토지
준공업, 공업용, 산업단지 위치한   <2>

$2,990,000 \times 1.00039 \times 0.95 = @2,840,000$
　　　　　　시　　　　　·)

$(\times 4,500 = 12,780,000,000)$

·) 토지 가치형성요인: 지역요인, 개별요인, 그 밖의 요인 포함

(2)건물
$1,520,000 \times 1 \times (1 - 0.9 \times 11/35) = @1,090,000$
　　　　시　　　　잔

$(\times 35,000 = 38,150,000,000)$

(3)집합건물 가치
$(1) + (2) =$ 50,930,000,000

2) 층별·위치별 효용비율

$$\frac{120}{100 + 110 \times 4 + 120 \times 5 + 130 \times 5} \times \frac{240}{1,920} = \qquad 0.00838$$

층별효용비율   위치별효용비율

3) 적산가액

1) × 2) =   427,000,000

3. 감정평가액

1) 합리성 검토(감칙§12②)

　양 시산가액이 유사하여 적산가액이 비준
가액의 합리성을 지지한다고 판단되므로
감칙§16상 주된 방법에 따른 시산가액인
비준가액으로 결정함

2) 감정평가액: 435,000,000
-끝-

- 33 -

Chapter 05 공장재단의 감정평가 등

I.감정평가 개요
(감칙§21②)원가법으로 평가하되, 감가수정은 정률법 적용함

II.재조달원가
1.CIF 기준 수입가격
$\$159,000 × 1.8600 × \frac{191.2}{200} × 472.53 +$
　　　　　　　외화환산율　기계지수　현행환율
$(5,090 + 3,146.40) × 809.8 =$　140,267,000
　운임　　보험

2.부대비용
$140,267,000 × 0.14 + 140,267,000 ×$
　　　　　　　　　관세
$(0.03 + 0.015) =$　25,949,000
　부대　 •)설치

•) 사업체로서의 평가이므로 설치비 고려함

3.재조달원가
1 + 2 =　166,216,000

– 1 –

III.감정평가액
$166,216,000 × \sqrt[15]{0.1^3} =$　104,875,000
　　　　　　　　　　　　-끝-

I.기본적 사항의 확정
1.원산지
원산지 표시상 일본

2.도입일자
수입신고서상 신고일자인 24.7.1

3.관세 및 감면율
8%의 관세를 적용하며 감면율은 50%임

4.설치비 고려 여부
사업체로 평가 의뢰되어 설치비를 고려함

5.기계 구분
선반은 일반기계임

– 2 –

II.재조달원가
1.CIF 기준 수입가격
$\$100,000 × 105.0198 × 0.9979 × \frac{832.28}{100}$
　　　　　　　외화환산율　기계지수　현행환율
$= 87,222,000$

2.부대비용
$87,222,000 × (0.5 × 0.08 + 0.5 × 0.08 × 0.2$
　　　　　　　　　　관세　　　　농특세
$+ 0.015 + 0.03) =$　8,112,000
　설치비　기타

3.재조달원가
1 + 2 =　95,334,000

IV.감정평가액 결정
$95,334,000 × \sqrt[15]{0.1^2} =$　70,132,000
　　　　　　　　　　　　-끝-

I.감정평가 개요
(감칙§23③)영업권은 수익환원법으로,

– 3 –

(감칙§24①2호)주식은 자기자본가치법으로 감정평가함

II.영업권
1.영업이익
1)매출액:　6,000,000,000

2)매출원가
27억 + 35억 - 22억 =　4,000,000,000

3)판매관리비
5억 + 0.5억 + 1.4억 + 5억
판관비　 •1)대손　 •2)감가　 •3)퇴직
= 1,190,000,000
•1) 대손상각비: 15억 × 0.1 - 1억
•2) 감가상각비: 70억 × 1/50
•3) 퇴직급여: 35억 - 30억

4)영업이익
1) - 2) - 3) =　810,000,000

2.초과순수익
1)순자산(영업권 제외)

– 4 –

(1)총자산

500백만 + 700백만 + (1,500 - 1,500 ×
　　현금　　　유가　　　외출금　　대충금

0.1)백만 + 2,200백만 + 9,000백만 +
　　　　　　　　기말　　　　토지

(7,000 - 700 - 140)백만
　　건물　　　감가

= 19,910,000,000

(2)총부채

20억 + 85억 + 35억 =　　　　14,000,000,000

(3)순자산

(1) - (2) =　　　　　　　　　5,910,000,000

2)초과순수익

810백만 - 5,910백만 × 0.12

= 100,800,000

3.영업권 감정평가액

$100,800,000 × \frac{1.12^3 - 1}{0.12 × 1.12^3} =$　　242,105,000

－ 5 －

Ⅲ.주식

1.개요

"자기자본가치 ÷ 발행주식수"에 의해 주당가
치를 결정함

2.자기자본가치(영업권 포함)

5,910,000,000 + 242,105,000

= 6,152,105,000

3.주식가치

1)주당가치

6,152,105,000 × 1 / 100,000 = 61,500원/주

2)1,000주 주식가치

61,500원/주 × 1,000주 =　　　61,500,000

-끝-

CH5-4)(15)

Ⅰ.감정평가 개요

감칙§24②2호에 따라 수익환원법으로 채권
을 감정평가함

－ 6 －

Ⅱ.A

$50,000 × \frac{1.08^5}{1.1^3 × (1 + 0.1 × 208/365)} =$　　52,221/주

Ⅲ.B

1.이자지급액

$50,000 × 0.08 × \frac{1 + \frac{1.1^3 - 1}{0.1 × 1.1^3}}{1 + 0.1 × 208/365} =$　　13,195

2.원금상환액

$50,000 × \frac{1}{1.1^3 × (1 + 0.1 × 208/365)} =$　　35,540

3.주당가치

1 + 2 =　　　　　　　　　　　48,735/주

Ⅳ.C

1.이자지급액

$50,000 × \frac{1.08^3 - 1}{1 + 0.1 × 208/365} =$　　7,871

2.원리금상환액

$50,000 × \frac{0.08 × 1.08^3}{1.08^3 - 1} × \frac{1.1^3 - 1}{0.1 × 1.1^3} × \frac{1}{1 + 0.1 × 208/365}$

= 45,648

3.주당가치

1 + 2 =　　　　　　　　　　　53,519/주

－ 7 －

Ⅴ.D

$50,000 × \frac{\frac{0.08 × 1.08^n}{1.08^5 - 1}}{} × \frac{1 + \frac{1.1^3 - 1}{0.1 × 1.1^3}}{1 + 0.1 × 208/365}$

= 41,311/주

Ⅵ.E

$50,000 × \frac{1}{1.1^3 × (1 + 0.1 × 208/365)} =$　　35,540/주

-끝-

CH5-5)(40)

Ⅰ.감정평가 개요

감칙§19① 의거 개별평가액 합과 수익가액
을 구한 후 시장가치를 결정함

Ⅱ.개별평가액 합

1.유형자산

1)토지

(1)조성지(공장용지 900㎡)

①공시지가기준가액

(가)비교표준지 선정

일반공업, 공업용인　　　　　　　　<#3>

－ 8 －

(ㄴ)공시지가기준가액

201,000 × 1.04897 × 1 × 100/102 × 1

          ·)시   지   개   그

                                              = @207,000

·) 시점(26.1.1 ~ 7.7 지가): $1.0353 × 1.006 × (1 + 0.006 × 37/31)$

②적산가액(조성원가법)

(ㄱ)공사완료시점 기준(19.1.1)

$148,000,000 × 1.01^6 × 900/1,200$

                시   면

+ 18,000,000 =   135,829,000

     공사비

(ㄴ)기준시점 기준

135,829,000 × 1.38037 × 1/900

             ·)시   면

                          = @208,000

·) 시점(19.1.1 ~ 26.7.7 지가): $1.04^7 × 1.04897$

③조성지 가치

적산가액이 합리성 지지하는 감칙§14

공시지가기준가액으로 결정함

∴ @207,000 × 900㎡ =   186,300,000

(2)미조성지(잡종지 300㎡)

①공시지가기준가액

(ㄱ)비교표준지 선정

잡종지로서 소지상태와 유사성 큰   <#2>

(ㄴ)공시지가기준가액

180,000 × 1.04897 × 1 × 100/98 × 1

              시   지   개   그

                              = @193,000

②매입가격 기준

148,000,000 × 1.40821 × 1/1,200

             ·)시   면

                          = @174,000

·) 시점(18.7.1 ~ 26.7.7 지가)

$(1 + 0.04 × 184/365) × 1.04^7 × 1.04897$

③미조성지 가치

감칙상 주된 방법인 공시지가기준가액으로 결정함

∴ @193,000 × 300㎡ =   57,900,000

---

2)건물

(1)재조달원가

①직접법

@175,000 × 1.33 =   @ 233,000

              ·)시

·) 시점(20.1.1 ~ 26.7.7 건축비): $\frac{130 + 6 × 6/12}{100}$

②간접법

@250,000 × 1 × 1 × 1.05 =   @263,000

                사   시   개

③결정: <@263,000>

직접법은 시점 괴리로 다소 신뢰성 낮다고

보아 간접법을 중심으로 결정함

(2)적산가액

@263,000 × (1 - 0.85 × 6/30) × 500㎡

                        = 109,145,000

3)기계

(1)과잉유휴시설의 판단

적정배치대수는 A : B : C = 16 : 12 : 8이므로

대상 B기계 1대, C기계 2대가 유휴시설임

---

(2)과잉유휴시설의 처리

감정평가 목적이 담보평가이므로 환가성을

이유로 과잉유휴시설은 감정평가 제외함

(3)A기계

$12,000,000 × 1.20 × \sqrt[15]{0.1^6} × 12$대

             ·)시

                          = 68,793,000

·) 시점(20.1.1 ~ 26.7.7 기계지수): $\frac{118 + 4 × 6/12}{100}$

(4)B기계

$9,000,000 × 1.20 × \sqrt[15]{0.15^6} × 9$대

                          = 45,510,000

(5)C기계

①재조달원가

(ㄱ)CIF 기준

25,000 × 143 × 1.2040 × 1,200/100 +

             외화환산율   기계지수   현행환율

350,000 + 900,000 =   52,902,000

     보험   운임

(ㄴ)부대비용 포함가격

52,902,000 × (1 + 0.065 + 0.03)

현행관세 L/C개설비

$$= 57,928,000$$

②적산가액

$$57,928,000 × \sqrt[13]{0.15^6} × 6대 = 162,733,000$$

(6)기계평가액

(3) + (4) + (5) = 277,036,000

4)소계

(1)정상운영부분

①토지(조성지): 186,300,000

②건물: 109,145,000

③기계: 277,036,000

④소계: 572,481,000

(2)과잉유휴부분(미조성지): 57,900,000

2.무형자산의 고려 여부

감정평가 목적이 담보평가이므로 환가성이 불확실한 무형자산은 감정평가 제외함

- 13 -

Ⅲ.수익가액

1.사례공장 상각 전 순수익

@1,000 × 320,000개 × (1 - 0.5)

$$= 160,000,000$$

2.대상공장의 상각 전 순수익

1)요인비교

(1)토지

$$1 × 100/105 × 900/1,500 = 0.571$$

지 개 면

(2)건물

$$93/100 × \frac{1 - 0.85 × 6/30}{1.00} × 500/700 = 0.551$$

개 잔 면

(3)기계

$$0.95 × 12/16 = 0.713$$

개 규모

2)순수익

160,000,000 × 1 × 1 × (0.2 × 0.571 +

사 시 토순구

- 14 -

$0.3 × 0.551 + 0.5 × 0.713) × 1$

건순구 기순구 품등

$$= 101,760,000$$

3.대상공장의 수익가액

$$101,760,000 ÷ (0.14 + 1/24)$$

상각후환원율 잔존연수

$$= 560,147,000$$

Ⅳ.시장가치

1.정상운영 부분(감칙§12②)

양 가액 유사범주 내에 있어 수익가액이 개별평가액 합의 합리성 지지한다고 판단되므로 감칙§19① 주된 방법인 개별평가액 합 572,481,000으로 결정함

2.과잉유휴 부분: 57,900,000

3.시장가치

1 + 2 = 630,381,000

-끝-

- 15 -

CH5-6)(15)

Ⅰ.감정평가 개요

(감칙§24③)기업가치는 FCFF모형 DCF법으로, (감칙§24①2호)주식가치는 자가자본가치법으로 감정평가함

Ⅱ.예측기간의 영업가치

1.FCFF(단위: 백만원)

1)현금흐름의 기초

(1)EBIT × (1 - t)

①2025년

$$(1,290 - 400) × (1 - 0.4) = 534$$

②2026년

$$534 × 1.095 = 585$$

(2)추가운전자본

①2026년

$$13,500 × (1.095 - 1) × 0.07 = 90$$

- 16 -

②2027년

$13,500 \times (1.095^2 - 1.095) \times 0.07 =$ 98

③2031년

$13,500 \times (1.095^5 \times 1.04 - 1.095^5) \times 0.07$

$= 60$

2)FCFF

구분	2024	2025	2026	2027	2028	2029	2030
EBIT × (1 - t)	534	585	641	702	768	841	875
감가상각비	400	438	480	526	576	631	-
(자본적비용)	(450)	(493)	(540)	(591)	(647)	(708)	-
(추가운전자본)	-	(90)	(98)	(108)	(118)	(129)	(60)
FCFF		440	483	529	579	633	815

2.WACC

1)자기자본비용

$0.07 + 1.1 \times 0.055 =$ 0.1305

2)타인자본비용

$0.08 \times (1 - 0.4) =$ 0.048

3)WACC

$$\frac{62 \times 64}{3,200 + 62 \times 64} \times 0.1305 + \frac{3,200}{3,200 + 62 \times 64} \times 0.048$$
$$= 0.0936$$

3.예측기간의 영업가치

$$\frac{440백만}{1.0936} + \frac{483백만}{1.0936^2} + \frac{529백만}{1.0936^3} + \frac{579백만}{1.0936^4} + \frac{633백만}{1.0936^5}$$
$$= 2,020,000,000$$

Ⅲ.예측기간 후의 영구영업가치

1.WACC

1)타인자본비용

$0.075 \times (1 - 0.4) =$ 0.045

2)결정

$(1 - 0.35) \times 0.1305 + 0.35 \times 0.045$

$= 0.1006$

2.예측기간 후의 영구영업가치

$\frac{815백만}{0.1006 - 0.04} \times \frac{1}{1.0936^5} =$ 8,598,000,000

Ⅳ.기업가치 및 주당가치

1.기업가치

2,020백만 + 8,598백만 = 10,618,000,000

2.주당가치

1)자기자본가치

10,618백만 - 3,200백만 = 7,418,000,000

2)주당 주식가치

7,418,000,000 ÷ 620,000주 = 12,000/주

-끝-

CH5-7〉(25)

Ⅰ.(물음1)

(감칙§25)환경오염으로 대상물건에 직접적 또는 간접적인 피해가 발생하여 대상물건의 가치가 하락한 경우 그 가치하락분을 감정평가할 때에는 오염이 발생하기 전의 대상물건의 가액 및 원상회복비용 등을 고려하여야 함

Ⅱ.물음(2)

1.환경오염 발생 전 가치

1)NOI 현가 합

$300,000,000 \times (\frac{1}{1.12} + 1.03 \times \frac{1}{1.12^2} +$

$1.03^2 \times \frac{1}{1.12^3} + 1.03^3 \times \frac{1}{1.12^4} + 1.03^4 \times \frac{1}{1.12^5} +$
$1.03^4 \times 1.02 \times \frac{1}{1.12^6} + 1.03^4 \times 1.02 \times \frac{1}{1.12^7} +$
$1.03^4 \times 1.02 \times \frac{1}{1.12^8} + 1.03^4 \times 1.02^2 \times \frac{1}{1.12^9} +$
$1.03^4 \times 1.02^2 \times \frac{1}{1.12^{10}}) =$ 1,871,000,000

2)지분복귀가액 현가

$(373,000,000 \times 1.02 \div 0.08) \times \frac{1}{1.12^{10}}$

$= 1,531,224,000$

3)대상부동산가치

1) + 2) = 3,402,224,000

2.환경오염 발생 후 가치

1)매년 NOI(단위: 천원)

기간	NOI	수익손실	복구비용	위험보증비용	수정 후 NOI
1	300,000	11,000	6,000	-	283,000
2	309,000	13,000	6,500	-	289,500
3	318,000	15,000	7,000	-	296,000
4	328,000	50,000	100,000	-	178,000
5	338,000	55,000	120,000	-	163,000
6	345,000	60,000	150,000	-	135,000
7	352,000	7,000	7,000	10,000	328,000
8	359,000	8,500	8,000	11,000	331,500
9	366,000	9,000	8,000	12,000	337,000
10	373,000	9,000	8,000	12,000	344,000

2)위험조정할인율

 (1)1 ~ 3년차(복구이전)

 0.12 + 0.08 =   0.2

 (2)4 ~ 6년차(복구기간)

 0.12 + 0.05 =   0.17

 (3)7년차 이후(복구이후)

 0.12 + 0.01 =   0.13

3)매년 NOI 현가 합

 283,000천 × $\frac{1}{1.2}$ + 289,500천 × $\frac{1}{1.2^2}$ +

 296,000천 × $\frac{1}{1.2^3}$ + 178,000천 × $\frac{1}{1.17^4}$ +

 163,000천 × $\frac{1}{1.17^5}$ + 135,000천 × $\frac{1}{1.17^6}$ +

 328,000천 × $\frac{1}{1.13^7}$ + 331,500천 × $\frac{1}{1.13^8}$ +

 337,000천 × $\frac{1}{1.13^9}$ + 344,000천 × $\frac{1}{1.13^{10}}$

                                = 1,307,773,000

4)복귀가액 현가

 (1)복귀가액

 (373,000,000 × 1.02 - 9,000,000 -

 8,000,000 - 13,000,000) ÷ 0.09

                                = 3,894,000,000

(2)현가

 (1) × $\frac{1}{1.13^{10}}$ =   1,147,127,000

5)환경오염 발생 후 가치

 3) + 4) =   2,454,900,000

3.가치하락분 결정

 3,402,224,000 - 2,454,900,000

                                = 947,324,000

                                     -끝-

CH5-8)(20)

Ⅰ.대상물건의 확정

 대상물건의 적재용량은 20톤으로서, 자동차
 가 아닌 <건설기계>로 확정함

Ⅱ.사전조사공부 및 실지조사사항
1.사전조사공부

 건설기계등록원부, 등록증, 검사증 등

2.실지조사사항

 종류·등록번호, 사용지·사용방법, 연료,
 구조·규격·형식·용량, 제작자·제작연월일,
 사용정도, 차량번호·기계번호 등

Ⅲ.감정평가액
1.감정평가방법 선정

 ①건설기계로서 감칙§20② 의거 주된 방법
 인 원가법을 적용하되, 거래사례비교법으로
 그 합리성을 검토함. ②다만 최종 감정평가
 액은 해체처분가액 이상이어야 함

2.적산가액
1)재조달원가: 150,000,000

 직접자료인 구입계약서상 매입금액은 시점
 수정 불가로 배제하고, 간접자료인 제조사
 문의 매입금액으로 결정함

2)적산가액

 1) × $\sqrt[4]{0.1}$ =   81,180,000

3.비준가액

1)거래사례의 적부

 거래사례가 많지 않으나 매매전문사이트 시
 세조사상 매물금액 범위(0.8억 ~ 1억)에서 거래
 금액이 결정(0.9억)되어 적정하다고 판단됨

2)가치형성요인 비교치

 110/100 × 95/100 =   1.045
   연식   주행거리

3)비준가액

 90백만 × 1.045 =   94,050,000

4.해체처분가액

 10백만 - 1백만 =   9,000,000

5.감정평가액
1)합리성 검토·시산가액 조정(감칙§12②, ③)

 최근 중고덤프트럭의 시세 상승 추세에 비
 추어 볼 때, 적산가액의 경우 실제경과 연
 수에 따른 감가수정은 대상물건의 경제적 감
 가를 반영하지 못한 것으로 파악되어 합리
 성이 부족하다고 판단됨

따라서, 최저한도액인 해체처분가액 이상이며, 시장상황을 잘 반영하는 비준가액으로 결정함
2)감정평가액:　　　　　94,050,000
-끝-

Chapter 06 임대료의 감정평가

CH6-1)(20)

Ⅰ.감정평가 개요
구분소유 부동산의 임대료 감정평가로서,
임대사례비교법을 주된 방법으로 적용하되
적산법으로 그 합리성을 검토함

Ⅱ.비준임료
1.사례 404호의 실질임대료
600,000 × 12월 =   7,200,000

2.비준임료
7,200,000 × 1 × 120/115 × 88/100 ×
　　　　　　　　　사　　시　　　지·개

$\frac{1,500,000}{1,460,000} \times \frac{1,480,000}{1,450,000} \times 73/82.5 =$ 6,135,000
　층별　　　　호별　　　　임대면적

Ⅲ.적산임료
1.대상 3층 1호 기초가액
1)층별 효용비율 =   0.205

$\frac{1,500 \times 292}{1,420 \times 282 + (1,580 + 1,500 + 1,460 + 1,400) \times 292}$

- 1 -

2)위치별 효용비율

$\frac{1,480 \times 73}{(1,480 + 1,520) \times 73 + 1,550 \times 83 + 1,450 \times 63}$

　　　　　　　　　　　= 0.246

3)기초가액
2,300,000,000 × 0.205 × 0.246
　　　　　　　　　= 115,989,000

2.기대이율
1)사례분석
(1)A아파트
(9,000,000 - 600,000) ÷ 150,000,000
　　　　　　　　　= 0.056

(2) B아파트
(4,800,000 - 400,000) ÷ 80,000,000
　　　　　　　　　= 0.055

(3)C아파트
(6,000,000 - 500,000) ÷ 100,000,000
　　　　　　　　　= 0.055

2)기대이율: <0.055>
5.5% ~ 5.6%로 유사해 상호 신뢰도가 높으
므로 제 사례 균형 고려하여 결정함

- 2 -

3.적산임료
115,989,000 × 0.055 + 550,000
　　　　　　　　　= 6,929,000

Ⅳ.임대료의 결정
1.합리성 검토(감칙§12②)
양 시산가액 수준 유사하여 적산임료가 비
준임료의 합리성을 지지한다고 판단되므로,
주된 방법인 감칙§22 비준임료로 결정함

2.임대료: 6,135,000
　　　　　　　　　-끝-

CH6-2)(25)

Ⅰ.감정평가 개요
임대사례비교법과 적산법을 병용하여 실질임
대료를 결정한 뒤, 지급임대료를 배분하여
산출함

- 3 -

Ⅱ.임대사례비교법에 의한 실질임대료
1.임대사례 실질임대료
1)1층
11,000 × 12월 + 1,650,000 × 0.12
　　　　　　　　　= 330,000
2)2층
5,000 × 12월 + 500,000 × 0.12 =   120,000

3)3층
4,000 × 12월 + 400,000 × 0.12 =   96,000

2.1층 비준임료
330,000 × $\frac{100}{110}$ × 1.01^6 × 1.05 × 100/105
　　　　　　　　사　　시　　　지　　　토개
× 104/100 × 160㎡ =   52,991,000
　건개　　　　임대면적

3.2층 비준임료
120,000 × 1 × 1.01^6 × 1.05 × 100/105
　　　　　　사　　시　　　지　　　토개
× 104/100 × 180㎡ =   23,846,000
　건개　　　　임대면적

- 4 -

4.3층 비준임료

$$96,000 \times 1 \times \underset{\text{사}}{1.01^6} \times \underset{\text{시}}{1.05} \times \underset{\text{지}}{100/105}$$
                                                토개

$$\times \underset{\text{건개}}{104/100} \times \underset{\text{임대면적}}{180㎡} = \quad 19,077,000$$

Ⅲ. 적산법에 의한 실질임대료
1. 토지 및 건물 전체 기초가액
1) 토지
(1) 비교표준지 선정
2종일주, 주거용인   <#2>

(2) 토지가액
$$1,000,000 \times \underset{\text{·1)시}}{1.00192} \times \underset{\text{지}}{100/95} \times \underset{\text{개}}{1} \times \underset{\text{그}}{1.20}$$

$$= @1,270,000$$

$$(\times 200㎡ = 254,000,000)$$

· 1) 시점(26.1.1 ~ 7.1 지가)

$$1.00032 \times \cdots \times 1.00035 \times (1 + 0.00035 \times 31/31)$$

· 2) 그 밖의 요인(표준지가 평가된 평가사례 선정)

$$1,200,000 / 1,000,000$$

―5―

2) 건물
$$445,000 \times 1 \times \underset{\text{시}}{45/50} \times \underset{\text{잔}}{104/102} \times \underset{\text{개}}{600㎡} \atop \text{면}$$

$$= 245,012,000$$

3) 합계: 499,012,000

2. 기대이율
1) 개요
임대사례를 이용해 기대이율을 산정함

2) 사례 전체 기초가액
(1) 토지
① 비교표준지 선정
2종일주, 주거용인   <#2>

② 토지가액
$$1,000,000 \times 1 \times \underset{\text{시}}{(100/105 \times 100/95)} \times$$

$$\underset{\text{지}}{105/100} \times \underset{\text{개}}{1.2} \times \underset{\text{면}}{210㎡} = \underset{\text{그}}{265,263,000}$$

―6―

(2) 건물: 220,000,000

(3) 합계: 485,263,000

3) 기대이율
(1) 사례 실질임대료
① 1층
$$330,000 \times \frac{100}{110} \times 180㎡ = \quad 54,000,000$$

② 2층
$$120,000 \times 200㎡ = \quad 24,000,000$$

③ 3층
$$96,000 \times 200㎡ = \quad 19,200,000$$

④ 합계: 97,200,000

(2) 기대이율(x)
$$97,200,000 = 485,263,000 \times x + 600,000$$
$$\times 3층$$

$$\therefore x = 0.1966$$

―7―

3. 적산임료
1) 층별효용비율

층	단위당 실질임대료	전유면적	효용비	효용적수	효용비율
3	96,000	117	32	3,744	0.199
2	120,000	117	40	4,680	0.249
1	$330,000 \times \frac{100}{110}$	104	100	10,400	0.552
계				18,824	1.000

2) 1층 적산임료
$$499,012,000 \times 0.552 \times 0.1966 + 480,000$$
$$= 54,634,000$$
3) 2층 적산임료
$$499,012,000 \times 0.249 \times 0.1966 + 480,000$$
$$= 24,908,000$$
4) 3층 적산임료
$$499,012,000 \times 0.199 \times 0.1966 + 480,000$$
$$= 20,003,000$$

Ⅳ. 층별 연간 지급임대료
1. 실질임대료 결정
양 시산가액 수준 유사하여 적산임료가 비준임료의 합리성을 지지한다고 판단되어, 주된 방법인 감칙§22 비준임료로 결정함

―8―

2.층별 연간 지급임대료

1)1층(x)

$x \times (1 + 150/12 \times 0.12) = 52,991,000$

$$\therefore\ x = 21,196,000$$

2)2층(y)

$y \times (1 + 100/12 \times 0.12) = 23,846,000$

$$\therefore\ y = 11,923,000$$

3)3층(z)

$z \times (1 + 100/12 \times 0.12) = 19,077,000$

$$\therefore\ z = 9,539,000$$

-끝-

CH6-3)(20)

I.(물음1)

1.원가방식

1)토지: 2,500,000,000

2)건물

$1,800,000,000 \times 1.01^9 \times 36/45$

$$= 1,574,907,000$$

---

3)적산가액: 4,074,907,000

2.수익방식

1)대상 상각 전 순수익

$290,000 \times 2,500㎡ \times (1 - 0.45)$

$$= 398,750,000$$

2)수익가액

$398,750,000 \times \frac{1.1^{36}-1}{0.1 \times 1.1^{36}} + 2,500,000,000 \times$

$1/1.1^{36} =$ 3,939,381,000

3.시장가치: <4,074,907,000>

수익가액이 합리성 지지하는 감칙§7① 원칙 적산가액으로 결정함

II.(물음2)

1.매기 순임대료 현가 합

$(200,000,000 \times 1.09 + 50,000,000) \times$

절세효과

$\frac{1.09^{10}-1}{0.09 \times 1.09^{10}} =$ 1,719,932,000

2.복귀가액 현가

$(1,800,000,000 \times 1.01^9 \times 26/45 +$

$2,500,000,000) \times 1/1.09^{10} =$ 1,536,491,000

3.임대권가치

$1 + 2 =$ 3,256,423,000

III.(물음3)

1.임대료의 차이

$350,000,000 - 200,000,000 =$ 150,000,000

2.전대권의 가치

$150,000,000 \times 1.09 \times \frac{1.09^{10}-1}{0.09 \times 1.09^{10}}$

$$= 1,049,287,000$$

IV.(물음4)

1.귀속소득(시장임대료와 계약임대료와의 차액)

1)시장임대료

$290,000 \times 2,500㎡ \times (1 - 0.45)$

$$= 398,750,000$$

2)귀속소득

$398,750,000 - 350,000,000 =$ 48,750,000

*) 귀속소득의 경우 시장임대료의 변화에 따른 변동성이 크므로 기초지급 보정을 하지 아니함

2.전차권의 가치

$48,750,000 \times \frac{1.12^{10}-1}{0.12 \times 1.12^{10}} =$ 275,448,000

V.각 물음간의 관계

1.소유권 ≠ 각 권리의 가치 합

$4,074,907,000 \neq [3,256,423,000 +$

$1,049,287,000 + 275,448,000]$

2.그 이유

소유권은 각 권리의 묶음임에도 불구하고 수익률 또는 할인율 적용의 문제, 임차인의 질, 최고최선의 이용 여부를 이유로 등식이 성립하지 않음

-끝-

CH6-4)(10)

I.개요

기본임대료와 추징임대료의 합으로 총임대료 수입을 결정함

II.매기 추징임대료

1.초년도 세금 대비 증가액(단위: 천원)

구분	1기	2기	3기	4기	5기
세금	500,000	530,000	561,800	595,510	631,240
추정임대료	-	30,000	61,800	95,510	131,240

2.운영경비 증가액 (단위: 천원)

구분	1기	2기	3기	4기	5기
운영경비	600,000	636,000	674,160	714,610	757,490
추정임대료	-	-	-	14,610[1]	57,490[2]

·1) 714,610,000 - (350,000 × 2,000)

·2) 757,490,000 - (350,000 × 2,000)

3.추정임대료

구분	1기	2기	3기	4기	5기
세금초과분	-	30,000	61,800	95,510	131,240
운영경비초과분	-	-	-	14,610	57,490
추정임대료 합	-	30,000	61,800	110,120	188,730

Ⅲ.매기의 총임대료 수입(단위: 천원)

1기	2기	3기	4기	5기
3,000,000	3,030,000	3,061,800	3,110,120	3,188,730

-끝-

- 13 -

CH6-5)(35)

Ⅰ.감정평가 개요
나지상정 토지가치에서 지상권 가치를 차감
하여 현 상태의 토지가치를 결정함

Ⅱ.나지상정 토지가치
1.공시지가기준법
1)비교표준지 선정
일반상업, 상업용인   <#1>

2)공시지가기준가액

$$2,500,000 × 1.00988 × 1 × \frac{97}{99} × 1$$

·시   지   개   그

$$= @2,470,000$$

·) 시점(26.1.1 ~ 7.7 지가): 1.00964 × (1 + 0.0002 × 37/31)

2.거래사례비교법
1)거래사례 선정
일반상업, 상업용이며 사정개입 없는   <#2>

2)사례토지 시장가치

- 14 -

---

(1)건물가치

$$500,000 × (0.6 × \frac{46}{50} + 0.4 × \frac{16}{20}) × 928㎡$$

$$= 404,608,000$$

(2)토지가치

$$1,152,243,000 - 1) =   747,635,000$$

3)비준가액

$$747,635,000 × 1 × 1.00006 × 1 × \frac{97}{96} × \frac{1}{300}$$

사   ·)시   지   개   면

$$= @2,520,000$$

·) 시점(26.6.28 ~ 7.7 지가): 1 + 0.0002 × 10/31

3.개발법(분양사례 기준)
1)사례 분양 총수입 현가
(1)총 분양수입

$$1,300,000 × (1,000 × 0.9)㎡$$

$$= 1,170,000,000$$

(2) 현가

$$(1) × (\frac{0.2}{1.01^4} + \frac{0.3}{1.01^6} + \frac{0.5}{1.01^{10}})$$

$$= 1,085,120,000$$

- 15 -

---

2)사례 개발비용 현가
(1)철거비 고려 여부
최유효이용 전제한 토지가치 산출을 위한
것이므로 철거비는 고려 안함

(2)건축공사비

$$600,000 × 1,000㎡ × (\frac{0.2}{1.01^2} + \frac{0.3}{1.01^4} + \frac{0.5}{1.01^8})$$

$$= 567,657,000$$

(3)설계비

$$600,000 × 1,000㎡ × 0.03 × \frac{1}{1.01^8}$$

$$= 16,623,000$$

(4)소계: 584,280,000

3)사례토지 시장가치

$$1) - 2) =   500,840,000$$

4)개발법에 의한 가액

$$500,840,000 × 1 × 1.00024 × 1 × \frac{97}{95} × \frac{1}{210}$$

사   ·)시   지   개   면

$$= @2,440,000$$

·) 시점(26.6.1 ~ 7.7 지가): 1 + 0.0002 × 37/31

- 16 -

4.토지잔여법

1)임대사례 선정

일반상업지역, 상업용이며, 토지건물 전체의
순수익을 파악할 수 있는   <#1>

2)사례 상각 후 순수익

(1)총수익

$(4,000 + 6,000 \times 2 + 8,000) \times 300㎡ \times$

$(12월 + 24월 \times 0.12 + 24월 \times \frac{0.12 \times 1.12^2}{1.12^2 - 1})$

$= 209,381,000$

(2)총비용

①공실 상당액 및 수선유지비

$7,200,000 \times (0.7 + 2.1) = \quad 20,160,000$

②보험료

㉠건물가치

$500,000 \times \frac{103}{100} \times (0.6 \times \frac{49}{50} + 0.4 \times \frac{19}{20})$

$\times 1,280㎡ = \quad\quad\quad 638,106,000$

㉡보험료

$㉠ \times 0.05 \times \frac{0.12 \times 1.12^2}{1.12^2 - 1} - 2,000,000 \times \frac{0.12}{1.12^2 - 1}$

$= 17,935,000$

③감가상각비

$638,106,000 \times (\frac{0.6}{49} + \frac{0.4}{19}) = \quad 21,247,000$

④소계: 59,342,000

(3)순수익

(1) - (2) =   150,039,000

3)사례토지 귀속순수익

$150,039,000 - 638,106,000 \times 0.09$

$= 92,609,000$

4)대상토지 기대순수익

$92,609,000 \times 1 \times 1.00087 \times 1 \times \frac{97}{92} \times \frac{300}{400}$
                사   •)시   지 개 면

$= 73,295,000$

•) 시점(26.2.1 ~ 7.7 지가)

$1.0001 \times \cdots \times 1.0002 \times (1 + 0.0002 \times 37/31)$

5)수익가액

$73,295,000 \div 0.1 = \quad 732,950,000$

(@2,440,000)

5.나지상정 토지가치

1)합리성 검토(감칙§12②)

제 시산가액 수준 유사하여 공시지가기준가
액의 합리성 지지하므로, 주된 방법에 따른
감칙§14 공시지가기준가액으로 결정함

2)토지가치

@2,470,000 × 300㎡ =   741,000,000

Ⅲ.지상권 가치

1.개요

시장지료와 실제지료의 차액을 잔존 지상권
설정기간 동안 현가함

2.시장지료

1)비준임료

(1)임대사례 선정

토지만의 지료 산출이 가능한   <#2>

(2)사례 실질임대료

$6,000,000 \times 12월 + 100,000,000 \times 0.12$

$= 84,000,000$

(3)비준임료

$84,000,000 \times 1 \times 1 \times 1 \times \frac{97}{94} \times \frac{300}{310}$
               사 시 지 개 면

$= 83,885,000$

2)적산임료

(1)기초가액에서 수익가액 고려 여부

순환논리 모순을 이유로 수익가액은 배제하
며, 수익가액 외 각 시산가액을 기준하여 기
초가액은 <741,000,000>으로 결정함

(2)적산임료(X)

X= 741,000,000 × 0.10 + 0.1X

$\therefore$ X = 82,333,000

3)결정

각 시산가액 수준 유사하여 비준임료의 합
리성 지지되므로, 시장성 잘 반영하는 감칙
§22 주된 방법인 비준임료 83,885,000으로
결정함

3.실제지료

60,000,000 × 1.12 =   67,200,000

52 해커스 감정평가사 ca.Hackers.com

4.지상권 가치

$(83,885,000 - 67,200,000) \times \frac{1.12^{17}-1}{0.12 \times 1.12^{17}}$

$= 138,366,000$

IV.현 상태 토지가치

$II - III =$ 602,634,000

-끝-

CH6-6)(15)

I.감정평가 개요

①입체이율저해율 기준 및 ②잔여법 기준의 2방식을 병용하여 구분지상권 가치를 구함

II.입체이용저해율 기준 구분지상권 가치

1.나지상정 토지가치

1)비교표준지 선정: <#2>

일반상업, 상업용이며, 같은 B동 내 소재

2)토지가치

$2,000,000 \times 1.00132 \times 1 \times \frac{101}{100} \times 2.5$

 *)시   지   개   그

$= @5,060,000$

$(\times 300㎡ = 1,518,000,000)$

— 21 —

---

*) 시점(26.1.1 ~ 7.7 지가)

$1.00014 \times \cdots \times 1.00028 \times (1 + 0.00028 \times 7/30)$

2.입체이용저해율

1)건축저해층수

(1)최유효이용층수: 지상7층, 지하1층

(2)건축가능층수

$20m \div 3.5m =$ 5.7

$\therefore$ 지상5층, 지하1층

(3)건축저해층수: 지상2개층(지상6, 7층)

2)입체이용저해율

(1)건축물 등 이용저해율(저층시가치 기준)

$0.75 \times \frac{70.000 \times 2}{80.000 + 200.000 + 140.000 + 100.000 + 80.000 + 70.000 \times 3}$

$= 0.1296$

(2)지하 이용저해율: 저해 없음

(3)기타 이용저해율

$0.15 \times \frac{3}{4} =$ 0.1125

— 22 —

---

(4)저해율

$0.1296 + 0.1125 =$ 0.2421

3.구분지상권 가치

$1,518,000,000 \times 0.2421 =$ 367,508,000

III.잔여법 기준 구분지상권 가치

1.대상 상각 전 기대순수익

1)총수익

$10,000,000 \times 12월 + 350,000,000 \times 0.12$

$= 162,000,000$

2)총비용

$25,000,000 + 5,000,000 + 3,000,000$

$= 33,000,000$

3)순수익

$1) - 2) =$ 129,000,000

2.구분지상권 귀속 순임대료

$129,000,000 \times 0.20 =$ 25,800,000

3.구분지상권 가치

$25,800,000 \div 0.07 =$ 368,571,000

— 23 —

IV.구분지상권 가치 결정

양자가 유사해 상호 신뢰성 인정되므로 균형 고려해 <368,000,000>으로 결정함

-끝-

— 24 —

해커스 감정평가사

ca.Hackers.com

Chapter 07
담보평가, 경매평가, 도시정비평가

Ⅰ.(물음1)

1.지상 위 건물의 처리

1)담보평가 시 처리기준

담보평가는 채권회수를 위한 안정성을 중시
하므로 제시 외 건물은 감정평가에서 제외함

2)사안의 경우

현황건물은 건축물대장에 등재되지 아니한
제시 외 건물이므로 감정평가 제외함

2.공시지가기준가액

1)비교표준지 선정: <#1>

대상이 표준지이므로 대상표준지 선정

2)공시지가기준가액

490,000 × 1.01728 × 1 × (1 × 1 × 1) × 1

　　　　　　•)시　　지　도　형　세　그

　　　　　　　　　　　　　= @498,000

•) 시점(26.1.1 ~ 7.7 지가): 1.01382 × (1 + 0.00286 × 37/31)

3.비준가액

1)사례 선정: <#1>

1종일주, 주거나지로 대상토지와 유사성 큰
사례 선정

2)사례 현금등가액

$5,000,000 + 50,000,000 × [1/3 × (\frac{1}{1.12} + \frac{1}{1.12^2} + \frac{1}{1.12^3}) + 0.11 × (\frac{1}{1.12} + 2/3 × \frac{1}{1.12^2} + 1/3 × \frac{1}{1.12^3})] =$ 54,169,000

3)비준가액

54,169,000 × 1 × 1.01197 × 1 × (1 ×

　　　　　　　　　사　•)시　　지　　도

$1.1 × 1) × \frac{1}{110} =$ @548,000

　　형　　세　　면

•) 시점(26.3.2 ~ 7.7 지가):

(1 + 0.0022 × 30/31) × 1.00351 × 1.00286 + (1 + 0.00286 × 37/31)

4.담보평가액

안정성 측면에서 비준가액이 합리성 지지한
다고 판단되는 감칙§14 원칙 공시지가기준
가액으로 결정함

∴ @498,000 × 132㎡ =   65,736,000

Ⅱ.(물음2)

1.지상 위 건물의 처리

1)경매평가 시 처리기준

경매평가는 채권자, 채무자 보호 및 경매절
차 진행의 원활화를 취지로 하므로 제시 외
건물이라 하더라도 감정평가에 포함함

2)사안의 경우

현황 미등재 건물을 기준으로 감정평가대상
에 포함

2.개별평가액 합

1)토지

시가반영 측면에서 공시지가기준가액의 합
리성 적다고 보아 비준가액으로 결정함

∴ @548,000 × 132㎡ =   72,336,000

2)건물(벽돌조 슬래브지붕)

$@700,000 × \frac{98}{101} × 114.1㎡ =$ 77,498,000

---

3)개별평가액 합

1) + 2) =   149,834,000

3.비준가액

1)사례 선정: <#3>

건물 구조, 지붕 등 토지와 건물 일체적 유
사성이 큰 사례 선정

2)사례토지, 건물 가치구성비

(1)건물가치구성비

(@700,000 × 120㎡) ÷ 137,000,000

　　　　　　　　　　= 61.3%

(2)토지가치구성비

1 - 0.613 =   38.7%

3)요인 비교치

(1)토지

$1.00065 × (\frac{105}{100} × \frac{95}{100}) × (1 × 1.1 × 1) × \frac{132}{130}$

　　　　•)시　지　도　형　세　면

　　　　　　　　　　= 1.115

•) 시점(26.7.1 ~ 7.7 지가): 1 + 0.00286 × 7/31

(2)건물

$$1 \times 1 \times \frac{98}{101} \times \frac{114.1}{120} = \qquad 0.923$$
   시   잔   개   면

4)비준가액

$137,000,000 \times 1 \times (0.387 \times 1.115 +$
                            사   토가구

$0.613 \times 0.923) \times 1 = \qquad 136,631,000$
  건가구   품등

4.경매평가액

1)합리성 검토·시산가액 조정(감칙§12②, ③)

감칙§7① 개별평가액 합 원칙이나, 주거용으로서 토지·건물 일체 효용성 반영에 미흡하여 합리성 적다고 판단되므로, 이를 잘 반영한 감칙§7②, §16에 근거한 비준가액으로 결정함

2)경매평가액: 136,631,000

-끝-

— 5 —

CH7-2)(25)

Ⅰ.감정평가 개요

1.대상물건 확정

건물만 근저당권이 설정된 후 경매가 실시된 경우로 대상물건은 <건물>만 해당함

2.감정평가방법

감칙§15 의거 원가법을 주된 방법으로 선정하되, 감칙§11, 12 의거 거래사례비교법 및 건물잔여법으로 그 합리성을 검토함

Ⅱ.원가법

1.재조달원가

1)직접법

$450,000 \times 1.2 = \qquad @540,000$
                 *)시

*) 시점(20.7 ~ 26.7 건축비): 120/100

2)간접법

$500,000 \times 1.0084 \times \frac{100}{101} = \qquad @499,000$
               *)시   개

*) 시점(26.5 ~ 7 건축비): 120/119

— 6 —

---

3)재조달원가: <@499,000>

직접법은 시점 괴리로 다소 부적정하다고 보아, 최근 건축된 표준적 사례인 간접법 기준하여 결정함

2.적산가액

$499,000 \times (0.8 \times \frac{49}{55} + 0.2 \times \frac{14}{20}) \times 1,500\text{㎡}$
$= 638,266,000$

Ⅲ.거래사례비교법

1.사례 선정: <#1>

상업용 건물로 유사성 있으며, 배분법 적용이 가능한 사례

2.사례건물 시장가치

1)현금등가액

$700,000,000 + 300,000,000 \times \frac{0.1 \times 1.1^{30}}{1.1^{30} - 1}$
$\times \frac{1.12^{30} - 1}{0.12 \times 1.12^{30}} = \qquad 956,346,000$

2)건물가치(배분법:비율법)

$1) \times 0.7 = \qquad 669,442,000$
    가격배분율

— 7 —

3.비준가액

$669,442,000 \times 1 \times 1.01695 \times \frac{105}{100} \times 0.972$
                        사 *1)시   개   *2)잔

$\times \frac{1,500}{1,600} = \qquad 651,387,000$
     면

*1) 시점(26.3.1 ~ 7.1 건축비): 120/118

*2) 잔가율: $\frac{0.8 \times 49/55 + 0.2 \times 14/20}{0.8 \times 50/55 + 0.2 \times 15/20}$

Ⅳ.건물잔여법

1.대상 상각 후 순수익

1)총수익

$(7,000 + 6,000 \times 2 + 5,000)천 +$

$(150,000 + 140,000 \times 2 + 100,000)천$

$\times 0.09 = \qquad 71,700,000$

2)총비용

(1)보험료

$5,000,000 \times \frac{0.12 \times 1.12^3}{1.12^3 - 1} - 5,000,000 \times 0.5 \times$

$\frac{0.12}{1.12^3 - 1} = \qquad 1,341,000$

(2)기타

$600,000 + 24,000,000 \times 0.03 + 71,700,000$

— 8 —

× 0.03 + 2,000,000=	5,471,000
(3)소계:	6,812,000
3)순수익	
1) - 2) =	64,888,000
2.대상토지 기대순수익	
1)토지가치(공시지가기준법)	
(1)비교표준지 선정:	<#1>
일반상업, 상업용이며, 신림동 내 소재	
(2)그 밖의 요인 보정	
①사례 선정:	<#2>
상업용 토지이용이 최유효이용으로 유사	
②거래사례 기준 대상토지가액	
(350,000,000 + 5,000,000) × 1.01003 ×	

$$1 \times 1 \times \frac{1}{450} = \quad @796,801$$

지   개   면

•) 시점(26.5.1 ~ 7.1 상업): 1.005 × (1 + 0.005 × 31/31)

③표준지 기준 대상토지가액	

$$650,000 \times 1.02730 \times 1 \times \frac{100}{95} = \quad @702,889$$

•)시   지   개

•) 시점(26.1.1 ~ 7.1 상업): 1.003 × ··· × (1 + 0.005 × 31/31)

④그 밖의 요인 보정치	
796,801 ÷ 702,889 =	1.13
(3)토지가치	

$$650,000 \times 1.02730 \times 1 \times \frac{100}{95} \times 1.13$$
$$= @794,000$$
$$(\times 400㎡ = 317,600,000)$$

2)대상토지 기대순수익	
317,600,000 × 0.05 =	15,880,000
3.대상건물 기대순수익	
1 - 2 =	49,008,000
4.수익가액	
49,008,000 ÷ 0.07 =	700,114,000

Ⅴ.시장가치	
1.합리성 검토(감칙§12②)	
수익가액은 건물 기대순수익 산정 과정 및 분리환원율 적용의 오류가능성 등으로 합리성이 부족하다고 판단됨	
따라서 시장성 잘 반영하는 비준가액이 합리성 지지하는 감칙§15 원칙 적산가액으로 결정함	
2.시장가치:	638,266,000
	-끝-

CH7-3)(20)

Ⅰ.(물음1)	
1.감정평가 개요	
사업시행인가고시일(25.8.1)을 기준시점으로 하여 현황 평가함	
2.토지	
1)적용공시지가 선택:	<25년>
사업시행인가고시일 이전 최근 공시지가	

2)비교표준지 선정:	<#1>
사업지구 내, 2종일주, 단독주택	
3)토지가액	

$$2,400,000 \times 1.01501 \times 1 \times 1 \times 1$$

•)시   지 개 그

$$= @2,440,000$$
$$(\times 120 = 292,800,000)$$

•) 시점: 25.1.1 ~ 8.1 주거지역 지가변동률

3.건물	
1)평가 포함 여부	
89.1.24 이전 무허가건축물이므로, 기존 무허가건축물로 보아 평가 포함함	
2)건물가액	
1,350,000 × 3/40 =	@100,000
잔	(× 90 = 9,000,000)
4.P씨 종전자산가액	
'2' + '3' =	301,800,000

Ⅱ.(물음2)

1.감정평가 개요

의뢰인 제시일(26.7.2)을 기준시점으로 하여 일반분양, 조합원분양분을 합산해 평가함

2.일반분양분 가액

1)10층 1호

350백만 × 1 × (1 - 0.1) × (1.05 × 100/85)

거래가격 사   시   개   경과연수

= 389,118,000

2)전체 가액

1) × (100 + 106 + 110 × 12 + 104) / 110 × 2동

1층   2층   3 ~ 14층   15층

= 11,532,000,000

3.조합원 분양분 가액

350백만 × 90 = 31,500,000,000

4.조합 전체 분양예정자산가액

'2' + '3' = 43,032,000,000

― 13 ―

Ⅲ.(물음3)

1.비례율

$\dfrac{43,032백만 - 23,000백만}{301,800,000 \div 0.01}$ = 0.6638

2.권리액

301,800,000 × 0.6638 = 200,335,000

3.청산금

350백만 - '2' = 149,665,000

조합원분양가

(P씨가 조합에 149,665,000원을 납부하여야 함)

-끝-

CH7-4)(10)

Ⅰ.감정평가 개요

<가치다원론>에 따라 국유지의 목적별 가액을 제시함

Ⅱ.(물음1)

1.개요

― 14 ―

공익사업에 필요한 국유지를 사업시행자에게 처분하는 경우로서 국유재산법 시행령에 따라 토지보상법 기준해 <보상평가>함

2.적용공시지가 및 비교표준지 선정

사업인정 전 협의평가이므로 기준시점 이전 최근 <26.1.1> 공시지가 선택하며, 도로구역에 저촉되지 아니한 <#5> 선정함

3.감정평가액

250,000 × 1.03111 × 1 × ($\frac{80}{90} × \frac{90}{100} × \frac{100}{100}$) × 1

*1)시   지   도   형   세   그

= @206,000

(× 500㎡ × 0.2 = 20,600,000)

*2)

*1) 시점(26.1.1 ~ 7.7 지가)

1.02452 × 1.00521 × (1 + 0.00521 × 7/30)

*2) 도로사업에 필요한 저촉 부분만 교환대상으로 봄

Ⅲ.(물음2)

1.개요

일반에 대한 처분 목적이므로 국유재산법에

― 15 ―

따라 감정평가법 기준해 <일반평가>함

2.적용공시지가 및 비교표준지 선정

기준시점 가장 근접한 <26.1.1> 선택하며 도로구역에 저촉된 <#2> 선정함

3.감정평가액

200,000 × 1.03111 × 1 × ($\frac{80}{80} × \frac{90}{100} × \frac{100}{100}$) × 1

시   지   도   형   세   그

= @186,000

(× 500㎡ = 93,000,000)

-끝-

― 16 ―

해커스 감정평가사
ca.Hackers.com

Chapter 08
감정평가와 관련된 상담 및 자문 등

CH8-1)(15)

I.개요
합병 후 가치에서 합병 전 가치를 차감하여 매입 최대한도액을 구함

II.합병 후 토지가치
1.분양수입 현가
$1,350,000 \times 2,500㎡ \times (\frac{0.5}{1.01^4} + \frac{0.5}{1.01^7})$
$= 3,195,616,000$

2.개발비용 현가
1)건축공사비
$700,000 \times 3,120㎡ \times \frac{1}{3} \times (\frac{1}{1.01} + \frac{1}{1.01^7} + \frac{1}{1.01^4})$
$= 2,099,405,000$

2)판관비
$3,195,616,000 \times 0.01 =$ 31,956,000

3)기타 부대비용
$1,350,000 \times 2,500㎡ \times 0.1 \times \frac{1}{1.01^7}$
$= 314,792,000$

4)소계: 2,446,153,000

3.합병 후 토지가치
1 - 2 = 749,463,000

III.합병 전 A토지가치
1.B토지가치(평가사례 기준)
$900,000 \times 0.98701 \times 416㎡ =$ 369,537,000
　　　　　•)시　　　　　면
•) 시점(25.7.1 - 26.7.7 지가): $\frac{197 - 8 \times 68/120}{195}$

2.A토지 시장가치
$0.42 = \frac{x}{x + 369,537,000}$
$\therefore x = 267,596,000$

IV.B토지 매입을 위한 최대 매입한도액
749,463,000 - 267,596,000
$= 481,867,000$
-끝-

CH8-2)(15)

I.(물음1)
1.산식(Ellwood법)
$R = y - L/V(y + P \times SFF - MC) \pm \triangle \times SFF$

2.변수 결정
1)MC
$\frac{41,450,000 \times 12월}{4,325,000,000} =$ 0.115

2)P
$\frac{0.115 - 0.1}{\frac{(1+0.1/12)^{120} \times 0.1/12}{(1+0.1/12)^{120} - 1} \times 12 - 0.1} =$ 0.2561

3)SFF
$\frac{0.15}{1.15^{10} - 1} =$ 0.0493

3.최대 매수제안가격(x)
$\frac{640,000,000}{x} = 0.15 - \frac{4,325,000,000}{x} \times (0.15 + 0.2561 \times 0.0493 - 0.115) - 0.2 \times 0.0493$
$\therefore x = 6,036,000,000$

II.(물음2)
1.C계수
$0.15 + \frac{\frac{(1+0.11/12)^{300} \times 0.11}{(1+0.11/12)^{300} - 1} - 0.11}{\frac{(1+0.11/12)^{120} \times 0.11}{(1+0.11/12)^{120} - 1}} \times 0.0493 -$

$\frac{(1+0.11/12)^{300} \times 0.11}{(1+0.11/12)^{300} - 1} =$ 0.03917

2.투자가치(y)
$\frac{640,000,000}{y} = 0.15 - \frac{4,540,000,000}{y} \times 0.03917$
$- 0.2 \times 0.0493$
$\therefore y = 5,835,800,000$

3.신규저당 시 이득 여부
1)기존 저당 시 투자자 지분가치
6,036,000,000 - 4,325,000,000
$= 1,711,000,000$

2)신규 저당 시 투자자 지분가치
5,835,800,000 - 4,540,000,000
$= 1,295,800,000$

3)결정
1) > 2)이므로 신규저당에 의한 투자는 <투자자에게 이득이 없다>고 판단됨

-끝-

CH8-3)(5)

Ⅰ.개요

새 아파트 투자가치를 산정한 후 건립비용과 요구수익률을 고려하여 낡은 아파트 최대 매수가격을 결정함

Ⅱ.새로 건립될 아파트 투자가치

1.순수익

$600,000 × 150가호 × 12월 × (1 - 0.05)$
$× (1 - 0.4) =$　　　615,600,000

2.투자가치

$615,600,000 ÷ 0.11 =$　　5,596,364,000

Ⅲ.낡은 아파트 최대매수가격(x)

$(x + \underset{건립비용}{2,000,000,000}) × (1 + \underset{요구수익률}{0.3})$

$= 5,596,364,000$

$∴ x = 2,304,895,000$

-끝-

CH8-4)(25)

Ⅰ.(물음1)

1.현금유입

1)기본적 사항

(1)분양면적

$5,000㎡ × 0.6 =$　　　　3,000㎡

(2)분양필지 수

$3,000㎡ ÷ 200㎡ =$　　　　15필지

2)분양단가(완공시점: 26.10.31)

(1)공시지가기준가액 고려 여부

개발 후 분양필지와 이용상황 및 면적이 유사한 표준지가 없어 공시지가기준가액은 배제함

(2)분양단가 결정

①사례 선정:　　　　　　　　<#가>
분양필지와 유사한 주거용, 규모 200㎡

②분양단가

$90,000,000 × 1 × 1.00385 × 1 × (1 × 1) × 1/200$

　　　　사　　•)시　　지　　도　개　　면

$= @452,000$

•) 시점(26.6.1 ~ 10.31 지가): $1.00025 × 1.00059 × 1.0013$

3)현금유입

(1)분양총수입

$@452,000 × 200㎡ × 15필지 =$　1,356,000,000

(2)현금유입

①기준시점으로부터 3월 후

$1,356백만 × 1/3 =$　　　452,000,000

②기준시점으로부터 4월 후

$1,356백만 × 2/3 =$　　　904,000,000

2.현금유출

1)소지매입비

(1)공시지가기준가액

①비교표준지 선정:　　　　　<#2>
소지와 유사한 잡종지, 대규모 필지

---

②공시지가기준가액

$100,000 × 1.00202 × 1 × (80/85 × 98/102) × 1$

　　　•)시　　지　　도　　개　　　그

•) 시점(26.1.1 ~ 7.31 지가):　　$= @91,000$

(2)비준가액

①사례 선정:　　　　　　　　<#나>
소지와 유사한 잡종지, 대규모 필지

②비준가액

$346,000,000 × 100/90 × 1.00059 × 98/100$

　　　　사　　　시　　　　지

$× (1 × 98/100) × 1/4,000 =$　@92,000

　도　　개　　　면

(3)소지매입비:　　　　　　<@92,000>

타당성 분석임을 고려해 보다 시장성이 잘 반영된 비준가액으로 결정함

$∴ @92,000 × 5,000㎡ =$　　460,000,000

2)조성공사비

(1)기준시점으로부터 1개월 후

150,000 × 5,000㎡ × 0.2 = 150,000,000

(2)기준시점으로부터 2개월 후

150,000 × 5,000㎡ × 0.4 = 300,000,000

(3)공사완료 시: 300,000,000

3)일반관리비

1,356백만 × 0.05 = 67,800,000

4)각종부담금

1,356백만 × 0.03 + 150,000 × 5,000 × 0.05

= 78,180,000

3.현금흐름분석표(단위: 천원)

구분		0	1	2	3	4
I.현금유입	분양수입				452,000	904,000
II.현금유출	(토지매입비)	(460,000)				
	(조성공사비)		(150,000)	(300,000)	(300,000)	
	(일반관리비)				(67,800)	
	(부담금)			(78,180)		
III.현금흐름	(= I - II)	(460,000)	(150,000)	(378,180)	84,200	904,000

II'.(물음2)

1.NPV

$$-460,000천 - \frac{150,000천}{1.01} - \frac{378,180천}{1.01^2} + \frac{84,200천}{1.01^3} + \frac{904,000천}{1.01^4} = \quad -28,793,000$$

2.경제적 타당성 검토: <타당성 없음>

NPV < 0이므로 해당 사업의 경제적 타당성은 없으며, 28,793,000만큼 불리함

※추가 컨설팅 의견

1.시장의 미성숙으로 인한 낮은 분양가

해당 지역은 시장이 미성숙해 주거용 토지라도 분양가가 낮게 책정될 수밖에 없어 해당 사업의 경제적 타당성이 부정됨

2.조성공사비의 절감노력

해당 사업에서 가장 높은 비용을 가지는 조성공사비의 절감을 통해 해당 사업의 경제적 타당성을 제고해볼 여지는 있음

-끝-

CH8-5)(15)

I.(물음1)

1.독립적 투자안

한 투자대안이 다른 투자대안의 현금흐름에 아무런 영향을 미치지 않는 경우를 말함

2.상호배타적 투자안

두 개 이상의 투자안이 동시에 투자될 수 없는 경우를 말함

3.종속적 투자안

투자안 B를 선택하기 위해서 반드시 A를 먼저 선택하여야 하는 경우를 말함

II.(물음2)

1.두 투자안의 NPV

1)투자안 A

$$5,000,000/1.1 + 8,000,000/1.1^2 - 10,000,000 = \quad 1,157,000$$

2)투자안 B

$$1,000,000/1.1 + 2,000,000/1.1^2 - 2,000,000 = \quad 562,000$$

2.독립적 투자안인 경우의 선택

A, B안 모두 NPV > 0이므로 A, B안 모두 선택함

3.상호배타적 투자안인 경우의 선택

투자안 A, B 중 더 큰 값을 가지는 A안 선택함

4.결합투자 시의 현금흐름 추정 및 NPV

1)현금흐름

시점	투자안 A	투자안 B	결합투자안(A + B)
0	- 1,000만	- 200만	- 1,200만
1	500만	100만	600만
2	800만	200만	1,000만

2)NPV

$$6,000,000/1.1 + 10,000,000/1.1^2 - 12,000,000 = \quad 1,719,000$$

3)각 투자안 NPV 단순합계치와 비교

각 투자안 NPV 단순합계치와 결합투자안 NPV는 값이 같음

이는 NPV(A) + NPV(B) = NPV(A + B)의 가치 가산의 원리가 성립함을 의미함

-끝-

CH8-6)(40)

I.(물음1)

1.개념

1)NPV법

NPV란 투자로부터 기대되는 현금유입의 현가에서 현금유출의 현가를 차감한 것으로 NPV가 0보다 큰 경우 투자의 타당성이 있다고 판단하는 기법이 NPV법임

2)PI법

PI란 투자의 기대현금유입현가와 현금유출현가의 비를 말하며, PI가 1보다 큰 경우 투자의 타당성이 있다고 판단하는 기법이 PI법임

— 13 —

2.양자의 비교

단일 투자안이나, 상호 독립적인 투자안에서 양자는 동일한 결과를 도출함

그러나 투자규모 · 기간 등이 다른 상호배타적 투자안을 평가하는 경우 두 방법에 의한 결과는 다르게 나타날 수 있는데, 이는 NPV법은 투자에 따른 총 순이익을 중시하는 반면 PI법은 투자액 1원당의 효율성을 중시하는 방법이기 때문임

따라서 투자분석의 목적, 전제 등에 따라 적절한 방법을 선택하여 적용하여야 함

II.(물음2)

1.택지만 분양 시 타당성 분석

1)현금유입 현가

(1)분양총수입

①비교표준지 선정: <#3>
개발 후와 유사한 2종일주, 아파트 표준지

— 14 —

②분양가액

$290,000 \times 1.04583 \times 1 \times 100/97 \times 1$

ㆍ)시   지   개   그

$= @313,000$

$(\times 15,000\text{㎡} = 4,695,000,000)$

ㆍ) 시점(26.1.1 ~ 11.30 주거): 1.015×1.0056

(2)현가

$4,695,000,000 \times 0.5 \times [\frac{1}{(1+0.1/12)^1} + \frac{1}{(1+0.1/12)^6}]$

$= 4,504,327,000$

2)현금유출 현가

(1)소지매입비

①임야 부분

㈎비교표준지 선정: <#6>
개발 전과 유사한 2종일주, 임야 표준지

㈏가액

$70,000 \times 1.02535 \times \frac{105}{100} \times \frac{100}{105} \times 1$

ㆍ)시   지   개   그

$= @72,000$

$(\times 5,000\text{㎡} = 360,000,000)$

— 15 —

ㆍ) 시점(26.1.1 ~ 7.31 주거): $1.015 \times 1.005 \times (1 + 0.005 \times 31/30)$

②잡종지 부분

㈎비교표준지 선정: <#1>
개발 전과 유사한 2종일주, 잡종지 표준지

㈏가액

$150,000 \times 1.02535 \times 1 \times \frac{100}{103} \times 1$

시   지   개   그

$= @149,000$

$(\times 12,000\text{㎡} = 1,788,000,000)$

③합계

$(360,000,000 + 1,788,000,000) \times 1.1$

$= 2,362,800,000$

(2)택지 조성공사비

$@50,000 \times 17,000\text{㎡} \times 0.5 \times [\frac{1}{(1+0.1/12)}$

$+ \frac{1}{(1+0.1/12)^5}] =$ $829,214,000$

(3)판매관리비

$4,695,000,000 \times 0.05 \times \frac{1}{(1+0.1/12)^5}$

$= 225,209,000$

— 16 —

(4)공공시설부담금

$50,000,000 \times \frac{1}{(1+0.1/12)^5} =$ 　　47,968,000

(5)기타비용

$(2,362,800,000 + 4,695,000,000) \times 0.05$

$\times \frac{1}{(1+0.1/12)^5} =$ 　　338,547,000

(6)소계: 　　3,803,738,000

3)타당성 분석

(1)NPV

4,504,327,000 - 3,803,738,000

　　= 700,589,000

(2)PI

4,504,327,000 ÷ 3,803,738,000

　　= 1.18418

(3)분석: 　　<타당성 인정>

NPV > 0, PI > 1이므로 경제적 타당성이 인정됨

— 17 —

2.아파트 분양 시 타당성 분석

1)현금유입 현가

(1)분양총수입

@4,500,000 × 1.024 × 26평 × 10호 ×

　　　　*)시　　전용면적　세대수

$\frac{85+95+100 \times 6층 + 95 \times 2층}{100} \times \frac{1}{1.05}$ = 11,699,545,000

　　　　일체요인

*) 시점(26.7.31 ~ 27.7.31 아파트가격변동률)

(2)현가

$11,699,545,000 \times 0.5 \times \left(\frac{1}{1.01^{12}} + \frac{1}{1.01^{17}} \right)$

　　= 10,130,792,000

2)현금유출 현가

(1)부지매입비용: 　　2,362,800,000

(2)부지조성공사비

@50,000 × 17,000㎡ × 0.8 × 0.5 × $\left(\frac{1}{1.01} \right.$

$\left. + \frac{1}{1.01^5} \right) =$ 　　660,132,000

(3)아파트 공사비

@300,000 × 16,000㎡ × 1.1 × 0.5 ×

$\left(\frac{1}{1.01^5} + \frac{1}{1.01^{17}} \right) =$ 　　4,741,026,000

— 18 —

---

(4)판매관리비

$11,699,545,000 \times 0.1 \times \frac{1}{1.01^{17}}$

　　= 987,883,000

(5)공공시설부담금, 기타비용

[50,000,000 + (2,362,800,000 +

4,695,000,000) × 0.05] × $\frac{1}{1.01^5}$

　　= 383,336,000

(6)소계: 　　9,135,177,000

3)타당성 분석

(1)NPV

10,130,792,000 - 9,135,177,000

　　= 995,615,000

(2) PI

10,130,792,000 ÷ 9,135,177,000

　　= 1.10899

(3)분석: 　　<타당성 인정>

NPV > 0, PI > 1이므로 경제적 타당성이 인정됨

— 19 —

Ⅲ.(물음3)

상기의 두 가지 대안 모두 NPV > 0, PI > 1 이므로 경제적 타당성이 각각 인정됨

현재의 타당성 분석은 상호배타적 투자안으로서의 분석이므로 <사업비용의 제한이 없다면 NPV가 더 높은 택지조성 후 아파트 신축하는 안을 선택>하는 것이 타당함

반면, PI는 택지만을 조성하는 경우가 더 높아 <투자액 대비 효율성을 중시한다면 택지만을 조성하는 안을 선택>하는 것이 타당하다고 분석됨

　　　　-끝-

CH8-7)(15)

Ⅰ.개요

시장가치는 GIM법에 의해 산출하고, 개발비용을 고려하여 타당성을 분석함

— 20 —

Ⅱ.시장가치

1.예상 매출액

1)안정인구

(1)현재인구: 35,700명

(2)추가인구

$15,000 \times 0.4 + 3,000 \times 0.4 + (-7,000)$

$\times 0.2 =$ 5,800명

(3)안정인구

(1) + (2) = 41,500명

2)지역의 총 매상고

$41,500 \times 0.28 \times 17,000,000 \times 0.17 \times (1-0.3)$

= 23,507,260,000

3)예상 점유율

(1)매장면적비율

$\frac{2,000}{(1,800+1,650+1,200+2,000)} =$ 0.3008

(2)주차공간비율

$\frac{250}{(160+100+150+250)} =$ 0.3788

— 21 —

(3)예상점유율

$\frac{(0.3008 \times 2 + 0.3788)}{3} =$ 0.3268

(4)예상 매출액

$23,507,260,000 \times 0.3268$

= 7,682,173,000

2.GIM

1)A

8,250백만/1,500백만 = 5.50

2)B

7,500백만/1,300백만 = 5.77

3)C

6,000백만/1,150백만 = 5.22

4)GIM: <5.5>

제 결과 유사하여 이를 모두 고려해 결정

3.시장가치

$7,682,173,000 \times 5.50 =$ 42,251,952,000

— 22 —

Ⅲ.개발비용

1.토지가치

$@8,000,000 \times 3,500㎡ =$ 28,000,000,000

2.건축비용

$@2,300,000 \times 2,000㎡ =$ 4,600,000,000

3.소계: 32,600,000,000

Ⅳ.타당성 분석

시장가치(42,251,952,000원)가

개발비용(32,600,000,000원)보다 크므로

<경제적 타당성이 있는 것>으로 판단됨

-끝-

CH8-8)(10)

Ⅰ.처리방법

투자가치와 매수가격을 비교하여 매수 여부를

결정함

— 23 —

Ⅱ.투자가치

1.현 시점 순수익

$5,700,000 \times 12월 \times 0.5 =$ 34,200,000

2.할인율의 결정

1)첫 5년

투하자본수익률인 15%로 결정함

2)다음 5년

불확실성에 대한 할증률을 가산하여

15 + 3 = 18%로 결정함

3.투자가치

$34,200,000 \times (\frac{1.15^5 - 1}{0.15 \times 1.15^5} + \frac{1.18^5 - 1}{0.18 \times 1.18^5} \times \frac{1}{1.15^5}$

$+ \frac{100,000,000}{1.15^5 \times 1.18^5} =$ 189,548,000

Ⅲ.매수가격

1.현금: 100,000,000

2.첫 5년간

$100,000,000 \times \frac{0.09 \times 1.09^{10}}{1.09^{10} - 1} \times \frac{1.12^9 - 1}{0.12 \times 1.12^5}$

= 56,170,000

— 24 —

3.다음 5년간

$$100,000,000 \times (1 - \frac{\frac{1.09^5 - 1}{1.09^{10} - 1}}{}) \times \frac{0.15 \times 1.15^5}{1.15^5 - 1}$$
$$\times \frac{1.12^5 - 1}{0.12 \times 1.12^5} \times \frac{1}{1.12^5} = \quad 36,983,000$$

4.매수가격

1 + 2 + 3 =   193,153,000

IV.매수 여부

1.매수 여부: <매수하지 않는 것이 타당>

2.이유

투자가치(현금유입 현가)가 매수가격(현금유출 현가)보다 작으므로 부(-)의 순현가가 발생하기 때문임

-끝-

CH8-9)(10)

I.개요

확률분석을 이용하여 기대순현가(ENPV)를 산정함

II.경제 상황별 NPV

1.호황기

- 60,000 + 25,000/1.12 + 25,000/1.12^2 + 26,000/1.12^3 + 26,500/1.12^4 17,599

2.안정기

- 60,000 + 20,000/1.12 + 21,000/1.12^2 + 21,500/1.12^3 + 21,000/1.12^4 =   3,247

3.불황기

- 60,000 + 15,000/1.12 + 15,000/1.12^2 + 15,000/1.12^3 + 16,000/1.12^4 =(-)13,804

III.ENPV

$0.2 \times 17,599 + 0.5 \times 3,247 + 0.3 \times (-) 13,804$
$$= 1,002$$

※추가의견

ENPV가 0보다 크므로 프로젝트 진행의 경제적 타당성은 있다고 판단됨

-끝-

CH8-10)(10)

I.개요

지분의 투자가치에서 지분의 투자비용을 차감하는 NPV법을 활용하여 매도제안가격의 타당성을 분석함

II.지분의 투자가치

1.매기 BTCF

1)NOI

$(50,000 \times 700 + 1,000 \times 300 \times 25 \times 10)$
$\times 0.9 \times 12 \times 0.7 = \quad 831,600,000$

2)BTCF

831,600,000 - 470,000,000
$$= 361,600,000$$

2.지분복귀가액

1)예상 매도액

$2,000,000 \times 3,000 = \quad 6,000,000,000$

2)미상환 대출잔금

$$4,000,000,000 \times (1 - \frac{\frac{470}{4,000} - 0.1}{\frac{0.1 \times 1.1^{10}}{1.1^{10} - 1} - 0.1})$$
$$= 2,884,380,000$$

3)복귀가액

1) - 2) =   3,115,620,000

3.지분의 투자가치

$$361,600,000 \times \frac{1.13^{10} - 1}{0.13 \times 1.13^{10}} + 3,115,620,000$$
$$\times \frac{1}{1.13^{10}} = \quad 2,879,955,000$$

III.매도제안가격의 타당성 분석

1.지분의 투자비용

6,000,000,000 - 4,000,000,000
$$= 2,000,000,000$$

2.NPV

2,879,955,000 - 2,000,000,000
$$= 879,955,000$$

3.타당성 분석

NPV > 0이므로 해당 사업의 경제적 타당성은 인정되며 879,955,000만큼 유리함

-끝-

CH8-11)(5)

I.개요
주어진 현금수지를 바탕으로 해당 부동산 투자에 따른 IRR을 산정함

II.IRR(k)
$$\frac{25,000천}{1+k} + \frac{30,000천}{(1+k)^2} + \frac{34,000천}{(1+k)^3} + \frac{36,000천}{(1+k)^4} + \frac{39,000천}{(1+k)^5}$$
- 100,000천 = 0

$$\therefore k = 17.73\%$$
-끝-

CH8-12)(15)

I.(물음1)
1.의의
보유 부동산을 매각한 후 새로운 소유자로부터 다시 임차하는 형태를 통한 자금조달방식을 매후환대차(Sales and Lease Back, SLB)라고 함

2.장점
①담보처리에 대한 100% 자금조달 가능
②리스료 지급에 대한 세금공제 혜택(토지만을 환대차하는 경우는 건물에 대한 감가상각도 가능)
③리스기간 만기에 재 매수 옵션을 통하여 옵션행사를 통한 소유권 회복 가능
④현금 확보를 통해 재무구조 개선효과

II.(물음2)
1.계속보유 시 현금흐름
1)감가상각비 절세분 현가
$$\frac{1.1^5-1}{0.1 \times 1.1^5} \times 0.28 \times \frac{110,000}{40} = \quad 2,919백만$$

2)순매도액 현가
(1)양도소득세
$[165,000 - (8,000 + 110,000 \times \frac{29}{40})] \times 0.15$
$$= 11,588백만$$

(2)순매도액 현가
$(165,000 - 11,588) \times \frac{1}{1.1^5} = \quad 95,257백만$

3)계속보유 시 현금흐름
1) + 2) = 　　　　　　98,176백만

2.SLB 시 현금흐름
1)순매도액 현가
(1)양도소득세
$(150,000 - 101,500) \times 0.15 = \quad 7,275백만$

(2)순매도액 현가
$150,000 - 7,275 = \quad 142,725백만$

2)절세분 감안한 임차료 현가
$16,000 \times (1 - 0.28) \times \frac{1.1^5-1}{0.1 \times 1.1^5} = \quad 43,670백만$

3)SLB시 현금흐름
1) - 2) = 　　　　　　99,055백만

3.분석
계속 보유하는 것보다 SLB의 경우가 99,055 - 98,176 = 879백만원만큼 유리하여, SLB의 타당성 긍정됨

-끝-

CH8-13)(20)

I.(물음1)
1.물리적 가능성 및 법적 허용성
토질, 지세, 공공시설 등의 측면에서 가능한 이용이어야 하며, 지역지구제 등 법적 규제에 부합하는 이용이어야 함

2.경제적 타당성 및 최대의 수익성
충분한 수요로 경제적 타당성이 있어야 하며, 앞선 세 기준을 만족하는 이용 중 최대의 수익 및 가치를 창출하는 이용이어야 함

II.(물음2)
1.현 상태에서의 가치
1)매기 NOI 현가
(1)1기 NOI
$151,200,000 \times (1 - 0.05 - 0.5)$
$$= 68,040,000$$

(2)현가액

$$68,040,000 \times \frac{1-(\frac{1.05}{1.16})^{10}}{0.16-0.05} = \quad 390,151,000$$

2)복귀가액 현가

$$(1,000,000,000 - 50,000,000) \times \frac{1}{1.16^{10}}$$
$$= 215,349,000$$

3)가치

1) + 2) = 605,500,000

2.대안 A의 가치

1)전환 후 수익가액

(1)NOI 현가

$$68,040,000 \times 1.4 \times \frac{1-(\frac{1.05}{1.17})^9}{0.17-0.05} \times \frac{1}{1.16}$$
$$= 425,915,000$$

(2)복귀가액 현가

$$(1,000,000,000 - 50,000,000) \times \frac{1}{1.17^9} \times \frac{1}{1.16}$$
$$= 199,339,000$$

(3)전환 후 가액

(1) + (2) = 625,254,000

2)대안 A의 가치

625,254,000 - 100,000,000 - 60,000,000
= 465,254,000

3.대안 B의 가치

1)전환 후 수익가액

(1)매기 NOI 현가

$$47,000 \times 12월 \times 420 \times (1 - 0.1 - 0.4)$$
$$\times \frac{1-(\frac{1.05}{1.17})^9}{0.17-0.05} \times \frac{1}{1.16} = \quad 529,577,000$$

(2)복귀액 현가

$$(1,000,000,000 - 60,000,000) \times \frac{1}{1.17^9} \times \frac{1}{1.16}$$
$$= 197,241,000$$

(3)전환 후 가액

(1) + (2) = 726,818,000

2)전환비용

$$180,000,000 \times [0.5 + 0.5 \times \frac{1}{(1 + 0.16/12)^6}]$$
$$+ 60,000,000 = \quad 233,124,000$$

3)대안 B의 가치

1) - 2) = 493,694,000

4.방안 모색

1)최유효이용: <현 상태의 계속 이용>

2)이유

각 대안별 복합부동산 가치는 전환비용을 고려하면 현 상태에서의 경우보다 가치가 낮으므로 현 상태 계속적 이용이 최유효이용임

-끝-

CH8-14)(5)

I.수익률 분석(평균)

1.A

0.12 × 0.15 + 0.14 × 0.75 + 0.16 × 0.1
= 0.139(13.9%)

2.B

0.14 × 0.3 + 0.16 × 0.6 + 0.18 × 0.1
= 0.156(15.6%)

3.C

0.13 × 0.1 + 0.135 × 0.8 + 0.14 × 0.1
= 0.135(13.5%)

III.위험 분석(표준편차)

1.A

1)분산

$$0.15 \times (0.139 - 0.12)^2 + 0.75 \times (0.139 - 0.14)^2 + 0.1 \times (0.139 - 0.16)^2 = \quad 0.0001$$

2)표준편차

$$\sqrt{0.0001} = \quad 0.01$$

2.B

1)분산

$$0.3 \times (0.156 - 0.14)^2 + 0.6 \times (0.156 - 0.16)^2 + 0.1 \times (0.156 - 0.18)^2 = \quad 0.00014$$

2)표준편차

$$\sqrt{0.00014} = \quad 0.012$$

3.C

1)분산

$0.1 \times (0.135 - 0.13)^2 + 0.8 \times (0.135 - 0.135)^2 + 0.1 \times (0.135 - 0.14)^2 =$ 0.00001

2)표준편차

$\sqrt{0.00001} =$ 0.00316

-끝-

해커스 감정평가사

ca.Hackers.com

Chapter 09 공시가격의 평가, 산정

CH9-1)(20)

Ⅰ.평가 개요
26.1.1을 공시기준일로 표준지의 적정가격을 평가함

Ⅱ.표준지#1
1.개요
①둘 용도지역에 걸치는 토지로 용도지역별 면적비율에 의한 평균가격으로 결정함
②전체 소로한면, 가장형 기준함

2.주거지역 부분
1)사례 선정: <#1>
최근 3년 이내 사례로 2종일주, 주거용

2)토지단가
$253,000 \times 1 \times 1.00802 \times 1 \times (95/90 \times$

    사   *)시   지   도

$95/95 \times 1) = $ @269,000

    형   기

*) 시점(25.1.1 ~ 26.1.1 주거): $1.002 \times 1.001 \times 1.002 \times 1.003$

— 1 —

3.녹지지역 부분
1)사례 선정: <#3>
자연녹지, 주거용

2)토지단가
$150,000 \times 1 \times 1.00300 \times 1 \times (1 \times 95/100$

    사   *)시   지   도   형

$\times 100/101) = $ @142,000

    기

*) 시점(25.10.1 ~ 26.1.1 녹지)

4.공시지가
$269,000 \times 0.5 + 142,000 \times 0.5$

                    $= $ @206,000

Ⅲ.표준지#2
1.개요
①현황 테니스장은 일시적 이용으로 일단지로 보지 아니하고 인근의 표준적 이용상황인 주거용 기준함
②중로한면, 정방형 기준함

— 2 —

2.사례 선정: <#1>
최근 3년 이내 사례로 2종일주, 주거용

3.공시지가
$253,000 \times 1 \times 1.00802 \times 1 \times (100/90$

    사   시   지   도

$\times 100/95 \times 97/100) = $ @289,000

    형   기

Ⅳ.표준지#3
1.개요
좌측 도로는 공시기준일 현재 착공하였으므로, 현황도로로 보아 중로각지를 기준함

2.사례 선정: <#5>
일반상업, 상업용

3.공시지가
$500,000 \times 1 \times 1.00300 \times 1 \times (1.05 \times 95/100$

    사   *)시   지   도   형

$\times 101/97) = $ @521,000

    기

*) 시점(25.10.1 ~ 26.1.1 상업)

— 3 —

Ⅴ.표준지#4
1.개요
개발제한구역 지정 당시 지목이 대인 건축물이 없는 토지로, 건축 가능한 상태를 기준으로 평가함

2.사례 선정: <#4>
개발제한구역인 사례

3.공시지가
$140,000 \times 1 \times 1.00501 \times 1 \times (90/95 \times 1$

    사   *)시   지   도   형

$\times 102/99) = $ @137,000

    기

*) 시점(25.7.1 ~ 26.1.1 녹지): 1.002×1.003

-끝-

CH9-2)(10)

Ⅰ.평가 개요
26.1.1을 공시기준일로 표준지의 적정가격을 평가함

— 4 —

Ⅱ.표준지#1

1.사례 선정: <#2>

①묘지는 인근의 주된 용도를 기준하므로 전인 사례 선정하며, ②나지상정평가로서 분묘기지권 감가율은 고려하지 아니함

2.적정가격

$$12,000 \times 1 \times 1.00800 \times 1 \times 100/99$$
             사   *)시   지   개

*) 시점(25.10.1 - 26.1.1 농림)   = @12,000

Ⅲ.표준지#2

1.사례 선정: <#3>

①공공용지 중 학교부지는 인근의 주된 용도를 기준하므로 주거용인 사례 선정하며, ②용도에 따른 감가는 고려하지 아니함

2.적정가격

$$145,000 \times 1 \times 1.01 \times 1 \times 100/102$$
            사   *)시   지   개

*) 시점(25.10.1 - 26.1.1 주거)   = @144,000

-끝-

- 5 -

CH9-3)(10)

Ⅰ.평가 개요

수익가격 평가모형으로 표준지의 적정가격을 평가함

Ⅱ.표준지 수익가격

1.투자수익률

8% + 2% =   10%

2.표준지 수익가격(X)

$$X = \left[100,000,000 - 1,000,000,000 \times \frac{0.1 - 0.02}{1 - (1.02/1.1)^{50}} \right] \times \frac{1 - (1.02/1.1)^{50}}{0.1 - 0.02} + \frac{\chi \times 1.02^{50}}{1.1^{50}}$$

$$\therefore X = 226,533,000$$

Ⅲ.표준지공시지가

$$226,533,000 \div 1,000㎡ \qquad @227,000$$

-끝-

CH9-4)(10)

Ⅰ.특수토지 개념

토지의 용도가 특수하고 거래사례가 희소하

- 6 -

여 시장가치의 측정이 어려운 토지로서, 광천지·광업용지·염전부지 등이 해당함

Ⅱ.적정가격(공시기준일: 26.1.1)

1.평가방법

거래사례비교법 원칙이나, 거래사례가 존재하지 않으므로 수익성과 비용성 반영에 유리한 <혼합법>으로 평가함

2.표준광천지 기준개발비

$$(5 + 60 + 20 + 15 + 15 + 5 \times 3.5) \times 10^6 \times 1/3.5$$
$$= 37,857,000$$

3.온천지지수

1)표준광천지 수익가치

$$[(625 - 310) \times 189 \times 365 \div 0.1] \times 1/3.5$$
$$= 62,087,000$$

2)온천지 지수

1) ÷ 37,857,000 =   1.64

4.용출량 지수

1)대상광천지

$$330 \times 0.9 = 297 \qquad \therefore 3.0 \ 적용$$

- 7 -

2)표준광천지

$$350 \times 0.8 = 280 \qquad \therefore 2.5 \ 적용$$

5.적정가격

$$37,857,000 \times 1.64 \times 3.0/2.5$$
$$= @74,500,000$$

*) 전년도 대상 공시지가 @74,000,000 대비 균형 있어 적정함

-끝-

CH9-5)(25)

Ⅰ.(물음1)

1.개요

토지, 건물 일괄 거래사례비교법 적용함

2.거래사례(1) 기준

1)사례토지, 건물 가치구성비

(1)건물가치

$$@600,000 \times 0.97273 \times (1 \times 1) \times (0.7 \times$$
                  *)시   구   지   잔

$$52/55 + 0.3 \times 12/15) \times 420㎡$$
                           면

- 8 -

	= 221,061,000

*) 시점(25.6.7 ~ 26.1.1 건축비): $\frac{105 + 3 \times 2/3}{109 + 1}$

(2)건물가치 구성비

221,061,000/465,000,000 = 0.48

(3)토지가치 구성비

1 - 0.48 = 0.52

2)요인 비교치

(1)토지

1.02821 × 1 × (1 × 95/97 × 93/100 × 1)

  *)시   지   도   형   세   방

× 300/280 = 1.00341

      면

*) 시점(25.6.7 ~ 26.1.1 지가)

(1 + 0.01 × 24/30) × 1.00773 × (1 - 0.00345) × 1.00555

× 1.00978 × 1 × 1.00034

(2)건물

110/107 × (1.39/1.79 × 0.95) × 1.071 ×

   시   구   지   *)잔

	450/420 =	0.87026

   면

*) 잔가율: $\frac{0.7 \times 49/50 + 0.3 \times 14/15}{0.7 \times 52/55 + 0.3 \times 12/15}$

3)비준가액

465,000,000 × 1 × (0.52 × 1.00341 +

                사   토가구

0.48 × 0.87026) × 1 = 436,867,000

건가구   품

3.거래사례(2) 기준

1)사례토지, 건물 가치구성비

(1)건물가치

@600,000 × 109/110 × (1.39/1.79 × 0.95)

            시   구   지

× 1 × 465㎡ = 203,950,000

  잔   면

(2)건물가치 구성비

203,950,000/480,000,000 = 0.42

---

(3)토지가치 구성비

1 - 0.42 = 0.58

2)요인 비교치

(1)토지

1.00949 × 1 × (1 × 95/97 × 93/100 ×

      *)시   지   도   형   세

100/95) × 300/310 = 0.93664

   방   면

*) 시점(25.10.3 ~ 26.1.1 지가)

(1 + 0.00978 × 29/31) × 1 × 1.00034

(2)건물

110/109 × (1 × 1) × (0.7 × 49/50 + 0.3

× 14/15) × 450/465= 0.94342

3)비준가액

480,000,000 × 1 × (0.58 × 0.93664 +

               사   토가구

0.42 × 0.94342) × 1 = 450,954,000

건가구   품

4.전세사례 기준

1)대상의 기대 전세보증금

(1)1층 전세보증금

60,000,000 × 1 × 1.01068 × 1 × (1 × 95/97

             사   *)시   지   도   형

× 93/100 × 100/95) × (1 × 1) × 1 × 150/130

  세   방   구   지   층

                      = 67,085,000

*) 시점(25.9.20 ~ 26.1.1)

  ① 지가변동률: (1 + 0.00555 × 11/30) × 1.00978 × 1.00034

  ② 건축비지수: 110/109 = 1.00917

  ③ 결정: (1.01218 + 1.00917) ÷ 2 = 1.01068

(2)전체 전세보증금

67,085,000 × $\frac{100 + 95 + 105}{100}$ = 201,255,000

2)수익가액

201,255,000 ÷ 0.45 = 447,233,000

5.표준주택가격: <450,000,000>

타 가액에 의해 적정성 지지되며, 대상과 물적 유사성이 높은 거래사례(2)에 비중을 두어 결정함

Ⅱ.(물음2)

1.개요

전체 주택가격에서 건물가치를 차감하여 토지가치 결정함

2.건물가치

$$@600,000 \times 1 \times (1.39/1.79 \times 0.95) \times$$

시   구   지

$$(0.7 \times 49/50 + 0.3 \times 14/15) \times 450㎡$$

잔   면

$$= 192,409,000$$

3.토지가치

$$450,000,000 - 192,409,000$$

$$= 257,591,000$$

-끝-

해커스 감정평가사
ca.Hackers.com

Chapter 10 토지 보상평가

CH10-1)(10)

Ⅰ.감정평가 개요
(則23①)일반적 제한과 개별적 제한에 유의하여 보상평가함

Ⅱ.#1
1.적용공시지가 및 비교표준지 선정
가격시점에 가장 근접한 26.1.1 공시지가 선택하며(이하 동일), 일반적 제한 고려해 집단시설지구인 <#4> 선정함

2.보상액
$20,000 \times 1.00721 \times 1 \times 1.01 \times 1$
　　　　•)시　　지　　개　　　그
　　　　　　　　　　　= @20,000
　　　　　　(× 5,000㎡ = 100,000,000)

•) 시점(26.1.1 ~ 7.7 녹지지역): $1.005 \times 1.001 \times (1 + 0.001 \times 37/31)$

(생산자물가상승률은 자료 미제시시로 고려 안함)

Ⅲ.#2
1.비교표준지 선정

일반적 제한인 공원구역 기준하며, 임야인 <#1> 선정함

2.보상액
$3,000 \times 1.00721 \times 1 \times 1.01 \times 1 =$　@3,100
　　　　　　시　　지　　개　　그
　　　　　　　(× 10,000㎡ = 31,000,000)

Ⅳ.#3
1.비교표준지 선정
도시공원은 개별적 제한으로 이의 제한 없는 상태를 기준하여, 자연녹지지역, 전이며, C동에 위치한 <#7> 선정함

2.보상액
$45,000 \times 1.00721 \times 1 \times 1.00 \times 1$
　　　　　　시　　지　　개　　그
　　　　　　　　　　　= @45,000
　　　　　　　(× 900㎡ = 40,500,000)
　　　　　　　　　　　　　　　-끝-

CH10-2)(10)

Ⅰ.감정평가 개요
도시계획시설도로에 일부 저촉된 토지로서 저촉 부분과 접한 부분의 면적비율에 의한 평균가액으로 보상평가함

Ⅱ.적용공시지가 선택:　　　　<25.1.1>
(法70④)사업인정의제일이 25.5.1로서 그 이전 공시지가 선택하여 개발이익 배제함

Ⅲ.비교표준지 선정:　　　　　<#1>
저촉된 부분과 접한 부분 모두 주거용으로 유사한 표준지 선정함

Ⅳ.보상액
1.저촉 부분(소로한면, 정방형 기준)
$1,300,000 \times 1.03243 \times 1 \times (100/102 \times$
　　　　　　•)시　　지　　개
$80/85 \times 100/95) \times 1 =$　@1,303,621
　　도　　　　형　　　그

•) 시점(25.1.1 ~ 26.7.7 지가)
$1.03 \times (1 - 0.015) \times 1.008 \times (1 + 0.008 \times 37/31)$
(생산자물가상승률은 자료 미제시로 고려 안함)

2.접한 부분(중로한면•), 정방형 기준)
$1,300,000 \times 1.03243 \times 1 \times (100/102 \times$
　　　　　　시　　지　　개
$90/85 \times 100/95) \times 1 =$　@1,466,573
　　도　　　형　　　그
•) 별도의 반영 기준 미제시로, 중로 개설된 상태 기준함

3.보상액
@$1,303,621 \times 80/400 +$ @$1,466,573 \times$
$320/400 =$　　　　　@1,430,000
　　　　　　(× 400㎡ = 572,000,000)
　　　　　　　　　　　　　　-끝-

CH10-3)(15)

Ⅰ.감정평가 개요
·(法70④)적용공시지가는 사업인정고시일 이전 최근인 <26년> 선택함

·용도지역별, 도로저촉 여부별 구분평가하되, 면적비율에 따른 평균가격 제시함
·비교표준지는 상업지역 <#1>, 주거지역 <#2> 선정함

II.저촉 부분
1.방침
·중로한면 기준함
·(則23①)개별적 제한인 도로저촉 고려 안함

2.상업지역

$$1백만 \times (1 - 0.0014) \times 1 \times (100/98 \times 1 \times 1) \times 1$$
시   지   개   도   기   그
$$= @1,018,980$$

3.주거지역

$$500,000 \times 1.01020 \times 1 \times (100/97 \times 100/95$$
시   지   개   도
$$\times 1) \times 1 = \qquad @548,128$$
기   그

III.접한 부분
1.방침

― 5 ―

중로한면이되, 장래 도로개설로 인한 개발이익 50%를 기타요인으로 반영함

2.상업지역

$$1백만 \times (1 - 0.0014) \times 1 \times (100/98 \times 1 \times$$
시   지   개   도
$$1.025) \times 1 = \qquad @1,044,454$$

·)기   그
· 기타요인: $1+\frac{(105-100)\times 0.5}{100}$

3.주거지역

$$500,000 \times 1.01020 \times 1 \times (100/97 \times$$
시   지   개
$$100/95 \times 1.025) \times 1 = \qquad @561,831$$
도   기   그

IV.손실보상액
1.단가

$$1,018,980 \times \frac{12\times 7}{600} + 548,128 \times \frac{8\times 7}{600}$$
$$+ 1,044,454 \times \frac{23\times 12}{600} + 561,831 \times \frac{23\times 8}{600}$$
$$= @846,600$$

― 6 ―

2.손실보상액

$$@846,600 \times 600 = \qquad 507,960,000$$
-끝-

CH10-4)(5)

I.보상사례 선정: <#2>
해당 사업과 무관한 보상사례로서, 대상과 적용공시지가 선택 기준이 같은 사례

II.대상토지 기준 방식(1방식)

$$\frac{160,000 \times 1 \times 1 \times 100/102}{100,000 \times 1 \times 1 \times 100/99} = 1.55$$

III.표준지 기준 방식(2방식)

$$\frac{160,000 \times 1 \times 1 \times 99/102}{100,000 \times 1} = 1.55$$
-끝-

CH10-5)(30)

I.감정평가 개요
토지보상 法, 令, 則 근거하여 각 토지의 정당보상액을 결정함

― 7 ―

II.적용공시지가 선택
1.#1, 2
사업면적의 확장으로 인하여 추가된 것으로, 추가고시일인 26.1.20을 사업인정일로 보아 <26.1.1.> 공시지가 선택함

2.#3
지번 변경에 따른 추가고시이므로 당초의 사업인정의제일인 25.9.30 이전의 공시지가인 <25.1.1> 공시지가 선택함

3.#4 ~ 8
사업인정의제일이 25.9.30이므로 개발이익 배제를 위해 그 이전 <25.1.1> 공시지가 선택함

III.비교표준지 선정
1.#1
사도법상 사도로서 인근토지의 1/5 이내로 평가하며, 인근토지인 주거용 기준하되, 둘 이상 용도지역에 속한 토지이므로 주거지역은 <#1>, 녹지지역은 <#5> 선정함

― 8 ―

2.#2

현황 도로가 아니므로 전 기준해 평가하며 해당 사업으로 인한 용도지역 변경은 고려하지 않아 녹지지역, 전을 기준해 <#2> 선정함

3.#3

소유자 의사에 의해서 법률적, 사실적으로 통행의 제한 등이 가능하므로 도로로 보지 않고 녹지지역 내 전 기준해 <#2> 선정함

4.#4

예정공도로서 공도부지 준용하여 평가하므로 인근의 표준적 이용상황인 주거지역, 주거용을 기준해 <#1> 선정함

5.#5

공도부지로서 인근의 표준적 이용상황인 녹지지역, 답을 기준해 <#3> 선정함

6.#6

사실상 사도부지 평가를 준용하므로 인근 토지의 1/3 이내로 평가하며, 인근토지인

자연녹지, 주거용 기준해 <#5> 선정함

7.#7

공도부지로서 인근의 표준적 이용상황인 녹지지역, 답을 기준해 <#3> 선정함

8.#8

확장 부분은 사실상 사도와 무관한 공도부지로서 인근의 표준적 이용상황인 GB, 전을 기준해 <#4> 선정함

IV.토지보상액

1.#1

1)주거지역 부분

$110,000 × 0.99632 × 1 × (1.13 × 1.02 × \frac{1}{0.3×0.85+0.7}) × 1 =$ @132,000

(시 지 도 형 / 도시계획시설 그)

*) 시점수정

①지가변동률(26.1.1 ~ 7.7 주거)

$(1 - 0.004) × 1.0001 × 1.0001 × (1 + 0.0001 × 37/31) = 0.99632$

---

②생산자물가상승률(25.12 ~ 26.6)

$122/119.5 = 1.02092$

③결정

국지적인 토지가격 변동 잘 반영한 지가변동률로 결정(이하 동일)

2)녹지지역 부분

$38,000 × 0.99502 × 1 × (1.30 × 1.02) × 1 =$ @50,000

(시 지 도 형 그)

*) 시점(26.1.1 ~ 7.7 녹지)

$(1 - 0.003) × (1 - 0.0022) × 1.0001 × (1 + 0.0001 × 37/31)$

3)보상액

$[@132,000 × 50\% + @50,000 × 50\%] × 1/5 =$ @18,000

(× 200㎡ = 3,600,000)

2.#2

$45,000 × 0.99502 × 1 × (1.13 × 1.05) × 1 =$ @53,000

(시 지 도 형 그)

(× 300㎡ = 15,900,000)

3.#3

$40,000 × 0.97761 × 1 × (1.13 × 1.05) × 1 =$ @46,000

(시 지 도 형 그)

(× 150㎡ = 6,900,000)

*) 시점수정

①지가변동률(25.1.1 ~ 26.7.7 녹지)

$(1 - 0.0175) × 0.99502 = 0.97761$

②생산자물가상승률(24.12월 ~ 26.6월)

$122/110.4 = 1.10507$

③결정

국지적인 토지가격 변동 잘 반영한 지가변동률로 결정(이하 동일)

4.#4

$100,000 × 0.97639 × 1 × (1.04 × 1 × \frac{1}{0.85×0.3+0.7}) × 1 =$ @106,000

(시 지 도 형 / 도시계획시설 그)

(× 30㎡ = 3,180,000)

*) 시점(25.1.1 ~ 26.7.7 주거): $(1 - 0.02) × 0.99632$

5.#5

$60,000 \times 0.97761 \times 1 \times (0.96 \times 0.95) \times 1$

시   지   도   형   그

$$= @53,000$$
$$(\times 850㎡ = 45,050,000)$$

6.#6

$[35,000 \times 0.97761 \times 1 \times (1.30 \times 1.02)$

시   지   도   형

$\times 1] \times 1/3 = $ @15,000

그 $(\times 300㎡ = 4,500,000)$

7.#7

$60,000 \times 0.97761 \times 1 \times (1.09 \times 1.02) \times 1$

시   지   도   형   그

$$= @65,000$$
$$(\times 450㎡ = 29,250,000)$$

8.#8

$42,000 \times 0.97761 \times 1 \times (1.13 \times 1.02) \times 1$

시   지   도   형   그

$$= @47,000$$
$$(\times 125㎡ = 5,875,000)$$

-끝-

CH10-6)(25)

Ⅰ.(물음1)

1.전주 및 철탑 등의 설치를 위한 토지
전주, 철탑 등의 설치를 위하여 소규모로
분할하여 취득 수용하는 토지에 대한 평가
는 그 설치부분의 위치·형상·지세·면적·
이용상황 등을 고려하여 평가함

2.송전선로부지의 공중부분 사용료 평가
①한시적 사용에 따른 사용료 평가
해당 토지의 단위 면적당 사용료 감정평가
액 × 감가율 × 송전선로부지 면적

②사실상 영구적 사용에 따른 평가
해당 토지의 단위 면적당 가액 × 감가율
× 송전선로부지 면적

③감가율
입체이용저해율 + 추가보정률

---

④송전선로부지면적
송전선로 양측 기준 3m를 더한 범위 안의
직하토지면적을 원칙으로 하며, 특별한 경우
통과 전압에 따라 35,000V를 넘는 10,000V
당 15cm 이격거리를 고려함

Ⅱ.(물음2)

1.단위면적당 사용료

1)토지가액

(1)비교표준지 선정
일반상업, 상업용이며, B동에 소재한
<#1> 선정함

(2)토지가액

$1,900,000 \times 1.02570 \times 1 \times (105/100 \times$

*)시   지   도

$100/105 \times 1) \times 1 = $ @1,950,000

형   세   그

*) 시점(26.1.1 - 7.7 지가)

$1.01 \times 1.0045 \times 1.005 \times (1 + 0.005 \times 37/31)$

---

2)사용료

$1,950,000 \times 0.06 = $ @117,000

2.감가율

1)입체이용저해율

(1)건축저해층수 판단
①최유효이용 층수: 지하1층, 지상5층

②건축가능층수

$[20 - (3 + \frac{55 - 35}{10} \times 0.15] \div 4 = $ 4층

③건축저해층수: 지상5층

(2)건축물 등 이용저해율(저층시가지)

$0.75 \times \dfrac{33 \times 380}{36^* \times 340 + 43 \times 360 + 40 \times 380 + 33 \times 380 \times 3}$

$$= 0.1168$$

*) 11,880 ÷ 330 (지하1층, 다른 층 동일 방식 산정)

(3)지하부분 이용저해율: 저해 없음

(4)그 밖의 이용저해율

$0.15 \times 2/3 = $ 0.1

(좌상단 - p.17)

(5)입체이용저해율

(2) + (3) + (4) =   0.2168

2)추가 보정률

0.1 + 0.09 + 0.05 =   0.24

3)감가율

1) + 2) =   0.4568

3.송전선로부지 면적

(3.3·) × 2 + 0.5) × 20 - 6 =   136㎡

철탑부지

·) 이격거리: $3 + \frac{55-35}{10} \times 0.15$

4.보상액

@117,000 × 0.4568 × 136㎡ × $\frac{1.08^5-1}{0.08 \times 1.08^5}$

= 29,021,000

Ⅲ.(물음3)

1.감가율

0.4568 + 0.03 =   0.4868

(우상단 - p.18)

2.보상액

1,950,000 × 0.4868 × 136㎡

= 129,099,000

Ⅳ.(물음4)

1.송전선로부지 부분

1,950,000 × (1 - 0.4868) × 136㎡

= 136,101,000

2.송전선로부지 이외 부분

1,950,000 × (600 - 6 - 136)㎡

= 893,100,000

3.보상액

1 + 2 =   1,029,201,000

-끝-

CH10-7)(10)

Ⅰ.감정평가 개요

(則31①)토지가액에 입체이율저해율을 곱하여 지하사용에 따른 적정보상액을 결정함

(좌하단 - p.19)

Ⅱ.토지가액

6,000,000 × (1 - 0.025) × 1 × 1× 1

시   지 개 그

= @5,850,000

Ⅲ.입체이용저해율

1.저해층수 판정

1)최유효이용층수

1000% ÷ 50% = 20층, 지상20층 지하2층

2)건축가능층수

토피 10m 기준해 지상12층 지하1층

3)건축저해층수

지상8개층(13층 ~ 20층), 지하1개층(지하2층)

2.건축물 등 이용저해율

고층시가지, A형 기준

0.8 × $\frac{35 \times 8층 + 35 \times 1}{35 + 44 + 100 + 58 + 46 + 40 + 35 \times 16층}$ =   0.285

3.지하부분 이용저해율

토피 10m, 한계심도 40m 기준

0.15 × 0.750 =   0.113

(우하단 - p.20)

4.그 밖의 이용저해율

0.05 × 1/2 =   0.025

5.입체이용저해율

(0.285 + 0.113) × 18/60 + 0.025 =   0.144

노후율

Ⅳ.B씨 보상평가액

5,850,000 × 0.144 × (1,100 × 1/2)㎡

= 463,320,000

-끝-

CH10-8)(10)

Ⅰ.감정평가 개요

토지보상법 則27 근거하여 개간비와 개간지를 보상함

Ⅱ.개간비 보상액

1.개간비용

@3,700 × 1,000㎡ =   3,700,000

(상단 좌측 패널)

2.한도액

1)개간 후 토지가액

(1)적용공시지가 및 비교표준지 선정

가격시점에 가장 근접한 <26.1.1> 공시지가 선택하며, 개간 후의 생산관리, 전인 <#2> 선정함

(2)토지가액

$6,000 \times 1.05000 \times 1 \times 1 \times 1 =$ @6,300
시   지   개   그

(× 1,000㎡ = 6,300,000)

2)개간 전 토지가액

(1)비교표준지 선정

개간 전 임야 기준해 <#1> 선정함

(2)토지가액

$2,500 \times 1.05000 \times 1 \times 100/95 \times 1$
시   지   개   그

= @2,800

(× 1,000㎡ = 2,800,000)

(상단 우측 패널)

3)한도액

1) - 2) =   3,500,000

3.결정

한도액 3,500,000로 결정함

Ⅲ.개간지 보상액

6,300,000 - 3,500,000 =   2,800,000

-끝-

CH10-9)(10)

Ⅰ.감정평가 개요

환매당시 가액과 인근유사토지 지가변동률을 고려한 지급보상금을 비교하여 환매금액을 평가함

Ⅱ.환매당시 가액

1.적용공시지가 및 비교표준지 선정

①가격시점 가장 근접한 <26.1.1> 공시지가 선택하며, ②2종일주, 잡종지로 이용 중인 <#1> 선정함

(하단 좌측 패널)

2.가액

$560,000 \times 1.02827 \times 1 \times 100/95 \times 1$
*)시   지   개   그

= @606,000

*) 시점(26.1.1 - 7.7 주거)

$1.02058 \times 1.00343 \times (1 + 0.00343 \times 37/31)$

Ⅲ.인근유사토지 지가변동률

1.표본지 선정

대상과 용도지역 변경 과정 등이 유사한 <#1> 선정함

2.협의취득당시 표본지가액(16.10.1)

$140,000 + 10,000 \times 275/366 =$ 148,000

3.환매당시 표본지가액(26.7.7)

$560,000 \times 1.02827 =$ 576,000

4.결정

$576,000 \div 148,000 =$ 3.89189

(하단 우측 패널)

Ⅳ.환매금액

1.환매당시 가액: @606,000

2.지급보상금 × 지가변동률

$110,000 \times 3.89189 =$ @428,000

3.환매금액

1 > 2이므로, 110,000 + (606,000 - 428,000) = @288,000로 결정함

(× 300㎡ = 86,400,000)

-끝-

CH10-10)(30)

Ⅰ.(물음1)

1.가격시점: 26.7.7

2.이유

(法67①)이의재결도 수용재결일을 기준으로 평가하므로 당초의 수용재결일을 가격시점으로 함

Ⅱ.(물음2)
1.선택: 25.1.1
2.이유
(法70④)산업입지법은 토지세목고시일을 사업인정의제일로 보므로 25.4.20 이전의 공시지가 선택함
Ⅲ.(물음3)
1.#1
①일반상업, 상업용으로 유사한 <#2> 선정하되, ②잔여지 차액보상을 행함
2.#2, 3
①일단지로서 물적 사항은 소로한면, 정방형 기준하고, ②2종일주, 주거용으로 유사한 <#5> 선정함
3.#4
①둘 용도지역에 걸치는 토지로서 용도지역별 면적비율에 의한 평균가격 기준하며, ②주거지역은 <#5>, 상업지역은 <#4> 선정함

4.#5
도시공원법상 도시공원은 개별적 제한이므로 제한 없는 상태를 기준해 이의 제한 없는 자연녹지, 임야인 <#6> 선정함
5.#6
상수도보호구역은 일반적 제한이므로 제한받는 상태를 기준해 이와 유사한 제한받는 자연녹지, 임야인 <#8> 선정함
Ⅳ.(물음4)
1.지가변동률(25.1.1 ~ 26.7.7)
1)주거지역
1.05550 × 1.07406 × (1 + 0.01805 × 7/31)
= 1.13829
2)상업지역
1.06780 × 1.06789 × (1 + 0.01505 × 7/31)
= 1.14417
3)녹지지역
1.05960 × 1.05359 × (1 + 0.01050 × 7/31)
= 1.11903

2.생산자물가상승률(24.12 ~ 26.6)
127/117 =   1.08547
3.결정
1)시점수정치
토지가격 변동의 특성을 잘 반영하는 지가변동률로 결정함
2)구체적 시점수정치
(1)#1:   1.14417
(2)#2, 3:   1.13829
(3)#4:   주거지역 1.13829, 상업지역 1.14417
(4)#5, 6:   1.11903
Ⅴ.(물음5)
1.#1
1)개요
①편입부분에 대해서는 편입보상을 행하며, ②잔여지는 가치하락이 발생하므로 차액보상을 행함
2)편입부분 편입보상

(1)물적 현황
중로각지, 정방형, 300㎡ 규모 기준함
(2)보상액
1,410,000 × 1.14417 × 1 × (1 × 1 × 1) × 1
시   지   도   형   규   그
= @1,610,000
(× 170㎡ = 273,700,000)
3)잔여지 차액보상
(1)편입부분 단가: @1,610,000
(2)가치하락한 잔여지 단가
①물적 현황
소로한면, 부정형, 130㎡ 규모 기준함
②단가
1,410,000 × 1.14417 × 1 × (0.87 × 0.86
시   지   도   형
× 0.85) × 1 =   @1,030,000
규   그

(3)차액보상

(1,610,000 - 1,030,000) × 130㎡

= 75,400,000

4)보상액

2) + 3) =   349,100,000

2.#2, 3

1)보상단가

(1)물적 현황

소로한면, 정방형, 270㎡ 규모 기준함

(2)단가

740,000 × 1.13829 × 1 × (1.05 × 1 × 1) × 1

　　　　　시　지　도　형　규　그

= @884,000

2)보상액

(1)#2

@884,000 × 120㎡ =   106,080,000

(2)#3

@884,000 × 150㎡ =   132,600,000

3.#4

1)주거지역 부분

740,000 × 1.13829 × 1 × (1.05 × 1 ×

　　　　시　지　도　형

1) × 1 =   @884,000

규　그

2)상업지역 부분

680,000 × 1.14417 × 1 × (1 × 1 × 1) × 1

　　　시　지　도　형　규　그

= @778,000

3)보상액

0.6 × 884,000 + 0.4 × 778,000

= @842,000

(× 260㎡ = 218,920,000)

4.#5

10,000 × 1.11903 × 1 × (1 × 1 × 1) × 1

　　　시　지　도　형　규　그

= @11,000

(× 1,500㎡ = 16,500,000)

5.#6

6,500 × 1.11903 × 1 × (1 × 1.04 × 1) × 1

　　　시　지　도　형　규　그

= @7,600

(×1,615㎡ = 12,274,000)

-끝-

CH10-11)(30)

I .(물음1)

1.#4 ~ #9   <25.1.1>

(法70④)사업인정의제일이 25.10.30이므로 해당 공익사업에 따른 가격 변동 배제를 위해 그 이전 최근 공시된 공시지가 선택

2.#1, #2   <26.1.1>

사업확장에 따른 추가세목고시로 추가세목고시일을 사업인정일로 보아 그 이전 최근 공시된 공시지가 선택

3.#3   <25.1.1>

지번 변경에 따른 추가고시에 불과하여 당초

사업인정의제일 이전 최근 공시된 공시지가 선택

II .(물음2)

1.#1:   <가>

①둘 용도지역에 걸치는 토지이나 자연녹지 부분 과소로 전체 2종일주 기준

②2종일주, 주거용인 표준지 선정

2.#2:   <라>

①(則23②)해당 사업으로 인한 용도지역변경은 고려하지 아니하므로 종전 자연녹지 기준

②자연녹지, 전인 표준지 선정

3.#3:   <가>

①(法70②)현황은 일시적 이용으로 인근 표준적 이용상황인 주거용 기준

②2종일주, 주거용인 표준지 선정

4.#4:   <가>

①(則26①3호)예정공도로서 공도부지 평가

Chapter 10 토지 보상평가 **87**

준용해 인근 표준적 이용인 주거용 기준
②2종일주, 주거용인 표준지 선정

5.#5:　　　　　대지 부분 <바>, 전 부분 <라>
①(則24, 부칙5)89.1.24 전 건축된 무허가
건축물부지로서,
②(판례)바닥면적 95㎡는 주거용으로 보아
자연녹지, 주거용 표준지
③나머지 755㎡는 건축당시 전 기준하여
자연녹지, 전 표준지 선정

6.#6:　　　　　　　　　　　　　　　<마>
①(則24)불법형질변경토지로 해당 공익사업
시행지구 편입시점이 95.1.7 후로서 형질
변경 당시 답 기준
②자연녹지, 답 표준지 선정

7.#7:　　　　　　　　　　　　　　　<라>
①(則24)89.1.24 후 건축된 무허가건축물
부지로 건축당시 전을 기준
②자연녹지, 전 표준지 선정

8.#8:　　　　　　　　　　　　　　　<라>
①(法70②, 판례)가설건축물 이용은 일시적
이용으로서 최유효이용으로 추정되는 전 기준
②자연녹지, 전 표준지 선정

9.#9:　　　　　　　　　　　　　　　<다>
①해당 사업으로 사용승인을 받지 못한 것
에 불과하므로, 현황 축사부지 기준
②자연녹지, 목장용지 표준지 선정

Ⅲ.(물음3)
1.지가변동률
1)26.1.1 ~ 26.7.4
 (1)주거지역
 (1 - 0.004) × (1 - 0.0003) × (1 - 0.0003 ×
 34/31) =　　　　　　　　　　　0.99537

 (2)녹지지역
 (1 - 0.003) × (1 - 0.0002) × (1 - 0.0002 ×
 34/31) =　　　　　　　　　　　0.99658

2)25.1.1 ~ 26.7.4
 (1)주거지역
 (1 - 0.02) × 0.99537 =　　　　　0.97547

 (2)녹지지역
 (1 - 0.0175) × 0.99658 =　　　　0.97914

2.생산자물가상승률
1)25.12 ~ 26.6
 122/119.5 =　　　　　　　　　　1.02092

2)24.12 ~ 26.6
 122/110.4 =　　　　　　　　　　1.10507

3.시점수정치 결정
1)결정
 생산자물가상승률은 일반재화에 대한 것이
 므로 토지가격 변동의 특성을 잘 반영하는
 <지가변동률>로 결정

2)구체적 시점수정치
 (1)#1:　　　　　　　　　　　　0.99537

 (2)#2:　　　　　　　　　　　　0.99658
 (3)#3, 4:　　　　　　　　　　 0.97547
 (4)#5 ~ 9:　　　　　　　　　　0.97914
　　　　　　　　　　　　　　　　　-끝-

CH10-12)(20)

Ⅰ.감정평가 개요
①토지보상 法, 슈, 則 의거 각 특수토지의
정당보상액을 결정함
②해당 사업과 무관한 국도개설 개발사업의
개발이익은 배제하지 아니함

Ⅱ.적용공시지가 선택
1.선택:　　　　　　　　　　　　　25.1.1

2.이유
(法70④)사업인정의제일이 25.5.1이므로 해
당사업 영향 배제를 위해 그 이전 공시지가
선택함

업무편

Ⅲ.#1

1.비교표준지 선정: <#1>

미지급용지로 종전 사업 편입 당시의 전을 기준해야 하나 토지구획정리사업으로 K리 내 전인 표준지가 없으므로, 인근지역의 표준적 이용인 주거용을 기준 선정하며, 환지비율 고려함

2.시점수정치(25.1.1 ~ 26.7.7 관리)

$1.01801 × 1.02125 × (1 + 0.006 × 37/31)$
= 1.04709

(생산자물가상승률은 자료 미제시로 고려 안함)

3.보상액

$440,000 × 1.04709 × 1 × 100/100 × (1$
        시   지   도

$- 0.3) × 1 =$ @323,000
감보율   그

($× 90㎡ = 29,070,000$)

--- 37 ---

Ⅳ.#2

1.비교표준지 선정: 주거용 <#4>, 전 <#2>

89.1.24 이전에 건축된 무허가건축물부지로 현황평가하되, 면적사정하여 바닥면적 150㎡ 와 건폐율 적용면적 700 × 0.2 = 140㎡ 중 작은 면적인 140㎡를 주거용 기준하고, 나머지 560㎡ 는 전 기준함

2.주거용 부분

$400,000 × 1.04709 × 1 × 99/99 × 1$
        시   지   개   그

= @419,000
($× 140㎡ = 58,660,000$)

3.전 부분

$90,000 × 1.04709 × 1 × 99/98 × 1$
        시   지   개   그

= @95,000
($× 560㎡ = 53,200,000$)

4.보상액

$2 + 3 =$ 111,860,000

--- 38 ---

Ⅴ.#3

1.비교표준지 선정: <#2>

불법형질변경토지로서, 해당 사업이 95.1.7 이후이므로, 형질변경 당시 전 기준함

2.보상액

$90,000 × 1.04709 × 1 × 98/98 × 1$
        시   지   개   그

= @94,000
($× 120㎡ = 11,280,000$)

-끝-

CH10-13)(15)

Ⅰ 감정평가 개요

· 도로확장공사 편입 이의재결 토지평가
· 가격시점(法67①): 수용재결일인 <26.7.7>

Ⅱ.적용공시지가 선택

1.#1

1)선택: 26.1.1

--- 39 ---

2)이유
사업확장에 따른 추가세목고시가 있었으므로 세목고시일을 기준해 그 이전의 공시지가 선택함

2.#2, 3

1)선택: 25.1.1

2)이유
당초 사업인정의제일인 25.10.31을 기준하여 그 이전 공시된 공시지가 선택함

Ⅲ.비교표준지 선정

1.용도지역 확정

택지개발사업은 해당 사업과 무관하므로 변경된 <2종일주> 기준함

2.#1

단독주택으로 유사한 <#1> 선정함

3.#2

사실상 사도부지로 인근토지가액의 1/3

--- 40 ---

이내로 평가하며, 인근토지는 택지개발사업 고려하여 단독주택 기준해 <#1> 선정함

4.#3
미지급용지 규정의 취지 및 판례에 비추어 미지급용지로 보지 아니하고 현황평가해 단독주택인 <#1> 선정함

Ⅳ.시점수정
1.#1
1)지가변동률(26.1.1 ~ 7.7 주거)
1.01682 × 1.00265 × (1 + 0.00265 × 37/31)
$$= 1.02274$$

2)생산자물가상승률(25.12 ~ 26.6)
122/119.5 =   1.02092

3)결정
토지가격 변동의 특성을 잘 반영하는 지가변동률로 결정함

2.#2, 3
1)지가변동률(25.1.1 ~ 26.7.7 주거)
1.02685 × 1.02274 =   1.05020

2)생산자물가상승률(24.12 ~ 26.6)
122/110.4 =   1.10507

3)결정
지가변동률로 결정함

Ⅴ.보상액
1.#1
240,000 × 1.02274 × 1 × (100/105 × 1
        시   지   도   형
× 1) × 1 =   @234,000
     세   그   (× 450㎡ = 105,300,000)

2.#2
[230,000 × 1.05020 × 1 × (1 × 1 × 1)
        시   지   도   형 세
× 1] × 1/3 =   @80,000
    그   (× 200㎡ = 16,000,000)

3.#3
230,000 × 1.05020 × 1 × (100/105 ×
        시   지   도
102/98 × 1) × 1 =   @239,000
   형   세   그
         (× 300㎡ = 71,700,000)
-끝-

CH10-14)(20)

Ⅰ.개요
토지보상법 등 제반 규정, 판례 등에 근거하여 각 감정평가의 적정성 여부를 제시함

Ⅱ.적용공시지가 선택
1.적정 선택 기준
(法70④)사업인정의제일이 실시계획고시일인 25.6.25이므로 <25년> 공시지가를 적용해야 함

2.A, B, D
25년 적용공시지가 선택하여   <적정>

3.C
26년 적용공시지가 선택하여   <부적정>

Ⅲ.비교표준지 선정
1.적정 선정 기준
(則22)자연녹지 기준하되, (則23①)개별적 제한인 도시계획시설공원 저촉은 고려하지 아니하며, (판례)사업시행자가 불법을 입증하지 못하고 있으므로 현황인 주거용 기준함

2.A
공원 저촉, 전 표준지 기준하여   <부적정>

3.B
공원 저촉된 표준지 기준하여   <부적정>

4.C, D
자녹, 공원 미저촉, 주거용 기준   <적정>

Ⅳ.시점수정
1.적정 수정 기준
(令37①)적정한 비교표준지가 소재한

노원구 녹지지역 지가변동률 적용함	VI.타당성 조사 결과
	1.적정: D감정
2.A, C	
중랑구 지가변동률 적용하여 <부적정>	2.부적정: A, B, C감정
	-끝-
3.B, D	
노원구 지가변동률 적용하여 <적정>	
V.그 밖의 요인 보정	
1.적정 보정 기준	
(실무기준)자연녹지, 주거용, 25.6.25 이전	
보상사례 선택하되, 보상사례의 도시계획	
시설 저촉은 반영되지 않은 것으로 봄	
2.A, B, D	
자연녹지, 주거용, 25.6.25 이전 보상사례	
선택하여 <적정>	
3.C	
25.6.25 이후 보상사례 선택, 중랑구와 노	
원구 지가변동률 차이 반영해 <부적정>	

해커스 감정평가사 **여지훈 감정평가실무** 2차 문제집 초급

답안편

해커스 감정평가사
ca.Hackers.com

Chapter 11 물건 보상평가

Ⅰ.감정평가 개요
·도로공사 편입 토지·지장물 수용재결평가
·가격시점(法67①): 수용재결일인 <26.7.7>

Ⅱ.토지 보상액
1.적용공시지가 선택: <25.1.1>
(法70④)사업인정의제일이 25.6.15이므로 개
발이익 배제를 위해 그 이전에 공시된 공시지
가 선택함

2.비교표준지 선정: <#1>
대상과 도로조건, 면적 등이 보다 유사

3.보상액
300,000 × 1.04953 × 1 × 105/100 × 1
　　　　　　　·)시 　 지 　 개 　 그
　　　　　　　　　　　= @331,000
　　　　　　　　　(× 200㎡ = 66,200,000)

— 1 —

·) 시점수정
①지가변동률(25.1.1 ~ 26.7.7 주거)
1.0254 × 1.0124 × 1.005 × (1 + 0.005 × 37/31) = 1.04953
②생산자물가상승률(24.12 ~ 26.6): 130/80 = 1.62500
③결정: 토지가격변동의 특성을 잘 반영하는 지가변동률로 결정

Ⅲ.지장물 보상액
1.보상기준
편입 부분 물건가격 및 보수비, 전체 이전비,
전체 물건가격 중 가장 작은 금액으로 결정

2.편입 부분 물건가격 및 보수비
1)편입부분 물건가격
@500,000 × 30/40 × 40㎡ =   15,000,000

2)보수비
@250,000 × 0.6 × (40 × 2)㎡
　　　　　　　　　　　= 12,000,000
3)보상액
1) + 2) =   27,000,000

— 2 —

3.전체 이전비
1)제외항목
시설개선비 및 철거비

2)이전비
(50,000 + 250,000 + 40,000) × 120㎡
　　　　　　　　　　　= 40,800,000
4.전체 물건가격
@500,000 × 30/40 × 120㎡ =   45,000,000

5.보상액
가장 작은 금액인 <27,000,000>로 결정함

Ⅳ.보상액 합계
Ⅱ + Ⅲ =   93,200,000
　　　　　　　　　　　　　　　-끝-

Ⅰ.감정평가 개요
토지보상 法, 令, 則 근거하여 각 지장물의
정당보상액을 평가함

— 3 —

Ⅱ.#1
1.보상 여부
행위제한일(25.10.1) 이전 건축된 무허가건
축물로 보상대상에 포함함

2.이전비(시설개선비 제외)
(40,000 + 30,000 × 2 + 80,000 +
20,000) × 100㎡ =   20,000,000

3.물건의 가격
1)적산가액
@300,000 × (1 - 0.9 × 22/45) × 100㎡
　　　　　　　　　　　= 16,800,000

2)비준가액
(110,000,000 × 1/4) × 1 × 1 × 0.824 ×
　　　　　　　　　전가구 　사 　시 　·)잔
$1 \times \frac{100}{125}$ =   18,128,000
개 　면
·) 잔가율: $\frac{1 - 0.9 \times 22/45}{1 - 0.9 \times 16/45}$

— 4 —

4.보상액

적산가액, 비준가액 중 큰 금액과 이전비를 비교하여 작은 금액인 <18,128,000>

Ⅲ.#2

1.보상기준

편입 부분 물건가격 및 보수비, 전체 이전비, 전체 물건가격 중 작은 금액으로 결정함

2.일부편입에 따른 보상액

@200,000 × 19/40 × 50㎡ +

편입 부분 물건가격

@100,000 × 70㎡ =   11,750,000

잔여부분 보수비

3.전체 이전비(철거비 제외)

(30,000 + 50,000 + 20,000 + 15,000)

× 150㎡ =   17,250,000

4.전체 물건가격

@200,000 × 19/40 × 150㎡ = 14,250,000

5.보상액

가장 작은 금액인   <11,750,000>

Ⅳ.#3

1.이전비

(9,000 + 1,500 + 1,700 + 21,000 + 1,800

이식비

+ 7,000) + 55,000 × 0.1 × 2 =   53,000/주

*)고손액

*) 이식부적기, 미성숙과수로 감수액 고려 안함

2.물건가격: 55,000/주

3.보상액

1 < 2이므로 작은 금액인   53,000/주

(× 100주 = 5,300,000)

Ⅴ.#4

1.이전비

(8,700 + 1,500 + 1,700 + 20,000 + 1,500

이식비

+ 6,500) + 40,000 × 0.1 =   43,900/주

고손액

2.물건가격: 40,000/주

3.보상액

작은 금액인 40,000/주로 결정함

(× 30주 = 1,200,000)

-끝-

CH11-3)(10)

Ⅰ.감정평가 개요

(法75, 則37)과수의 보상평가로서 이전비와 물건의 가격 중 작은 금액으로 결정함

Ⅱ.이전비

1.이전비

1)굴취비

0.19 × 35,500 + 0.02 × 22,300 =   7,191

2)운반비 및 상하차비

0.015 × 34,070 + 1,017 =   1,528

3)식재비

0.23 × 35,500 + 0.14 × 22,300 =   11,287

4)재료비

[1) + 3)] × 0.1 =   1,848

5)부대비용

[1) + … + 4)] × 0.2 =   4,371

6)소계: 26,225

2.고손액 및 감수액

1)고손액

52,000 × (0.15 × 2) =   15,600

이식부적기

2)감수액

11,000 × (1 - 0.3) × 2.2 =   16,940

3)소계: 32,540

3.이전비

1 + 2 =

Ⅲ.보상액

이전비(58,765) > 물건가격(52,000)이므로, 더 작은 물건의 가격으로 결정함

∴ 52,000/주 × 30주 = 1,560,000

-끝-

CH11-4)(5)

Ⅰ.감정평가 개요

(則41)예상 총수입 현가에서 장래 투하비용 현가와 상품화 가능 작물가격을 차감하여 농작물의 보상액을 결정함

Ⅱ.예상총수입 현가

풍흉작 현저한 연도 제외

(32,000,000 + 33,000,000 + 35,000,000)

÷ 3년 × $1/1.01^4$ = 32,033,000

Ⅲ.장래투하비용 현가

5,104,000 + 5,150,000/1.01 +

$5,120,000/1.01^2 + 5,110,000/1.01^3$

= 20,182,000

Ⅳ.상품화 가능 작물가격: 2,030,000

Ⅴ.보상액

Ⅱ - Ⅲ - Ⅳ = 9,821,000

-끝-

CH11-5)(10)

Ⅰ.감정평가 개요

則42 근거하여 분묘이장비를 결정함

Ⅱ.분묘이전비

1.인건비

(30,000 × 4명 + 200,000 × 1명) × 1.5

·) = 480,000

·) 공사부문 기준

2.운구차량비

254,000 × 1.5 = 381,000

3.기타

5,000 × 1매 + 45,000 × 2필 + 150 ×

　　　　４　　　　마　　　　전

(20 × 5)장 + 30,000 × 2회 = 170,000

　　　　　레

4.분묘이전비

(170,000 + 480,000) × 1.5 + 381,000

= 1,356,000

Ⅲ.석물 이전비

좌향이 표시되어 있어 제작 설치비로 산정 하며 인물상은 제외함

400,000 + 300,000 = 700,000

Ⅳ.잡비

(1,356,000 + 700,000) × 0.3 = 617,000

Ⅴ.이전보조비 및 기타물건

1,000,000 + 100,000 + 150,000

이전보조비　　잔디　　석축

= 1,250,000

Ⅵ.보상액 결정

1,356,000 + 700,000 + 617,000 +

1,250,000 = 3,923,000

-끝-

CH11-6)(30)

Ⅰ.감정평가 개요

·토지보상法, 令, 則 근거하여 토지·지장 물에 대한 정당보상액을 구함

·가격시점(法67①): 수용재결일인　<26.7.7>

Ⅱ.토지 보상액

1.적용공시지가 선택:　<26.1.1>

(法70④)사업인정의제일이 26.2.15이므로 개 발이익 배제를 위해 그 이전 공시지가 선택함

2.#1

1)토지에 미치는 불리한 정도 고려 여부

건축물 비준가액과 적산가액의 차액은 반 사적 이익에 불과하고, 생활보상의 취지를 고려하여 토지가액에 별도로 불리한 정도로 고려하지 아니함

2)비교표준지 선정:

2종일주, 단독주택, 면적 유사한　<#2>

3)시점수정

(1)지가변동률(26.1.1 ~ 7.7 주거)

1.02235 × (1 + 0.0121 × 37/31) = 1.03711

(2)생산자물가상승률(25.12 ~ 26.7)

134/126 = 1.06349

(3)결정

토지가격 변동의 특성을 잘 반영하는 지가변동률로 결정함(이하 동일)

4)보상액

566,000 × 1.03711 × 1 × (90/100 × 100/90

　　　　　시　　지　　도　　　형

× 1 × 1) × 1 = @587,000

　세　규　그　　(× 160㎡ = 93,920,000)

3.#2

1)비교표준지 선정

일부 편입에 따른 잔여지 가치하락 보상함 면적의 유사성 고려해 편입지는 <#1>, 잔여지는 <#2>

- 13 -

2)편입지 보상액

세로가, 정방형, 평지, 규모 300㎡ 기준함

620,000 × 1.03711 × 1 × (95/100 × 110/90

　　　　　시　　지　　도　　　형

× 1 × 1) × 1 = @747,000

　세　규　그　　(× 220㎡ = 164,340,000)

3)잔여지 가격감소분 보상액

(1)편입지 단가: @747,000

(2)잔여지 단가

세로가(사업시행이익 상계 금지), 가장형, 평지, 규모 80㎡ 기준함

566,000 × 1.03711 × 1 × (95/100 × 100/90

　　　　　시　　지　　도　　　형

× 1 × 75/80) × 1 = @581,000

　세　규　그

(3)보상액

(747,000 - 581,000) × 80㎡ = 13,280,000

- 14 -

4)보상액

2) + 3) = 177,620,000

4.#3

1)비교표준지 선정

일반상업, 상업용인 <#4>

2)보상액

1,050,000 × 1.03742 × 1 × (1 × 110/95 × 1

　　　　　*)시　　지　　도　　　형　　세

× 1) × 1 = @1,260,000

　규　그　　(× 220㎡ = 277,200,000)

*) 시점(26.1.1 ~ 7.7 상업): 1.02398 × (1 + 0.011 × 37/31)

5.토지 보상액

2 + 3 + 4 = 548,740,000

Ⅲ.지장물 보상액

1.보상기준

물건의 가격 범위 내 이전비로 보상하되, 주거용 건축물은 비준가액 고려함

- 15 -

2.#1

1)비준가액

78,400,000 × 1 × 134/128 × 1.167 × 1 ×

　　　　　사　　시　　　　　*)잔　　개

140/160 = 83,809,000

　면

*) 잔가율: (35/40) ÷ (30/40)

2)적산가액

650,000 × 1 × 35/40 × 1 × 140㎡

　　　　시　　잔　　개　　면

= 79,625,000

3)결정

둘 중 큰 금액인 83,809,000로 결정함 (최저보상액 6백만원 이상임)

3.#2

1)편입부분 물건가격 및 잔여부분 보수비

650,000 × 1 × 33/40 × 1 × 40㎡ +

　편입부분 물건가격

320,000 × 0.6 × (40 × 2)㎡ = 36,810,000

　잔여부분 보수비

- 16 -

2)전체 물건의 가격

650,000 × 1 × 33/40 × 1 × 120㎡

$$= 64,350,000$$

3)전체 이전비

철거비, 시설개선비 제외

(65,000 + 320,000 + 50,000) × 120㎡

해   재   자

$$= 52,200,000$$

4)결정

가장 작은 금액인 <36,810,000>로 결정

4.#3

600,000 × 1 × 36/40 × 1 × 230㎡

시   잔   개   면

$$= 124,200,000$$

5.지장물 보상액

2 + 3 + 4 =   244,819,000

Ⅳ.토지 · 지장물 적정 보상액

Ⅱ + Ⅲ =   793,559,000

-끝-

Chapter 12 권리 보상평가 등

CH12-1)(15)

Ⅰ.(물음1)

1.보상기준(則51)

①휴직일수에 평균임금 70%를 곱한 금액으로 하되 통상임금을 최대한도액으로 함

②소득세 원천 징수자 5인 중 계속 근무자 제외한 3인이 휴직보상대상임

③휴직일수는 122일로서, 최대한도인 120일을 기준함

2.적용대상 월 임금

1)평균임금 70%

$2,900,000 \times 0.7 =$ 2,030,000

2)최대한도액(통상임금):   2,000,000

3)월 임금

1) > 2)이므로 최대한도액인   <2,000,000>

3.휴직보상액

$2백만 \times 12월 \times \frac{120}{365} \times 3명 =$ 23,671,000

– 1 –

Ⅱ.(물음2)

1.보상기준(則47)

임시영업소 설치비용으로 보상하되, 이전에 따른 휴업손실 보상액을 최대한도로 함

2.임시영업소 설치비용

1)토지임차료

$5,000 \times 4 \times 500㎡ =$ 10,000,000

2)설치비용

$(100,000 + 30,000 - 10,000) \times 300㎡$

$= 36,000,000$

3)임시영업소 설치비용

1) + 2) + 3,000,000 =   49,000,000

3.이전에 따른 휴업손실 보상액

1)영업이익

(1)영업이익(해당사업 영향 전 최근 3년 평균)

[(99백만 + 106백만 + 110백만) ÷ 3년

     '22   '23   '24

+ 18백만] × 4/12 =   41,000,000

   소유자급여

– 2 –

---

(2)최저한도액

$2,500,000 \times 4 =$ 10,000,000

(3)영업이익: <41,000,000>

최저한도액 이상이므로 대상 영업이익 기준

2)영업이익 감소액

$41,000,000 \times 0.2 =$ 8,200,000

(1천만원 한도 내)

3)인건비 등 고정적 비용

$9,000,000 \times 4/12 + 3,000,000 = 6,000,000$

4)이전비, 기타비용

$4,000,000 + 300,000 + 200,000 =$ 4,500,000

5)결정

1) + ⋯ + 4) =   59,700,000

4.보상액: <49,000,000>

최대한도액 미만이므로, 임시영업소 설치비용으로 결정함

-끝-

– 3 –

CH12-2)(20)

Ⅰ.감정평가 개요

(則47)임시영업소 설치비용으로 보상하되, 이전에 따른 휴업손실 보상액을 최대한도액으로 검토함

Ⅱ.임시영업소 설치비용

1.토지임차료

$10,000 \times 200㎡ \times 4월 =$ 8,000,000

2.임시영업소 신축비용

$(100,000 + 200,000 - 40,000) \times 150㎡$

$= 39,000,000$

3.보상액

1 + 2 + 1,000,000 =   48,000,000

Ⅲ.이전에 따른 휴업손실보상

1.영업이익

1)7기의 영업이익

(1)매출액: 237,400,000

– 4 –

(2)매출원가

2,350,000 + 154,700,000 - 2,700,000

$$= 154,350,000$$

(3)판매관리비

(22,000,000 + 2,000,000) + 1,270,000

　　　급료　　　　미지급금　　　　복리

+ 620,000 + 780,000 + 429,000 + 533,000

　여비　　　통신　　　수도　　　세금

+ 130,000 + (1,760,000 - 390,000)

　　잡비　　　　보험　　　선급비용

+ (1,965,000 - 50,000 + 1,000,000)

　•1)대손상각비　대손충당금　부도어음

+ (1,513,000 + 1,261,000 + 1,200,000)

　•2)차량감가　•3)비품감가　•4)건물감가

$$= 36,021,000$$

• 1) 대손상각비: (25,794,000 + 13,500,000) × 0.05

• 2) 차량: (9,500,000 - 5,716,000) × 0.4

• 3) 비품: (10,000,000 - 3,696,000) × 0.2

• 4) 건물: 60,000,000 × 1/50

(4)영업이익

— 5 —

(1) - (2) - (3) =　　　　47,029,000

2)영업이익

(1)휴업기간 영업이익(최근 3년 평균 기준)

[(30,500,000 + 31,100,000 + 47,029,000)

　　　5기　　　　　　6기　　　　　7기

÷ 3년 + 500,000 × 12월] × 4/12

　　　　　소유자급여

$$= 14,070,000$$

(2)최저한도액

2,500,000 × 4월 =　　　　10,000,000

(3)영업이익:　　　　<14,070,000>

최저한도액 이상이므로 대상 영업이익을 기준함

2.영업이익 감소액

14,070,000 × 0.2 =　　　　2,814,000

(1천만원 최대한도 내)

3.고정적 비용

1)인건비

— 6 —

(1)적용대상

휴업기간에도 정상근무해야 하는 관리직 1인, 영업직 1인, 총 2인 기준

(2)인건비

500,000 × 2인 × 4월 =　　　　4,000,000

2)감가상각비

(1)건물 감가상각비

건물은 별도의 취득보상이 행해졌으므로 제외함

(2)감가상각비

(1,513,000 + 1,261,000) × 4/12

$$= 925,000$$

*) 원칙상 정률법 상각이나 계산편의상 정액법 상각함

3)보험료

1,370,000 × 4/12 =　　　　457,000

4)소계:　　　　5,382,000

— 7 —

4.이전비 및 감손액

(500,000 + 200,000 + 1,500,000 + 100,000)

　해체　　　운반　　　설치　　　운반

+ 2,700,000 × 0.05 =　　　　2,435,000

　　　감손

5.보상액

1 + 2 + 3 + 4 =　　　　24,701,000

Ⅳ.보상평가액

최대한도액 이상이므로, 이전에 따른 휴업손실보상액인 <24,701,000>으로 결정함

-끝-

CH12-3)(15)

Ⅰ.각 영업별 보상기준

1.#1, 3

①자유업이므로 적법한 영업임

②89.1.24 이전 건축된 무허가건축물로 적법 건축물 의제됨

③적법 영업, 적법 장소이므로 휴업손실보상 대상임

— 8 —

2.#2
①자유업이므로 적법한 영업임
②89.1.24 후 건축된 무허가건축물로 불법장소 해당함
③적법 영업, 불법 장소이므로 이전비 등 대상임

3.#4
①자유업이므로 적법한 영업임
②89.1.24 후 건축된 무허가건축물로 불법장소에 해당함
③임차인이 영업하고 사업인정고시일 등 1년 전부터 사업자등록을 하여, 영업이익 1천만원 한도 내 휴업손실보상대상임

4.#5
①사업인정고시일 이후 신고를 하여 불법영업임
②적법 장소 내 불법 영업이므로 "도시근로자 3인가구 3월분 가계비용비 + 이전비" 보상함

5.#6
①89.1.24 이전 건축된 무허가건축물로 적법 건축물 의제됨
②적법 장소 내 불법 영업으로 "도시근로자 3인가구 3월분 가계비용비 + 이전비 등"으로 보상함

6.#7
①89.1.24 이전 건축된 건축물로 적법건축물 의제됨
②적법 장소 내 불법 영업이며, 배우자가 영업손실보상을 받았으므로 이전비 등만 보상함

7.#8
①89.1.24 후 건축된 무허가건축물로 불법장소에 해당함
②불법 장소 내 불법 영업이므로 이전비 등 보상 대상임

8.#9
①적법 장소 내 적법 영업이므로 휴업손실보

– 9 –

– 10 –

상 대상임
②개인영업 최저한도액으로 가계지출비 고려함

Ⅱ.영업에 대한 보상액
1.영업이익 등
1)영업이익(자가노력비 포함)
$36,000,000 \times 4/12 =$ 12,000,000
(최저한도 이상)

2)영업이익 감소액
$12,000,000 \times 0.2 =$ 2,400,000
(1천만원 한도 내)

3)도시근로자 3인가구 3개월 가계비용비
$2,669,931 \times 3월 =$ 8,010,000

4)이전비 · 감손상당액
$(3,600,000 - 600,000) + 700,000$
$= 3,700,000$

2.보상액

1)#1, 3
12,000,000 + 2,400,000 + 4,000,000 +
   영   감   고
3,700,000 + 500,000 =   22,600,000
   이   부

2)#2, 7, 8:   3,700,000

3)#4
10,000,000 + 3,700,000 =   13,700,000
  임차인 한도   이

4)#5, 6
8,010,000 + 3,700,000 =   11,710,000
   가계   이

5)#9
$2,669,931 \times 4월 \times (1 + 0.2) + 4,000,000$
 *)영업   감   고
+ 3,700,000 + 500,000 =   21,016,000
   이   부
*) 영업이익: 최저한도액이 더 크므로 최저한도액 기존

-끝-

– 11 –

– 12 –

CH12-4)(10)

Ⅰ.(물음1)
①사업인정고시일 등 이후부터 농지로 이용되고 있는 토지
②일시적으로 농지로 이용되고 있는 토지
③타인소유의 토지를 불법으로 점유하여 경작하고 있는 토지
④농민이 아닌 자가 경작하고 있는 토지
⑤토지의 취득에 대한 보상 이후에 사업시행자가 2년 이상 계속하여 경작하도록 허용하는 토지

Ⅱ.(물음2)
1.보상기준
①도별 연간 농가평균 농작물총수입의 2년 적용하되, ②농작물수입은 평택시가 속한 경기도 기준하며, ③재배작물과 무관하게 도별 총수입 기준으로서, 농업손실보상은 과수목(물건) 보상과 별도로 이루어지는 보상임

2.일련번호(1)

$$7,317,000 \times 2년 \times \frac{400}{10 \times 100} = \qquad 5,854,000$$

3.일련번호(2)

$$7,317,000 \times 2년 \times \frac{800}{10 \times 100} = \qquad 11,707,000$$

-끝-

CH12-5)(15)

Ⅰ.감정평가 개요
칙44, 수산업법 시행령 별표10 근거하여 면허어업 취소에 따른 보상액을 결정함

Ⅱ.평년수익액
1.평균 연간어획량
①처분일 전년도 기준 소급 3년 평균 기준
②전년 대비 1.5배 이상 변동한 23년 제외

$$(5,600 + 5,800 + 6,000) \div 3년 = \qquad 5,800$$
  22'　　　　24'　　　25'

2.평균 연간판매단가

1)산정기준
①가격시점 이전 소급 1년 평균 기준이되,
②전년 대비 1.5배 이상 변동으로 1년 재소급 평균단가에 전국 평균 변동률을 고려하여 결정함

2)재소급 평균 판매단가(24.7.8 ~ 25.7.7)
$$\frac{18,000 \times 5,800 \times 177/365 + 19,000 \times 6,000 \times 188/365}{5,800 \times 177/365 + 6,000 \times 188/365}$$
$$= @18,524$$

3)전국 평균 변동률(25.7.8 ~ 26.7.7)
$$(1 + 0.017 \times 177/365) \times 1.009 = \qquad 1.01732$$

4)판매단가
2) × 3) = @18,845

3.평년수익액
18,845 × 5,800 - 28,000,000
·)
= 81,301,000

·) 평년어업경비에 본인 인건비 포함

Ⅲ.시설물 잔존가액
1.어선
$$1,000,000 \times 110 \times 9/15 = \qquad 66,000,000$$
　　　　톤　　　　잔

2.양식장
$$250,000,000 \times 1.056 \times 14/20$$
　　　　　　시　　　잔
$$= 234,517,000$$

3.하역시설
$$80,000,000 \times 1.056 \times 4/10 = \qquad 42,883,000$$

4.부대시설
$$50,000,000 \times 1.056 \times (1 - 0.9 \times 6/20)$$
$$= 48,913,000$$

5.잔존가액
1 + ⋯ + 4 = 392,313,000

Ⅳ.보상액 결정
81,301,000 ÷ 0.12 + 392,313,000
= 1,069,821,000

-끝-

CH12-6)(10)

Ⅰ.감정평가 개요

則44, 수산업법 시행령 별표10 근거하여 허가어업 취소에 따른 보상액을 결정함

Ⅱ.평년수익액

1.평균 연간어획량

1)산정기준

①실적기간 3년 미만으로 동종어업 기준

②처분일 미제시로 가격시점 전년도 기준 소급 3년 평균으로 하되,

③23년 어획량이 전년도 대비 1.5배 이상 감소하여 동종어업은 22, 24, 25년도를 적용함

2)어획량

$(34 + 28 + 14) \times \dfrac{[(30+32+30) + (31+34+32)] \div 2}{[(32+30+15) + (34+32+16)] \div 2}$

$\times\ 1/3 \times 1{,}000 =$ 30,113

2.평균 연간판매단가

1)산정기준

---

①가격시점 이전 소급 1년 평균 기준이되,

②전년 대비 1.5배 이상 변동으로 1년 재소급 평균단가에 전국 평균 변동률을 고려하여 결정함

2)1년 재소급 단가(24.7 ~ 25.6)

$\dfrac{7{,}200 \times 2{,}400 + \cdots + 7{,}500 \times 2{,}600}{2{,}400 + \cdots + 2{,}600} =$ 7,298

3)판매단가

$7{,}298 \times 1.065 =$ 7,772

_{전국변동률} → 전국변동률

3.평년어업경비

어업자 본인 인건비 포함

130백만 + 60백만 =   190,000,000

4.평년수익액

30,113 × 7,772 - 190백만 =   44,038,000

Ⅲ.시설물 잔존가액

1.선체

$1{,}500{,}000 \times 20 \times (1 - 0.8 \times 5/15)$

= 22,000,000

2.기관

$300{,}000 \times 60 \times \sqrt[10]{0.1^5} =$ 5,692,000

3.어구

$5{,}000{,}000 \times \sqrt[8]{0.05^5} =$ 769,000

4.잔존가액

1 + 2 + 3 =   28,461,000

Ⅳ.손실보상액

44,038,000 × 3년 + 28,461,000

= 160,575,000

-끝-

CH12-7)(10)

Ⅰ.감정평가 개요

則43 등 근거하여 광업권 소멸에 따른 보상평가액을 결정함

Ⅱ.광산평가액

1.상각 전 순수익

1)사업수익

150,000 × 30,000 × 12   54,000,000,000

2)소요경비

감가상각비 제외

36,960백만 + 3,336백만 + 4,920백만

   채   선   판

+ 144백만 =   45,360,000,000

   운

3)순수익

1) - 2) =   8,640,000,000

2.가행연수

$\dfrac{4{,}200{,}000 \times 0.7 + 2{,}400{,}000 \times 0.43}{30{,}000 \times 12} =$ 11년

3.배당이율

0.29 ÷ (1 - 0.2) =   0.3625

4.장래소요기업비 현가

45,360백만 $\times 0.12 \times 1/1.125^{11}$

= 1,489,967,000

5.광산평가액

$$\frac{8,640,000,000}{0.3625 + \dfrac{0.115}{1.115^{11} - 1}} - 1,489,967,000$$

= 19,468,116,000

III.이전·전용 가능시설 잔존가치

8백만 + 20백만 + 1백만 + 1,500,000

건축물　　기계　　구축물　　차량

+ 500,000 = 　　　　　31,000,000

　공구

IV.그 이전비

8백만 + 10백만 + 1백만 + 100,000

•)건축물　　기계　　구축물　　공구

= 19,100,000

•) 지장물 보상기준에 따르므로 물건가격 범위 내 이전비 보상

V.보상액

II - III + IV = 　　　　　19,456,216,000

-끝-

— 21 —

CH12-8)(20)

I.감정평가 개요

法78 등 근거하여 생활보상 관련 추가보상액을 개인별로 제시함

II.A

1.적정보상액

1)주거용 건축물 비준가액 고려 여부

89.1.24 후에 건축된 무허가건축물이라도 사업인정고시일 이전 건축이면 비준가액 보상특례가 적용되므로 비준가액 고려함

2)적산가액

450,000 $\times 30/40 \times 150 =$ 　　　50,625,000

　　　　　　잔　　　　면

3)비준가액

62백만 $\times 1 \times 1 \times 30/27 \times 100/105 \times$

　　　사　시　잔　　개

150/180 = 　　　　　54,674,000

면

— 22 —

---

4)적정 보상액: 　　　　　<54,674,000>

둘 중 더 큰 비준가액으로 보상함

2.추가보상액

54,674,000 - 50,625,000 = 　　4,049,000

III.B

1.보상기준

①종전 사업 편입 후 20년 이내에 다시 공익사업에 편입되어 재편입가산금 지급 대상이며 ②주거용 건축물 소유자로 2월분의 주거이전비 지급함

2.재편입가산금

1)보상범위

토지는 기 소유자산이므로 건축물분 재편입가산금만 보상함

2)최대한도액 검토

(130백만 + 3억) $\times 0.3 =$ 　129,000,000

로서, 최대한도액 <10,000,000> 적용함

— 23 —

---

3)재편입가산금

10백만 $\times (1 - \dfrac{3억}{3억+130백만}) =$ 　3,023,000

3.주거이전비

1)1인당 평균비용

(2,750,000 - 1,700,000) ÷ 3 = 　350,000

2)주거이전비

(2,750,000 + 350,000) $\times 2 =$ 　6,200,000

4.추가보상액

2 + 3 = 　　　　　9,223,000

IV.C

1.이사비 고려 여부

무허가건축물 거주자라도 이사비는 지급 대상임

2.추가보상액(이사비)

(55,000 $\times 3 + 50,000 \times 1) \times 1.15$

•)공사부문

= 247,000

— 24 —

V.D

1.이주정착금 지급 여부

이주정착지로 이주거부 시 이주정착금 지급
대상임

2.추가보상액(이주정착금)

85백만 × 0.3 = 25,500,000로서 최대한도액인
<24,000,000>로 결정함

VI.E

1.보상기준

①실제경작자로 토지소유자와 협의하에 농
업손실보상을 받기로 하였으므로 이를 지
급하고 ②세입자로 4월분의 주거이전비 보
상함

2.농업손실보상액

22,000 × 900 × 2 =   39,600,000

3.주거이전비

2,300,000 × 4 =   9,200,000

4.추가보상액

2 + 3 =   48,800,000

VII.F

1.이농비 지급 여부

영세농으로 다른 보상금을 지급받지 못해 1년
분의 평균생계비 지급대상임

2.추가보상액(이농비)

(28,461,350 ÷ 4) × 5 =   35,577,000

-끝-

MEMO

MEMO

해커스 감정평가사 ca.Hackers.com

감정평가사 학원 · 감정평가사 인강 · 감정평가사 무료 특강

ca.Hackers.com

해커스 공무원교육 1위

해커스 공무원